LICITAÇÃO DE REGISTRO DE PREÇOS

Comentários ao Decreto nº 7.892, de 23 de janeiro de 2013, alterado pelos Decretos nº 8.250, de 23 de maio de 2014, e nº 9.488, de 30 de agosto de 2018

SIDNEY BITTENCOURT

Prefácio
Ivan Barbosa Rigolin

Apresentação
Ronny Charles Lopes de Torres

LICITAÇÃO DE REGISTRO DE PREÇOS

Comentários ao Decreto nº 7.892, de 23 de janeiro de 2013, alterado pelos Decretos nº 8.250, de 23 de maio de 2014, e nº 9.488, de 30 de agosto de 2018

6ª edição totalmente revista, atualizada e ampliada

Belo Horizonte

2021

© 2003 1ª edição Sidney Bittencourt
© 2008 2ª edição revista e ampliada Editora Fórum Ltda.
2013 3ª edição revista, atualizada e ampliada.
2015 4ª edição revista, atualizada e ampliada.
2019 5ª edição revista, atualizada e ampliada.
2021 6ª edição revista, atualizada e ampliada.

É proibida a reprodução total ou parcial desta obra, por qualquer meio eletrônico, inclusive por processos xerográficos, sem autorização expressa do Editor.

Conselho Editorial

Adilson Abreu Dallari
Alécia Paolucci Nogueira Bicalho
Alexandre Coutinho Pagliarini
André Ramos Tavares
Carlos Ayres Britto
Carlos Mário da Silva Velloso
Cármen Lúcia Antunes Rocha
Cesar Augusto Guimarães Pereira
Clovis Beznos
Cristiana Fortini
Dinorá Adelaide Musetti Grotti
Diogo de Figueiredo Moreira Neto (*in memoriam*)
Egon Bockmann Moreira
Emerson Gabardo
Fabrício Motta
Fernando Rossi
Flávio Henrique Unes Pereira

Floriano de Azevedo Marques Neto
Gustavo Justino de Oliveira
Inês Virgínia Prado Soares
Jorge Ulisses Jacoby Fernandes
Juarez Freitas
Luciano Ferraz
Lúcio Delfino
Marcia Carla Pereira Ribeiro
Márcio Cammarosano
Marcos Ehrhardt Jr.
Maria Sylvia Zanella Di Pietro
Ney José de Freitas
Oswaldo Othon de Pontes Saraiva Filho
Paulo Modesto
Romeu Felipe Bacellar Filho
Sérgio Guerra
Walber de Moura Agra

FÓRUM
CONHECIMENTO JURÍDICO

Luís Cláudio Rodrigues Ferreira
Presidente e Editor

Coordenação editorial: Leonardo Eustáquio Siqueira Araújo
Aline Sobreira de Oliveira

Av. Afonso Pena, 2770 – 15º andar – Savassi – CEP 30130-012
Belo Horizonte – Minas Gerais – Tel.: (31) 2121.4900 / 2121.4949
www.editoraforum.com.br – editoraforum@editoraforum.com.br

Técnica. Empenho. Zelo. Esses foram alguns dos cuidados aplicados na edição desta obra. No entanto, podem ocorrer erros de impressão, digitação ou mesmo restar alguma dúvida conceitual. Caso se constate algo assim, solicitamos a gentileza de nos comunicar através do *e-mail* editorial@editoraforum.com.br para que possamos esclarecer, no que couber. A sua contribuição é muito importante para mantermos a excelência editorial. A Editora Fórum agradece a sua contribuição.

Dados Internacionais de Catalogação na Publicação (CIP) de acordo com a AACR2

B624l	Bittencourt, Sidney
	Licitação de registro de preços: comentários ao Decreto nº 7.892, de 23 de janeiro de 2013, alterado pelos Decretos nº 8.250, de 23 de maio de 2014, e nº 9.488, de 30 de agosto de 2018 / Sidney Bittencourt. 6. ed. – Belo Horizonte : Fórum, 2021.
	276 p.; 14,5 x 21,5 cm
	ISBN: 978-65-5518-229-3
	1. Direito Administrativo. 2. Administração Pública. 3. Direito Financeiro. I. Título.
	CDD: 341.3
	CDU: 342.9

Elaborado por Daniela Lopes Duarte – CRB-6/3500

Informação bibliográfica deste livro, conforme a NBR 6023:2018 da Associação Brasileira de Normas Técnicas (ABNT):

BITTENCOURT, Sidney. *Licitação de registro de preços*: comentários ao Decreto nº 7.892, de 23 de janeiro de 2013, alterado pelos Decretos nº 8.250, de 23 de maio de 2014, e nº 9.488, de 30 de agosto de 2018. 6. ed. Belo Horizonte: Fórum, 2021. 276 p. ISBN 978-65-5518-229-3.

Este trabalho é dedicado aos juristas Eliana Goulart Leão, Benedicto de Tolosa Filho e Jorge Ulisses Jacoby Fernandes, maiores entusiastas desse fantástico sistema de registro de preços.

Não é o mais forte da espécie que sobrevive, nem o mais inteligente; é o que melhor se adapta à mudança.

(Charles Darwin)

SUMÁRIO

PREFÁCIO – Prof. Ivan Barbosa Rigolin 11

NOTA DO AUTOR 13

APRESENTAÇÃO – Prof. Ronny Charles Lopes de Torres 17

CAPÍTULO 1 – Registrando preços nas licitações públicas...................... 19

CAPÍTULO 2 – O sistema de registro de preços 23

CAPÍTULO 3 – A fundamentação legal do sistema de registro de preços 35

CAPÍTULO 4 – Comentários ao Decreto nº 7.892, de 23.1.2013................. 45

Artigo 1º – Disposições gerais 45

Artigo 2º – Definições 52

Artigo 3º – As hipóteses de adoção da sistemática 61

Artigo 4º – A intenção de registro de preços – IRP 68

Artigo 5º – As competências do órgão gerenciador.................................. 81

Artigo 6º – As competências dos órgãos participantes............................. 106

Artigo 7º – A licitação para registro de preços... 121

Artigo 8º – A possibilidade de divisão em lotes... 134

Artigo 9º – O edital de licitação para registro de preços 141

Artigo 10 – A redução dos preços ao valor da proposta do licitante mais
bem classificado... 159

Artigo 11 – Condições após a homologação da licitação 161

Artigo 12 – Prazo de validade da ata de registro de preços 168

Artigo 13 – A assinatura da ata de registro de preços............................... 181

Artigo 14 – A ata de registro de preços 195

Artigo 15 – A contratação com os fornecedores registrados 198

Artigo 16 – A desobrigação de a Administração contratar......................... 200

Artigo 17 – A revisão e o cancelamento dos preços registrados 202

Artigo 18 – A convocação de fornecedores para negociarem a redução
dos preços.. 216

Artigo 19 – Procedimentos em função de o preço de mercado se tornar
superior aos preços registrados 218

Artigo 20 – O cancelamento do registro do fornecedor 219

Artigo 21 – O cancelamento do registro do fornecedor por fato superve-
niente.. 219

Artigo 22 – A utilização da ata de registro de preços por entes não parti-
cipantes da licitação (carona) 221

Artigo 23 – A utilização de recursos de tecnologia da informação............ 242

Artigo 24 – O uso das atas de registro de preços 242

Artigo 25 – A adequação do Portal de Compras do Governo federal........ 244

Artigo 26 – O registro na ata de licitantes vencedores, quantitativos e
respectivos preços.. 244

Artigo 27 – Edição de normas complementares... 245

Artigo 28 – Entrada em vigor do decreto 245

Artigo 29 – Decretos revogados.. 245

REFERÊNCIAS.. 247

ANEXOS

LEGISLAÇÃO... 259

DECRETO Nº 7.892, DE 23 DE JANEIRO DE 2013..................................... 259

LEI Nº 8.666, DE 21 DE JUNHO DE 1993.. 267

LEI Nº 10.520, DE 17 DE JULHO DE 2002... 273

PREFÁCIO DA PRIMEIRA EDIÇÃO

Parece inexistir na literatura jurídica brasileira outro autor dotado da mesma incansável disposição – quase volúpia – de oferecer ao mercado um sem-número de novas obras, tantas quantas possa, sobre o tema das licitações, percorrendo-o de alfa a ômega os inúmeros escaninhos e as particularidades subtemáticas, como Sidney Bittencourt.

Este novo trabalho com que nos brinda versa sobre assunto pouco exercitado, em monografias, dentro do grande panorama das licitações, o *registro de preços*, importante espécie de concorrência (sem falar do *pregão*, o qual também, muito recentemente, passou a poder utilizar o registro de preços) que tanto facilita a lida diária do comprador na Administração Pública, pois que reúne em um só procedimento – fazendo sofrer uma só vez... – os mais diversos itens de compras, e mesmo de serviços, que podem ser inúmeros, ocasionalmente centenas, dos quais diariamente necessita o Poder Público para prestar seus serviços à população, como também às suas estruturas internas. Esta grande ideia do conceptor das licitações é, além de pouco comentada na doutrina, curiosamente, também pouco exercitada na prática diária da Administração, o que custa compreender. Este novo livro contribuirá, entretanto, para a propagação, mais que desejável, do registro de preços, onde já deveria ser a primeira regra.

A acuidade analítica do autor, sempre por nós apregoada, aliada à cultura indisfarçável que detém, e ao agudo senso de utilidade que o diferencia de tantos outros especialistas, faz de suas obras um roteiro seguro e aprazível mesmo ao melhor profissional das licitações, e quanto a isso esta obra não é diferente das anteriores. Mas não será apenas o operador das licitações o beneficiário desta minuciosa resenha, pois que o será também o estudioso, o sistematizador da matéria, o jurista, o fornecedor da Administração, o advogado a serviço de qualquer das partes, o diletante da matéria, ainda que não diretamente envolvido.

Não seja este o derradeiro empreendimento editorial de Sidney Bittencourt nem sequer nesta especialidade dentro da especialidade, que aqui mereceu seu exitoso esforço, porque o direito brasileiro, e o administrativo em particular, ainda dele anseiam a sequência natural, muito longe de se esgotar, de seus admiráveis trabalhos.

Ivan Barbosa Rigolin
Administrativista

NOTA DO AUTOR

O avassalador ano de 2020 – que nos trouxe esse execrável coronavírus, ceifador de inúmeras vidas –[1][2] guardou para o seu final uma surpresa para os que lidam com contratações públicas no Brasil: quando já não mais se esperava, resolveu o Senado Federal aprovar em dezembro, a toque de caixa, o Projeto de Lei nº 4.253/2020, dando origem à *Nova Lei de Licitações e Contratos Administrativos* brasileira (Lei nº 14.133, em 1º.4.2021), que, além de consolidar regras de três importantes leis: a antiga Lei Geral de Licitações (Lei nº 8.666/1993); a chamada Lei do Pregão (Lei nº 10.520/2002); e a Lei do Regime Diferenciado de Contratações – RDC (Lei nº 12.462/2011), buscou inserir inovações importantes, sob a plausível alegação de que tais diplomas se encontravam defasados.

Nesse passo, ter-se-ia a natural revogação da Lei nº 8.666/1993.

Ocorre que o inc. II do art. 193 da nova lei preceitua que a revogação da Lei nº 8.666/1993 somente ocorrerá após 2 (dois) anos de sua publicação oficial. Logo, ela permanece em vigor por esse longo período, assim como, é claro, seus instrumentos regulamentares, entre os quais o Decreto nº 7.892/2013, que regulamenta o registro de preços.

Segundo o art. 191 da Lei nº 14.133/2021, até o decurso do prazo de que trata o mencionado inc. II do art. 193, a Administração poderá optar por licitar ou contratar diretamente de acordo com o novo diploma ou conforme a Lei nº 8.666/1993, sendo que a opção escolhida deverá ser indicada

---

[1] Além dos infindáveis dias de isolamento que subverteram a noção do tempo e comprometeram a saúde mental de muita gente.

[2] Situação que, infelizmente, perdura em 2021, não obstante a esperançosa vacina.

expressamente no edital ou no aviso ou instrumento de contratação direta, vedada a aplicação combinada.

É claro que, por óbvios motivos, enorme parcela da Administração continuará a utilizar a lei sobre a qual já possui total domínio, bem como os seus regulamentos, notadamente o referente ao registro de preços.

E há outros ingredientes importantes:

a) apesar de a Lei nº 14.133/2021 também tratar de registro de preços, listando-o como procedimento auxiliar das licitações e das contratações, e se estender razoavelmente nas suas regras (dos arts. 82 ao 86), prevê que seus procedimentos deverão obedecer a critérios claros e objetivos definidos em regulamento (§1º do art. 78); e

b) a Nova Lei criou o Portal Nacional de Contratações Públicas (PNCP) (art. 174), sítio eletrônico oficial destinado à divulgação centralizada e obrigatória dos atos nela exigidos. Assim, o veículo oficial de divulgação dos atos relativos às licitações e contratações públicas passou a ser o PNCP.

Seu art. 94 anota que a divulgação no PNCP é condição indispensável para a eficácia do contrato e de seus aditamentos e deverá ocorrer nos prazos estipulados, contados da data de sua assinatura.

Entre outras relevantes regras referentes ao PNCP, há a contida no art. 54, que indica que a publicidade do edital de licitação será realizada mediante divulgação e manutenção do inteiro teor do ato convocatório e de seus anexos no portal.

Pois bem, nesse contexto, a Controladoria-Geral da União (CGU) e a Advocacia-Geral da União (AGU) publicaram parecer que ressalta a necessidade de regulamentação da Lei nº 14.1333/2021 e o pleno funcionamento do Portal Nacional de Contratações Públicas antes de se utilizar a Nova Lei de Licitações, afirmando que a Lei nº 8.666/1993 deve continuar a ser utilizada até que seja posto efetivamente em pratica o PNCP e editados os regulamentos previstos na nova lei.

Assim, mais do que nunca, a Lei nº 8.666/1993 e seus regulamentos continuam em pleno uso.

APRESENTAÇÃO

Com a experiência diferenciada de alguém que já publicou diversas obras sobre temas relacionados às licitações públicas, como as obras *Licitação passo a passo, Curso básico de licitação, Pregão passo a passo, Questões polêmicas sobre licitações e contratos administrativos, Pregão eletrônico, A participação de cooperativas em licitações públicas*, e o singular *Licitações internacionais*, entre tantos outros, o Professor Sidney Bittencourt apresenta este *Licitação de registro de preços*, abraçando o estudo atualizado desse importante procedimento, ferramenta que pode conduzir à economicidade e à agilidade nas contratações públicas, mas que, por vezes, suscita dúvidas que frequentemente assolam os operadores do direito, notadamente em relação às especificidades do procedimento e do respectivo edital, ou no que concerne às polêmicas questões recentes que se têm levantado sobre abusos cometidos na utilização de tal ferramenta.

Nesta obra, o Professor Sidney Bittencourt, sem deixar de apresentar sua análise crítica sobre o tema, contribuindo, como cientista do direito que é, para o fomento de reflexões jurídicas necessárias no ambiente licitatório, traz soluções claras para problemas práticos enfrentados por aqueles que utilizam o *Sistema de Registro de Preços*. Profundo conhecedor da matéria, o autor presta esta obra para todos aqueles interessados no aprofundamento do estudo sobre o assunto ou no aprendizado de soluções práticas para os dilemas vivenciados na utilização desse procedimento, o que torna este livro objeto de leitura imprescindível para a compreensão adequada do Sistema de Registro de Preços.

Ronny Charles Lopes de Torres
Advogado da União.

CAPÍTULO 1

REGISTRANDO PREÇOS NAS LICITAÇÕES PÚBLICAS

O inc. II do art. 15 da Lei nº 8.666, de 21.6.1993,[1] prescreve que as compras, sempre que possível, deverão ser processadas através de Sistema de Registro de Preços. Os §§1º a 6º do mesmo dispositivo dispõem sobre a organização desse sistema. Em função de essas regras organizacionais circunscreverem procedimentos operacionais, alguns intérpretes têm entendido que não estão revestidas de caráter geral, uma vez que o art. 115 da mesma lei autoriza a expedição, por parte dos órgãos da Administração, de normas relativas aos procedimentos operacionais a serem observados na execução das licitações, no âmbito de suas competências, observadas as disposições do mesmo diploma.

Não concordamos, *data venia*, com essa análise. A edição de regras operacionais não determina que exista permissão legal para a criação de ritos e regras procedimentais, inovando-se, inclusive, juridicamente. Na verdade, o que a lei autoriza é a possibilidade de elaboração, por parte dos diversos órgãos, de manuais próprios, voltados para as necessidades operacionais de cada um, notadamente as burocráticas, além da feitura de

---

[1] Publicada no *Diário Oficial da União* (*DOU*), de 22.6.1993, e republicada, com acertos, no *DOU*, de 6.7.1994.

modelos de toda ordem. Com mesmo entendimento, Marçal Justen Filho, sustentando que a edição de regras acerca de procedimentos operacionais não significa inovação da ordem jurídica: "Não se admite introduzir outros requisitos além dos permitidos na lei".[2]

Esse sistema – que a ilustre professora paulistana Eliana Goulart Leão classificou, em função de sua enorme importância, como "uma revolução nas licitações públicas",[3] defendido em verso e prosa pelo saudoso Hely Lopes Meirelles e pelos brilhantes administrativistas Benedicto de Tolosa Filho,[4] João Carlos Mariense Escobar,[5] Jorge Ulisses Jacoby Fernandes,[6] Flavia Daniel Vianna,[7] entre outros – já não é mais um "ilustre desconhecido", como afirmávamos nas primeiras edições deste trabalho, pois, com o transcorrer dos anos, foi tomando corpo, passando a ser largamente adotado pelas administrações públicas em todos os níveis federativos.

Mas o que seria o Sistema de Registro de Preços? Uma modalidade extra de licitação? Um tipo licitatório? Ou um mero procedimento? Certo é que, até bem pouco tempo, poucos agentes públicos, por mais devotados que fossem, conseguiam responder a essas perguntas – ao menos era isso que verificávamos nos eventos dos quais participávamos.

---

[2] JUSTEN FILHO, Marçal. *Comentários à Lei de Licitações e Contratos Administrativos*: com comentários à MP 2.026, que disciplina o pregão. 7. ed. rev., ampl. e acrescida de índice alfabético de assuntos. São Paulo: Dialética, 2000. p. 666.

[3] LEÃO, Eliana Goulart. *O sistema de registro de preços*: uma revolução nas licitações. Campinas: Bookseller, 1997.

[4] TOLOSA FILHO, Benedicto de; PAYÁ, Renata Fernandes de Tolosa. *Entendendo, implantando e mantendo o sistema de registro de preços*. Rio de Janeiro: Temas & Ideias, 1999.

[5] ESCOBAR, João Carlos Mariense. *O sistema de registro de preços nas compras públicas*: teoria e prática. Porto Alegre: Livraria do Advogado, 1996.

[6] FERNANDES, Jorge Ulisses Jacoby. *Compras pelo sistema de registro de preços*: métodos para definir qualidade e quantidade de acordo com a Lei nº 8.666/93: manual prático para implantação com todas as etapas detalhadas de acordo com o Decreto nº 2.743/98. São Paulo: J. de Oliveira, 1998.

[7] VIANNA, Flavia Daniel. *Ferramenta contra o fracionamento ilegal de despesa*: a união dos sistemas de registro de preços (SRP) e a modalidade pregão. 3. ed. São Paulo: Scortecci, 2011.

Essa excelente ferramenta era praticamente desconhecida por parte da Administração e, em função disso, raramente adotada.

O tema, inclusive, despertava pouco interesse quando levado a cabo em cursos, palestras, seminários e congressos, desinteresse que, certamente, tinha conexão direta com a falta de conhecimento.

Entrementes, transcorridos três/quatro anos da 1ª edição deste trabalho, notamos, com enorme satisfação, o crescente conhecimento da sistemática por parte de agentes públicos, bem como uma acentuada utilização.

Agora, transcorridos 20 anos da edição do primeiro regulamento federal sobre a matéria (o Decreto nº 3.931/2001), verificamos, com bastante alegria, regularidade na adoção da excelente sistemática.

Como obtempera Ivan Barbosa Rigolin:

> nunca é tarde para se falar do registro de preços: daqui a dez anos o tema por certo continuará palpitante, e deverá sê-lo enquanto o instituto existir. Por mais praticado que seja, e por mais que o utilizem dia após dia todos os entes públicos brasileiros, e por mais contratos que gere a todo tempo entre a Administração e fornecedores particulares, o seu intrínseco dinamismo, e as facetas operacionais que muitas vezes esconde engendram surpresas procedimentais de toda ordem a quem processe o sistema. Por mais pisado que seja o terreno nem todos os seus caminhos já foram trilhados, e muitos efeitos do sistema parecem ainda desconhecidos.[8]

Por outro lado, vemos com dissabor as reiteradas tentativas de utilização do instrumento de modo escuso e/ou irresponsável, notadamente quanto ao uso do permissivo de utilização de atas de registro de preços por órgãos não participantes da competição (os chamados "caronas"), o que motivou o Tribunal de Contas da União (TCU) a determinar ao Poder Executivo a imediata revisão do diploma

---

[8] RIGOLIN, Ivan Barbosa. Registro de preços. *Fórum de Contratação e Gestão Pública – FCGP*, Belo Horizonte, ano 17, n. 203, 2018. p. 42.

regulamentar, objetivando estabelecer limites para a adesão a registros de preços realizados por outros órgãos e entidades, preservando-se, dessa forma, os princípios da competição, da igualdade de condições entre os licitantes e da busca da maior vantagem para o Poder Público, considerando que as regras vigentes permitem, às claras, a indesejável situação de adesão ilimitada a atas em vigor, desvirtuando as finalidades buscadas pela sistemática.

Nesse contexto, pretensamente atendendo às observações da Corte de Contas, o Governo federal editou inicialmente o Decreto Regulamentar nº 7.892/2013, no qual fixava um limite a esse malsinado uso, estabelecendo que o instrumento convocatório da licitação deveria prever que o quantitativo decorrente das adesões à ata de registro de preços não poderia exceder, na totalidade, ao quíntuplo do quantitativo de cada item registrado para o órgão gerenciador e os órgãos participantes, independentemente do número de órgãos não participantes que aderissem à respectiva ata.

Com a aplicação diuturna do decreto, verificou-se a necessidade de alguns acertos de rotas, diante da dificuldade prática encontrada pelos utilizadores. Nesse contexto, foi editado o Decreto nº 8.250, de 23.5.2014, que revogou um dispositivo e inseriu novos preceptivos no referido diploma.

O emprego cotidiano das novas regras por alguns anos fez com que se percebesse a necessidade de mais aperfeiçoamentos, notadamente no que diz respeito à utilização do chamado "carona", em função da clara falta de planejamento no uso, com dominante preocupação por parte da doutrina e dos órgãos de controle com a multiplicação dos quantitativos registrados e com o descumprimento dos princípios licitatórios. Nesse sentido, ao longo dos anos, reiteradamente tem o TCU apontado a necessidade da imposição de limites à adesão.

Assim, em 31.8.2018, foi publicado o Decreto nº 9.488/2018, que mais uma vez altera o Decreto nº 7.892/2013, impondo novas barreiras à aplicação da sistemática, que passaram a valer a partir de 1º.10.2018.

CAPÍTULO 2

O SISTEMA DE REGISTRO DE PREÇOS

Mas o que viria a ser esse fantástico sistema? Preliminarmente, há de se entender de vez que o Sistema de Registro de Preços (conhecido pela sigla SRP, que passaremos a adotar daqui por diante) não se perfila no rol de modalidades de licitação,[9] tampouco circunscreve um tipo licitatório.[10]

---

[9] As modalidades, conforme estabelece o art. 22 da Lei nº 8.666/1993, são: concorrência, tomada de preços, convite, concurso e leilão, além do pregão (modalidade criada por medida provisória, depois instituída definitivamente pela Lei nº 10.520/2002). Registre-se que no ordenamento jurídico brasileiro há ainda leis específicas que tratam das licitações para contratações por parte das agências reguladoras (nºs 9.472/1997 e 9.986/2000), que estabeleceram nova modalidade licitatória, denominada "consulta", contrariando, a nosso ver, a competência dada ao legislador federal pelo inc. XXVII do art. 22 da Constituição Federal. Anote-se, também, a Lei nº 12.188/2010, voltada para a seleção de entidades executoras do Programa Nacional de Assistência Técnica e Extensão Rural na Agricultura Familiar e na Reforma Agrária (Pronater), que criou a modalidade licitatória denominada "chamada pública". Consigne-se também a criação, por intermédio da Lei nº 12.462/2011, de um regime diferenciado de contratação (RDC), inicialmente aplicável às licitações relacionadas com os Jogos Olímpicos e Paraolímpicos de 2016; a Copa das Confederações da Federação Internacional de Futebol Associação (Fifa) 2013 e da Copa do Mundo Fifa 2014; e obras de infraestrutura e de contratação de serviços para os aeroportos das capitais dos estados da Federação distantes até 350 km (trezentos e cinquenta quilômetros) das cidades sedes dos mundiais mencionados, mas estendida posteriormente às ações integrantes do Programa de Aceleração do Crescimento (PAC) (Lei nº 12.688/2012), às obras e serviços de engenharia no âmbito dos sistemas públicos de ensino (Lei nº 12.722/2012), às obras e serviços de engenharia no âmbito do Sistema Único de Saúde (SUS) (Lei nº 12.745/2012), às obras e serviços de engenharia para construção, ampliação e reforma e administração de estabelecimentos penais e de unidades de atendimento socioeducativo; às ações no âmbito da segurança pública; obras e serviços de engenharia, relacionadas a melhorias

O SRP deve ser encarado como uma ferramenta de auxílio que se consubstancia num procedimento especial a ser adotado nas compras do Poder Público, quando os objetos pretendidos forem materiais, produtos ou gêneros de consumo frequente, e, em situações especiais, nas contratações de serviços.

Trata-se de uma solução inteligente de planejamento e organização na logística de aquisição de bens e serviços no setor público, pois, entre outros benefícios, reduz significativamente os custos de estoques.

Com o sistema tem-se um estoque virtual, sem a necessidade dos gastos com armazenagem.

O SRP baseia-se no conceito do sistema de administração da logística de produção adotado no âmbito privado denominado *Just in Time*, que se orienta apoiado na ideia de que nada deve ser produzido, transportado ou comprado antes do momento exato da necessidade.[11] Assim, os bens ou serviços

---

na mobilidade urbana ou ampliação de infraestrutura logística; aos contratos de locação de bens móveis e imóveis, nos quais o locador realiza prévia aquisição, construção ou reforma substancial, com ou sem aparelhamento de bens, por si mesmo ou por terceiros, do bem especificado pela administração (Lei nº 13.190/2015), e às ações em órgãos e entidades dedicados à ciência, à tecnologia e à inovação (Lei nº 13.243/2106), que é tratado como nova espécie de modalidade licitatória, dada a inexistência de indicação de modalidade no diploma. Acresça-se, por fim, que a Lei das Estatais (Lei nº 13.303/2016), que prescreve o novo regime jurídico aplicável a empresas públicas, sociedades de economia mista e suas subsidiárias no âmbito da União, dos estados, do Distrito Federal e dos municípios, não contemplou "modalidades" licitatórias, tendo disciplinado apenas, na Seção VI, o "procedimento de licitação". Contudo, no art. 32, inc. IV, indica a adoção preferencial da modalidade de licitação denominada pregão, instituída pela Lei nº 10.520/2002, nas contratações de bens e serviços comuns.

10 Os tipos licitatórios são: menor preço, melhor técnica, técnica e preço e maior lance ou oferta (§1º do art. 45 da Lei nº 8.666/93). Anote-se que a Lei nº 12.462/2011, que estabeleceu um regime diferenciado de contratação (RDC), dispôs que, para seus certames, são tipos (critérios) de licitação: menor preço ou maior desconto; técnica e preço; melhor técnica ou conteúdo artístico; maior oferta de preço; e maior retorno econômico (art. 18).

11 O *Just in Time* surgiu no Japão, no princípio dos anos 1950, sendo o seu desenvolvimento creditado à Toyota Motor Company, a qual procurava um sistema de gestão que pudesse coordenar a produção com a procura específica de diferentes modelos de veículos com o mínimo atraso. Quando a Toyota decidiu entrar em pleno fabrico de carros, depois da Segunda Guerra Mundial, com pouca variedade de modelos de veículos, era necessária bastante flexibilidade para fabricar pequenos lotes com níveis de qualidade comparáveis aos conseguidos pelos fabricantes norte-americanos.

necessários ao processo de produção somente são adquiridos no momento de sua necessidade para a aplicação.

Nesse passo, diversamente do procedimento adotado nas licitações convencionais, em que os licitantes apresentam propostas específicas visando a um objeto unitário e perfeitamente definido, no SRP – que obrigatoriamente é levado a efeito por intermédio de concorrência (art. 15, §3º, inc. I da Lei nº 8.666/93) ou de pregão (art. 11 da Lei nº 10.520/02) –[12][13] ocorrem proposições de preços unitários que vigorarão por certo lapso de tempo, período em que a Administração, baseada em conveniência e oportunidade, poderá realizar as contratações necessárias, sempre com a preocupação de verificar a compatibilização dos preços registrados com os praticados no mercado no momento do interesse.

A adoção do SRP determina flagrante economia, além de ganho em agilidade e segurança, com pleno atendimento

---

Esta filosofia de produzir apenas o que o mercado solicitava passou a ser adaptada pelos restantes fabricantes japoneses e, a partir dos anos 1970, os veículos por eles produzidos assumiram uma posição bastante competitiva. Desta forma, o *Just in Time* tornou-se muito mais que uma técnica de gestão da produção, sendo considerado uma completa filosofia, a qual inclui aspectos de gestão de materiais, gestão da qualidade, organização física dos meios produtivos, engenharia de produto, organização do trabalho e gestão de recursos humanos. O sistema característico do *Just in Time*, de "puxar" a produção a partir da procura, produzindo em cada momento somente os produtos necessários, nas quantidades necessárias e no momento necessário, ficou conhecido como o método Kanban. Este nome é dado aos "cartões" utilizados para autorizar a produção e a movimentação de materiais, ao longo do processo produtivo (LIMA, Madson Denes Romário. O que é Just in Time? Modelo de gestão adotado pelo Japão faz sucesso em todo o mundo. *Administradores.com*, 26 mar. 2008. Disponível em: http://www.administradores.com.br/artigos/carreira/o-que-e-just-in-time/21936/. Acesso em: 28 maio 2013).

[12] Conforme registra o art. 7º do Decreto nº 7.892/13: "Art. 7º A licitação para registro de preços será realizada na modalidade de concorrência, [...] nos termos da Lei nº 8.666, de 1993, ou na modalidade de pregão, nos termos da Lei nº 10.520, de 2002, e será precedida de ampla pesquisa de mercado".

[13] Inovando no ordenamento jurídico pátrio, a Lei federal nº 13.979/2020, que dispõe sobre as providências para o enfrentamento da emergência de saúde pública de importância internacional decorrente do novo coronavírus, inseriu no ordenamento jurídico, em face de alteração procedida pela MP nº 926/2020, a possibilidade do uso do SRP por intermédio de dispensa licitatória. Como obtemperou Ronny Charles, a previsão nessa premente situação buscou implementar a cultura de compras compartilhadas nas aquisições de bens e serviços voltadas às ações de enfrentamento ao vírus.

ao princípio da eficiência, elevado a princípio constitucional da Administração Pública.[14]

É importante repisar que a adoção do SRP está intimamente atrelada a aquisições frequentes, isto é, contratações constantes do mesmo objeto (bens ou serviços) em espaços de tempo curtos.

Algumas definições de renomados especialistas lançam luz na busca do melhor entendimento:

> Registro de preços é o sistema de compras pelo qual os interessados em fornecer materiais, equipamentos ou gêneros ao Poder Público concordam em manter os valores registrados no órgão competente, corrigidos ou não, por um determinado período e a fornecer as quantidades solicitadas pela Administração no prazo previamente estabelecido.[15]

---

[14] Ressalta-se que a introdução da eficiência no rol dos princípios constitucionais aplicáveis à Administração – alinhando-se à legalidade, impessoalidade, moralidade e publicidade – implicou, como bem obtemperou Ricardo Salomão, um novo cenário para os gestores da coisa pública, porquanto passou a ser impossível a utilização da lei como biombo, atrás do qual muitos administradores ocultavam-se, temendo as consequências que decisões ágeis, lógicas e ousadas pudessem trazer para suas pessoas e carreiras: "Assim, o atraso na implementação de projetos que deveriam, o mais breve possível, iniciar seus ciclos de retorno do investimento feito, passaram a ser justificados com fundamento 'nos prazos da lei, nos recursos interpostos etc.' e a baixa qualidade obtida como uma decorrência da 'licitação por menor preço', fortemente induzida pela lei. Agora, o administrador público pode sair de trás do biombo e, com base no princípio da eficiência e cuidando apenas de manter a rastreabilidade de suas decisões, para fins de permitir o controle externo, desafiar eventuais tentativas de aplicações de sanções. Trata-se de uma saudável mudança na forma de se ver a gestão da coisa pública, equiparando-a, de certa forma, ao exercício de atividades empresariais. Se admitirmos uma interpretação ousada para a nova redação do referido dispositivo constitucional – e o elemento histórico fundamenta esta 'ousadia' –, a partir de agora, no exercício de suas funções, deve o administrador, naturalmente, seguir observando os princípios constitucionais aplicáveis à administração pública, com destaque para o recém-introduzido princípio da eficiência, manter rastreáveis os procedimentos decisórios para permitir a atuação do controle externo, e sua gestão será avaliada a partir dos resultados de seu 'negócio', que refletirão seu desempenho como gerente" (SALOMÃO, Ricardo. Emenda Constitucional nº 19/98. *Jornal do Commercio*, Rio de Janeiro, 12 nov. 1998).

[15] MEIRELLES, Hely Lopes. *Licitação e contrato administrativo*. 10. ed. Atualização de Eurico de Andrade Azevedo e Célia Marisa Prendes. São Paulo: Revista dos Tribunais, 1991. p. 68.

O Sistema de Registro de Preços consiste num procedimento especial de licitação e contratação, a ser adotado para compras cujos objetos sejam materiais, produtos ou gêneros de consumo frequente pelo Poder Público.[16]

Registro de preços é o sistema pelo qual, mediante licitação, seleciona-se proposta de preços unitários a serem utilizados pela Administração em contratos futuros destinados à aquisição de bens ou contratação de serviços, de consumo e uso frequentes.[17]

O Registro de Preços consiste em procedimento especial de licitação executado pela Administração, objetivando a aquisição de bens ou contratação de serviços desde que os objetos sejam compatíveis com sua sistemática, [...] sem a necessidade de reserva orçamentária de recursos (que será feita apenas no momento efetivo da aquisição ou contratação).[18]

Sistema de Registro de Preços é um procedimento especial de licitação, que se efetiva por meio de uma licitação *sui generis*, selecionando a proposta mais vantajosa, com observância do princípio da isonomia, para futura contratação pela Administração.[19]

Registro de Preços significa a licitação não para compras imediatas, mas para eleição de cotações vencedoras, que, ao longo do prazo máximo de validade do certame, podem ensejar, ou não, contratos de compra.[20]

O Registro de Preços constitui-se num meio operacional para a realização de compras de materiais, gêneros e equipamentos de uso comum, o qual se concretiza mediante prévio certame licitatório, visando obter os melhores preços e condições para a Administração.[21]

Registro de preços é o sistema de compras segundo o qual a Administração convoca os interessados em lhe fornecer materiais, equipamentos e gêneros, os quais, selecionados mediante licitação,

---

[16] LEÃO, Eliana Goulart. *O sistema de registro de preços*: uma revolução nas licitações. Campinas: Bookseller, 1997. p. 17.

[17] ESCOBAR, João Carlos Mariense. *O sistema de registro de preços nas compras públicas*: teoria e prática. Porto Alegre: Livraria do Advogado, 1996. p. 21.

[18] VIANNA, Flavia Daniel. *Manual do Sistema de Registro de Preços*. Rio de Janeiro: Synergia, 2014. p. 15.

[19] FERNANDES, Jorge Ulisses Jacoby. *Compras pelo sistema de registro de preços*: métodos para definir qualidade e quantidade de acordo com a Lei nº 8.666/93: manual prático para implantação com todas as etapas detalhadas de acordo com o Decreto nº 2.743/98. São Paulo: J. de Oliveira, 1998. p. 23.

[20] RIGOLIN, Ivan Barbosa; BOTTINO, Marco Tullio. *Manual prático das licitações*: Lei nº 8.666/93. 4. ed. São Paulo: Saraiva, 2002. p. 227.

[21] CITADINI, Antonio Roque. *Comentários e jurisprudência sobre a Lei de Licitações Públicas*. 3. ed., atual. e ampl. São Paulo: Max Limonad, 1999. p. 89.

obrigam-se a entregar-lhe, quando solicitado, os bens pelo preço classificado, atualizado ou não, nas quantidades pedidas, durante o prazo de validade do registro.[22]

Em face dos semelhantes conceitos, pode-se concluir, em síntese, que o SRP se destina às licitações para as compras e contratos frequentes da Administração Pública, o que, inquestionavelmente, agiliza e simplifica, afastando entraves burocráticos que ocorrem nas licitações comuns.[23] Além disso, também é uma ótima ferramenta nas compras de demandas incertas ou de difícil mensuração.[24]

O sistema é, à primeira vista, de difícil compreensão, com nuanças aparentemente intrincadas. Na prática, contudo, trata-se de mecanismo extremamente fácil.

Um ponto importante a ser considerado, conforme também vislumbrou Eliana Goulart Leão,[25] é o favorecimento que ele oferece aos fornecedores – colaboradores que são da Administração Pública –, porquanto assegura uma oportunidade de venda muito maior do que a propiciada pelas licitações comuns, além da simplificação das providências necessárias quando de cada entrega de material, produto ou gênero, dispensando a adoção de medidas burocráticas impostas em outros certames.

---

[22] BAZILLI, Roberto Ribeiro; MIRANDA, Sandra Julien. *Licitação à luz do direito positivo*: atualizado conforme a Emenda Constitucional 19, de 4.6.1998, e a Lei nº 9.648, de 27.5.1998. São Paulo: Malheiros, 1999. p. 99.

[23] Conforme expusemos ao prefaciar TOLOSA FILHO, Benedicto de; PAYÁ, Renata Fernandes de Tolosa. *Entendendo, implantando e mantendo o sistema de registro de preços*. Rio de Janeiro: Temas & Ideias, 1999.

[24] Podendo também ser utilizado para objetos que dependam de outras variáveis inibidoras do uso da licitação convencional, tal como ocorre com um município que aguarda recursos de convênios – muitas vezes transferidos em final de exercício com prazo restrito para a aplicação; liberados os recursos, se o objeto já houver sido licitado pelo SRP, caberá apenas expedir a nota de empenho para consumar a contratação (esse também é o entendimento de Jorge Ulisses Jacoby Fernandes, tendo o TCU deliberado nesse diapasão, consoante decisão da Primeira Câmara, no Acórdão nº 3.146/2004).

[25] Na 1ª edição de sua obra *O sistema de registro de preços*: uma revolução nas licitações (Campinas: Bookseller, 1997. p. 21).

Participar apenas uma vez de uma licitação e, com isso, fornecer o objeto ao Poder Público durante o período de um ano é altamente vantajoso para as empresas, desde que, evidentemente, tenham bastante cuidado no cálculo de seus preços.

De capital significância é atentar que a adoção do SRP não se enquadra no elenco de atos discricionários do administrador público, ou seja, o agente público não está autorizado a optar por sua utilização ou não, porquanto, conforme se avista nos mandamentos sobre a matéria na Lei nº 8.666/93, a utilização para compras públicas, no âmbito federal, é, em princípio, obrigatória, só podendo ser descartada quando há comprovada inviabilidade. Sobre a obrigação, leciona Escobar: "Somente quando inviável a sua prática, quando não for possível implementá-lo é que a Administração federal estará dispensada de utilizar o mecanismo".[26] Esse entendimento deflui, com clareza, da expressão "sempre que possível" disposta no *caput* do art. 15 da Lei nº 8.666/93.[27] Da mesma forma, Tolosa e Payá:

> Ao estatuir que as compras "sempre que possível, deverão" o legislador determinou o seu cumprimento como regra, e, em casos excepcionais, a adoção de outras formas legalmente estabelecidas, mediante justificativa a ser inserta no processo administrativo correspondente. Dessa forma, é inconteste que o sistema de registro de preços deve ser o procedimento de uso regular, e quando, por conveniência administrativa, efetivamente demonstrada, não for possível tecnicamente a sua utilização, ser outra a fórmula, justificada pela Administração.[28]

---

[26] ESCOBAR, João Carlos Mariense. *O sistema de registro de preços nas compras públicas*: teoria e prática. Porto Alegre: Livraria do Advogado, 1996. p. 26.

[27] Prescreve o dispositivo: "Art. 15. As compras, sempre que possível, deverão: [...] II – ser processadas através de sistema de registro de preços".

[28] TOLOSA FILHO, Benedicto de; PAYÁ, Renata Fernandes de Tolosa. *Entendendo, implantando e mantendo o sistema de registro de preços*. Rio de Janeiro: Temas & Ideias, 1999. p. 12.

Também já registramos da mesma maneira: "Sendo comprovadamente viável, há obrigatoriedade da sistemática nas compras".[29]

Infelizmente, apesar dessa compulsória regra e do enorme benefício que se aufere com o uso da sistemática, as aquisições sem a adoção do SRP tornaram-se constantes, com a inadmissível complacência dos órgãos de controle.

No mesmo sentido, a observação e o lamento de Paulo Sérgio de Monteiro Reis:

> Deve-se entender que a expressão "sempre que possível" possui natureza de dever legal. Deve, assim, ser a regra para aquisições de bens, desde que enquadradas essas aquisições em uma das hipóteses de aplicação.
>
> Na realidade, não é isso que temos observado na administração pública brasileira. Ainda existe uma resistência muito grande à aplicação mais genérica do SRP, talvez por desconhecimento do que ele efetivamente representa, talvez por desconhecimento dos benefícios que pode trazer.[30]

Acertadamente, ponderou Vanice Lírio do Valle, exortando a sua franca adoção:

> O desafio precisa ser enfrentado. Não há sentido em grandes organizações, verdadeiras Prefeituras-Estado perderem tanto tempo, esforço e energia em aquisições ordinárias de material de consumo. Em tempos de capital intelectual, do conhecimento como elemento valorizador das corporações, é preciso liberar-se a inteligência dos agentes públicos para tarefas mais sensíveis para a Administração – que não o infindável julgar de planilhas de preços de papéis e clipes.[31]

---

[29] Cf. BITTENCOURT, Sidney. *Licitação passo a passo*: comentando todos os artigos da Lei nº 8.666/93 totalmente atualizada, levando também em consideração a Lei Complementar nº 123/06, que estabelece tratamento diferenciado e favorecido às microempresas e empresas de pequeno porte nas licitações públicas. 10. ed. rev., ampl. e atual. Belo Horizonte: Fórum, 2019. p. 56.

[30] REIS, Paulo Sérgio de Monteiro. *Sistema de registro de preços*: uma forma inteligente de contratar – Teoria e prática. Belo Horizonte: Fórum, 2020. p. 81.

[31] VALLE, Vanice Regina Lírio do. Sistema de registro de preços: algumas considerações práticas. *In*: BITTENCOURT, Sidney (Org.). *Temas controvertidos sobre licitações e contratos administrativos*. Rio de Janeiro: Temas & Ideias, 1999. p. 113.

No âmbito das licitações há um propalado comentário que dá à Lei nº 8.666/1993 a pecha de grande vilão das contratações públicas, de vez que, pelo que se fala, seus termos, de má técnica, obrigariam a compra de produtos de baixa qualidade, em função de a regra geral determinar a aquisição pelo menor preço. Por via de consequência, haveria um agravamento nessa situação com a adoção do SRP, em face de se tratar de uma forma especial de licitação objetivando adquirir/contratar produtos e serviços corriqueiros. Ressalta-se, todavia, que essa reiterada máxima não passa – ao menos nesse aspecto – de um enorme equívoco, considerando, principalmente, três fatores importantes, como bem delineou Jacoby Fernandes:

> a ausência de treinamento dos servidores responsáveis pela aplicação das normas; a não compreensão, por parte dos aplicadores, das decisões das cortes de contas e dos demais órgãos de controle, em face de tais decisões, por diversos fatores, não alcançarem o caráter pedagógico pretendido; e da fugidia ideia de que comprar pelo menor preço é comprar qualquer coisa, aceitar qualquer produto, uma vez que vários dispositivos da Lei nº 8.666/1993 apontam linhas de ação da atuação do agente público que permitem a indicação da qualidade do produto.[32]

Sobre este último fator, com maestria, Jacoby pinçou os dispositivos da Lei nº 8.666 que claramente demonstram que a norma produz suficiente regramento para a Administração afastar-se das contratações de má qualidade:[33]

– no caso de serviços, a qualidade pode ser licitamente indicada no projeto básico, ao definir, com precisão, o objeto pretendido pela Administração, desde que justificada à luz do interesse público. O conceito de

---

[32] FERNANDES, Jorge Ulisses Jacoby. Garantindo a qualidade no sistema de registro de preços. *Informativo de Licitações e Contratos – ILC*, Curitiba, v. 9, n. 101, p. 554-577, jul. 2002.

[33] FERNANDES, Jorge Ulisses Jacoby. Garantindo a qualidade no sistema de registro de preços. *Informativo de Licitações e Contratos – ILC*, Curitiba, v. 9, n. 101, p. 554-577, jul. 2002.

projeto básico está no art. 6º, inc. IX; a obrigatoriedade de sua elaboração antes da licitação é exigida no art. 7º, §2º, I; a obrigatoriedade de publicar o projeto básico junto com o edital está no art. 40, §2º, I, todos dispositivos da Lei nº 8.666/93;

- a qualidade do trabalho executado deve ser aferida em cada etapa, como providência indispensável ao início da etapa seguinte, nos termos do art. 7º, §1º, da Lei nº 8.666/93;

- a qualidade do produto, a indicação de marcas ou características exclusivas ou sem similaridade é expressamente admitida, quando for tecnicamente justificável, por exceção à regra geral, conforme art. 7º, §5º, da Lei nº 8.666/93;

- a qualidade é um dos requisitos na elaboração de projetos, expressamente traduzida em durabilidade, facilidade na execução, conservação e operação, funcionalidade, adequação ao interesse público e segurança, nos termos do art. 12, incs. I, II e V, da Lei nº 8.666/93;

- a qualidade na fiscalização, supervisão ou gerenciamento de obras e serviços foi objeto de preocupações do legislador quando autorizou a realização de concurso para assistência do executor do contrato, conforme art. 13, inc. IV, c/c art. 67, da Lei nº 8.666/93;

- a qualidade de uma compra é garantida quando o legislador exige "a adequada caracterização do objeto", na dicção do art. 14 da Lei nº 8.666/93;

- a qualidade foi traduzida pela expressão "compatibilidade de especificação técnica e de desempenho", estabelecida no art. 15, inc. I, da Lei nº 8.666/93;

- a qualidade é assegurada quando o legislador exige "a especificação completa do bem", no art. 15, §7º, inc. I, da Lei nº 8.666/93;

- a manutenção da qualidade foi objeto de expressa disposição, quando foi determinado que se observassem as condições de guarda e armazenamento que não permitissem a deterioração do material, na redação do art. 15, §7º, inc. III, da Lei nº 8.666/93;

- a qualidade dos bens adquiridos foi objeto de preocupação, no momento do recebimento, quando o legislador instituiu a comissão de recebimento nos termos do art. 15, §8º, da Lei nº 8.666/93;
- a qualidade foi assegurada também quando se permite exigir do licitante a qualificação técnica para a execução do objeto, no art. 30 da Lei nº 8.666/93;
- a qualidade na execução do objeto também foi assegurada com a possibilidade de a Administração indicar a relação de máquinas, equipamentos e pessoal técnico considerados essenciais para o cumprimento da obrigação, na forma do art. 30, §5º, da Lei nº 8.666/93;
- a qualidade foi traduzida como a possibilidade de exigir dos licitantes a metodologia da execução, que pode ser avaliada pela Administração, na fase da habilitação, nos termos do art. 30, §8º da Lei nº 8.666/93;
- a qualidade na execução de determinado objeto deve ser anotada no registro cadastral, para referência nas futuras contratações, na forma do art. 36, §2º, da Lei nº 8.666/93;
- a qualidade exigida no edital, se desatendida na proposta do licitante, implica a desclassificação desta, pelo que se depreende do art. 43, inc. IV, c/c 48, inc. I, da Lei nº 8.666/93;
- a verificação da qualidade do objeto pode ser motivo de diligência da comissão de licitação, na forma do art. 43, §3º, da Lei nº 8.666/93;
- a qualidade pode ser licitamente indicada, quando aferível por critérios objetivos e respeito ao princípio da igualdade, nos termos do art. 44, §1º, Lei nº 8.666/93;
- a qualidade do objeto pretendido pode vir até a justificar a utilização de outro tipo de licitação, como

"técnica e preço" ou "melhor técnica", como dispõe o art. 4º, §1º, e 46 da Lei nº 8.666/93;

- a qualidade na execução do objeto é garantida pelo dever da Administração de designar "especialmente" para cada caso um fiscal executor, necessariamente entre os agentes da Administração, na forma do art. 67 da Lei nº 8.666/93; e

- a qualidade, no recebimento do objeto, está assegurada pelos procedimentos específicos do art. 73 da Lei nº 8.666/93.

CAPÍTULO 3

A FUNDAMENTAÇÃO LEGAL DO SISTEMA DE REGISTRO DE PREÇOS

No âmbito da Administração Pública federal e em termos de normas gerais aplicáveis a todos os entes federativos, o SRP está disciplinado, como já explicitado, no art. 15 da Lei nº 8.666/93:[34]

> Art. 15. As compras, sempre que possível, deverão: [...]
>
> II – ser processadas através de sistema de registro de preços; [...]
>
> §1º O registro de preços será precedido de ampla pesquisa de mercado.
>
> §2º Os preços registrados serão publicados trimestralmente para orientação da Administração, na imprensa oficial.
>
> §3º O sistema de registro de preços será regulamentado por decreto, atendidas as peculiaridades regionais, observadas as seguintes condições:
>
> I – seleção feita mediante concorrência;
>
> II – estipulação prévia do sistema de controle e atualização dos preços registrados;
>
> III – validade do registro não superior a um ano.
>
> §4º A existência de preços registrados não obriga a Administração a firmar as contratações que deles poderão advir, ficando-lhe facultada

---

[34] O SRP teve origem na legislação brasileira no vetusto Código de Contabilidade Pública da União, notadamente em sua regulamentação (Decreto nº 15.783, de 8.10.1922), tendo sido tratado, de forma pouco detalhada, em normas posteriores.

a utilização de outros meios, respeitada a legislação relativa às licitações, sendo assegurado ao beneficiário do registro preferência em igualdade de condições.

§5º O sistema de controle originado no quadro geral de preços, quando possível, deverá ser informatizado.

O assunto *normas gerais* está expressamente regulado na Constituição Federal, precisamente no inc. XXVII do art. 22, que, em função de diversas discussões, divergências e, principalmente, dificuldades operacionais quanto à sua redação original, teve o modelo alterado, emergindo, então, a Emenda Constitucional nº 19/98, parte integrante da chamada *Reforma Administrativa* do Governo Fernando Henrique Cardoso, o qual, mantendo a competência da União como dantes, deu tratamento diferenciado ao tema, atendendo a um fortíssimo clamor doutrinário que impunha uma nova ótica sobre a matéria – com tendência progressista e altamente gerencial – para os entes da Administração Pública indireta.

Alterado foi, então, o inc. XXVII do art. 22 da Constituição Federal, que passou a ter o seguinte texto:

> Art. 22. Compete privativamente à União legislar sobre: [...]
>
> XXVII – normas gerais de licitação e contratação, em todas as modalidades, para as administrações públicas diretas, autárquicas e fundacionais da União, Estados, Distrito Federal e Municípios, obedecido o disposto no art. 37, XXI, *e para as empresas públicas e sociedades de economia mista, nos termos do art. 173, §1º, III;* [...].
> (Grifamos a alteração)

O mandamento constitucional anterior obrigava toda a Administração Pública a realizar licitações para suas contratações através de regra única. O novo texto constitucional, apesar de manter a obrigatoriedade de licitação, dispôs procedimentos diferenciados, estabelecendo diretriz diversa para parte da Administração indireta – empresas públicas e sociedades de economia mista –, que passou a ter estatutos próprios, a serem editados por lei ordinária federal[35] (art. 173, §1º, da Constituição Federal), com regras específicas sujeitas apenas aos princípios da Administração Pública (art. 173, §1º, III). A alteração redacional visou à resolução de sérios problemas operacionais dos integrantes da Administração indireta alcançados.

Há de se destacar que a nova regra constitucional, apesar de ter permitido a edição de estatutos licitatórios próprios para os entes mencionados, manteve todo o regramento referente à edição de normas gerais.

Ponto pacífico: a União estabelece normas gerais sobre licitação e os outros entes federativos editam leis específicas referentes ao restante.

Todavia, há algumas dúvidas sobre o tema:[36]

a) quais seriam, precisamente, tais normas gerais, na Lei nº 8.666/93, e como identificá-las?

---

[35] Com inexplicável atraso, somente em 30.6.2016 foi sancionada a Lei nº 13.303, que "dispõe sobre o estatuto da empresa pública, da sociedade de economia mista e de suas subsidiárias, no âmbito da União, dos Estados, do Distrito Federal e dos Municípios" (conhecida como a Lei das Estatais). Registre-se que, com o propósito de solucionar grandiosos problemas de gestão e de transparência nas estatais, a nova norma surgiu em meio à enorme crise que envolveu algumas dessas organizações, totalmente implicadas na conhecida "Operação Lava-Jato", investigadora da maior trama de corrupção e lavagem de dinheiro já ocorrida no país. Como obtemperou Irene Nohara, "a edição da nova lei nesse período (politicamente conturbado) foi motivada também por fatores conjunturais. Partiu da apuração de fraudes, num sistema de cartéis, em licitações e contratos que trouxe à tona a corrupção praticada por parte de altos executivos da Petrobras em negócios superfaturados celebrados com grandes empreiteiras, conforme desenrolar da operação Lava-Jato, que acarretou perda de bilhões da sociedade de economia mista em função da alta gestão desviada, em recursos que depois eram supostamente empregados em compras de votos e financiamentos de campanhas de agentes políticos" (NOHARA, Irene Patrícia. Mudanças promovidas pela nova Lei das Estatais: pontos fortes e fracos. *Direito Administrativo*, 16 ago. 2016. Disponível em: https://direitoadm.com.br/mudancas-promovidas-pela-nova-lei-das-estatais/. Acesso em: 16 dez. 2016). Sobre o tema, sugerimos a leitura do nosso *A Nova Lei das Estatais: Novo Regime de Licitações e Contratos nas Empresas Estatais – Lei nº 13.303, de 30 de junho de 2016, regulamentada pelo Decreto nº 8.945, de 27 de dezembro de 2016* (Leme: JH Mizuno, 2017).

[36] Levantadas pela Professora Alice Gonzalez Borges, que reproduzimos, com as adaptações devidas (BORGES, Alice Maria Gonzalez. *Normas gerais no Estatuto de Licitações e Contratos Administrativos*. São Paulo: Revista dos Tribunais, 1991. p. 13-14).

b) até que ponto poderiam repercutir sobre a aplicação de leis estaduais e municipais já existentes e em vigor, naquilo em que estas disponham de maneira diversa?

c) quais seriam, doravante, dentro da aplicação dessas normas, as balizas orientadoras da elaboração de novos diplomas locais específicos?

d) como exatamente seria o procedimento dos estados, municípios e Distrito Federal para o perfeito atendimento ao mandamento disposto no art. 118 da Lei nº 8.666/93? Deveriam atender apenas e tão somente às normas gerais que impõem sua estrita observância pelas demais ordens constitucionais? Até que ponto seria válida a normatividade dessas regras obrigatórias, à vista do princípio da autonomia dos estados e municípios?

Acrescente-se, ainda, outra inquietante indagação: a regulamentação das normas gerais deve ou não ser acatada pelos outros entes federativos?

Antes de qualquer tentativa de apresentar respostas, é preciso pincelar ideias do que seriam as tais *normas gerais*.

Em rapidíssima síntese, calcando-se nos firmes ensinamentos de Oswaldo Aranha Bandeira de Mello,[37] é de se ter em mente, para bem entendê-las, que existem matérias em que os órgãos federais são competentes para estabelecer os princípios, prescrevendo as normas gerais. Nessa hipótese, os estados-membros ficam encarregados de ditar os dispositivos complementares e supletivos. A União, nesse caso, não deve e não pode exceder-se no exercício das suas atribuições, entrando em pormenores e prescrevendo, quase completamente, sobre a matéria, porquanto, desse modo, estaria anulando a verdadeira competência daqueles. Sergio de Andréa Ferreira sintetiza com desenvoltura:

---

[37] BANDEIRA DE MELLO, Oswaldo Aranha. *Princípios gerais de direito administrativo*. Rio de Janeiro: Forense, 1969.

O conceito de normas gerais tem duas espécies de condicionamentos, um de caráter horizontal, e outro vertical: pelo primeiro, essas normas têm de ser idênticas para todas as unidades federativas envolvidas, e a todas abranger; pelo segundo, têm de cingir-se, efetivamente, às generalidades, sem descer a especificações, sem baixar a detalhamentos.[38]

Alguns autores tentaram depurar o estatuto, separando as regras ditas gerais das demais. Toshio Mukai encarou a tarefa com bravura ainda quando da análise do Decreto-Lei nº 2.300/86;[39] Alice Gonzalez Borges também; depois, Jessé Torres Pereira Junior buscou informá-las, já na Lei nº 8.666/93.[40] Outros tentaram, mas, como bem obtemperou Alice Borges, "tema tão palpitante ainda há de ser amplamente refletido, debatido, examinado com profundidade, antes que se chegue a uma desejável cristalização de tendências e posicionamentos",[41] porquanto, é cediço que a situação, infelizmente, ainda não se aclarou no ordenamento jurídico pátrio.

Eros Grau, por exemplo, arguto intérprete da ciência do direito, tecendo comentários sobre o assunto, após alinhavar várias argumentações, concluiu que "ainda assim, contudo, a complexidade do tema permanece a nos desafiar, conduzindo alguns ao descaminho tantas vezes trilhado quando buscam determinar o que não é norma geral",[42] chegando a vaticinar:

---

[38] FERREIRA, Sergio de Andréa. *Comentários à Constituição*. Rio de Janeiro: Freitas Bastos, 1990. v. 3. p. 213.

[39] MUKAI, Toshio. *Estatutos jurídicos de licitações e contratos administrativos*: de acordo com a Constituição de 1988. 3. ed. rev. e aum. São Paulo: Saraiva, 1992.

[40] PEREIRA JÚNIOR, Jessé Torres. *Comentários à Lei das Licitações e Contratações da Administração Pública*. 5. ed. rev., atual. e ampl. de acordo com as Emendas Constitucionais de nº 06/95 e 19/98, com a Lei Complementar nº 101/2000, com as Leis de nº 9.648/98 e 9.854/99, e com a Medida Provisória nº 2.108/2001 e seus regulamentos, incluindo: modelos de editais e contratos, legislação e normas federais correlatas. Rio de Janeiro: Renovar, 2002.

[41] BORGES, Alice Maria Gonzalez. *Normas gerais no Estatuto de Licitações e Contratos Administrativos*. São Paulo: Revista dos Tribunais, 1991.

[42] GRAU, Eros Roberto. *Licitação e contrato administrativo*: estudo sobre a interpretação da lei. São Paulo: Malheiros, 1995. p. 13.

"Segundo a lei de 1993, tudo, nela, é norma geral".[43] Nesse mesmo diapasão, Marcos Juruena: "A Lei nº 8.666/93, logo em seu art. 1º, pretendeu impor todas as suas normas como gerais".[44]

É claro que, conforme prescreve a Constituição Federal, não resta excluída jamais a competência suplementar dos estados; todavia, a superveniência da lei nacional quanto às normas gerais afasta a eficácia da lei estadual em tudo que lhe for contrária.

Ecoam aqui as ilustres lições do saudoso Ministro Moreira Alves:

> Para se configurar o vazio que pode ser preenchido supletivamente pelas leis estaduais é preciso que não haja legislação federal, que abarca não somente as leis, mas também os diferentes atos normativos (decretos, regulamentos, circulares, portarias etc.) que emanam da União Federal.[45]

O art. 15 da Lei nº 8.666/93, como bem avaliou Eliana Leão, é um dispositivo híbrido quanto aos destinatários dos seus comandos, porquanto possui regras incidentes apenas para a Administração federal (*caput*, inc. II e §2º) e normas que alcançam todas as entidades federativas, ou seja, União, estados, Distrito Federal e municípios, além das entidades da Administração indireta que queiram adotar o sistema (§§1º, 3º, 4º e 5º).

O SRP está regulamentado, no âmbito da Administração federal (direta, autárquica, fundacional, fundos especiais, empresas públicas, sociedades de economia mista e demais

---

[43] GRAU, Eros Roberto. *Licitação e contrato administrativo*: estudo sobre a interpretação da lei. São Paulo: Malheiros, 1995. p. 10.

[44] SOUTO, Marcos Juruena Villela. *Licitações e contratos administrativos*: doutrina: Lei nº 8.666, de 21.06.93, comentada. 3. ed. rev., ampl. e atual. pela EC nº 19/98 e pela Lei nº 9.648, de 27.5.98 e Lei nº 9.854, de 27.10.99. Rio de Janeiro: Esplanada, 2000. p. 54.

[45] RTJ, 115:1033, conf. transcrito por Raul Armando Mendes (*Comentários ao Estatuto das Licitações e Contratos Administrativos*: com apontamentos sobre a Lei paulista nº 6.544/89. 2. ed. atual. e aum. São Paulo: Saraiva, 1991. p. 5).

entidades controladas, direta ou indiretamente pela União), pelo Decreto nº 7.892, de 23.1.2013,[46] que revogou expressamente o Decreto nº 3.931, de 19.9.2001, que o regulamentava. O enfrentamento da avaliação da aplicação desse diploma regulamentar, no que diz respeito à abrangência, não obstante ter ele já delineado seu alcance, é deveras complicado, considerando o hibridismo do art. 15 da Lei nº 8.666/93, uma vez que, como esposado, tem adoção específica para a Administração federal, mas possui também aplicação para os entes da federação em certas passagens.

Temos sustentado – como já fizemos quando da apreciação da modalidade de licitação pregão, tanto para o pregão presencial,[47] como para o pregão eletrônico –[48] que a regulamentação federal oferecida para regras que constituem normas gerais é totalmente válida também para os demais entes federativos.[49]

Nessa mesma tese, também a conceituada palavra de Maria Sylvia Zanella Di Pietro, quando da apreciação do Decreto nº 1.070/1994,[50] que regulamentava o art. 3º da Lei nº

---

[46] Publicado no *Diário Oficial da União (DOU)*, de 23.1.2013.

[47] BITTENCOURT, Sidney. *Pregão passo a passo*: Lei nº 10.520, de 17 de julho de 2002 – comentários aos artigos do diploma legal que institui a modalidade de licitação pregão para todos os entes da federação. 4. ed. atual., rev. e ampl. Belo Horizonte: Fórum, 2010.

[48] BITTENCOURT, Sidney. *Pregão eletrônico*: Decreto nº 5.450, de 31 de maio de 2005: Lei nº 10.520, de 17 de julho de 2002: considerando também a Lei Complementar nº 123/2006: que estabelece tratamento diferenciado e favorecido às microempresas e empresas de pequeno porte. 3. ed. Belo Horizonte: Fórum, 2010.

[49] Registre-se que a doutrina dominante refuta este entendimento, considerando-o à margem da função outorgada aos regulamentos. Contudo, já que, pelo que se observa, tem sido esse o comportamento adotado pelos entes federativos, sem recriminação por parte das cortes de contas, espera-se que os decretos federais regulamentares de leis que ditam normas gerais sirvam ao menos de inspiração aos entes federativos, apenas divergindo nos pontos que realmente representem a diversidade regional (de modo que não se crie uma verdadeira balbúrdia jurídica neste país). Nessa linha, as lições do Professor Luciano Ferraz: "Nada impede que Estados e Municípios baixem normas [...] elegendo o decreto federal em vigor como parâmetro de regência do respectivo pregão eletrônico, adaptando-o à realidade pertinente a cada um deles, observação que se estende também ao pregão comum" (FERRAZ, Luciano. Pregão eletrônico. *Fórum de Contratação e Gestão Pública – FCGP*, ano 5, n. 59, nov. 2006).

[50] Hoje revogado pelo Decreto nº 7.174/2010.

8.248/1991, voltado para as contratações de bens e serviços de informática, em situação, em termos de aplicação, exatamente igual:

> A Lei nº 8.666/93, apesar de todas as discussões sobre se suas normas são todas gerais ou não e, portanto, obrigatórias para Estados e Municípios, aplica-se à União, Estados, Distrito Federal e Municípios, conforme consta do seu art. 1º. E, ainda que houvesse alguma dúvida com relação a vários dispositivos da lei, dúvida não existe de que a matéria pertinente ao procedimento, em especial nos critérios de julgamento, é norma geral de observância obrigatória. Portanto, qualquer decreto regulamentador dessas normas tem que ter forçosamente o mesmo alcance. E como no preâmbulo já constava a referência a essa lei, parece indubitável que, regulamentando dispositivo da lei de licitações, o dispositivo teria alcance nacional.[51] [52]

Sobre o tema, a ponderação de George Ávila Matos:

> Ademais, como bem afirmado por Maria Sylvia Zanella Di Pietro, se, apesar de todos os desencontros doutrinários, a Lei 8.666/93 estabelece em seu artigo 1º normas gerais sobre licitações e contratos administrativos no âmbito dos Poderes da União, dos Estados, do Distrito Federal e dos Municípios, parece-nos razoável que os estatutos Federais regulamentadores decorrentes devam ter a mesma força e alcance das "normas gerais".[53]

Também a apreciação de Aldem Johnston Barbosa Araújo:

> [...] fica evidenciado que o Decreto Federal nº 3.931/2001, que traça as linhas gerais do Sistema de Registro de Preços, é aplicável não só à

---

[51] DI PIETRO, Maria Sylvia Zanella. Contratação de bens e serviços de informática: aplicação do Decreto Federal nº 1.070, de 2.3.94, aos estados e municípios. *In*: DI PIETRO, Maria Sylvia Zanella *et al*. *Temas polêmicos sobre licitações e contratos*. 5. ed. rev. e ampl. São Paulo: Malheiros, 2001. p. 149.

[52] Em tese contrária, Carlos Ari Sundfeld: "Inexiste regra constitucional permitindo ao Chefe do Executivo Federal, através de decreto, impor pautas de conduta às demais pessoas políticas" (SUNDFELD, Carlos Ari. *Licitação e contrato administrativo*: de acordo com as leis 8.666/93 e 8.883/94. 2. ed. São Paulo: Malheiros, 1995. p. 33).

[53] MATOS, George Ávila. *Adesão vertical de órgãos federais no sistema de registro de preços*: breves comentários ao Acórdão 6511/2009 e à Orientação Normativa nº 21/2009 da AGU. Disponível em: http://www.jurisite.com.br/doutrinas/administrativa/doutadm60.html. Acesso em: 3 jun. 2013.

União e aos integrantes da Administração Indireta Federal, mas sim à Administração Pública Direta e Indireta de Estados e Municípios.[54]

Anote-se o magistério do constitucionalista Sahid Maluf:

> Se não existe lei federal sobre a matéria, a estadual é supletiva total; e se existe, mas deixou em branco o assunto que interessa ao Estado, a lei é deste supletiva parcial. Se a lei federal dispõe apenas de linhas gerais, fixando princípios básicos, tem cabimento a lei estadual que complementará peculiaridades locais, naturalmente, sem contradizer as normas da lei maior. A legislação estadual complementar pressupõe a existência de lei federal. Esta determinou as normas gerais e básicas, mas deixou de prever todos os casos ocorrentes; não os regulamentou; não indicou solução para problemas locais. Sua omissão, em regra, é proposital, deixou campo aberto para que os Estados-membros ajustem as diretrizes da lei federal à realidade local. Assuntos tais [...] não comportam soluções uniformes para todas as regiões do País.[55]

No caso do SRP, como já comentado, há certa indefinição no acatamento dessa fórmula interpretativa, de vez que as normas gerais dispostas no art. 15 se restringem a parágrafos. Daí sermos partidários, adotando regras de hermenêutica, que leis específicas locais poderão dispor sobre o assunto, assim como seus decretos regulamentares, desde que sejam atendidos os comandos das normas gerais.[56] [57]

---

[54] ARAÚJO, Aldem Johnston Barbosa. Anotações sobre o registro de preços instituído pelo Decreto Federal nº 3.931/2001. Âmbito Jurídico, 1º set. 2009. Disponível em: http://www. ambito-juridico.com.br/site/?n_link=revista_artigos_leitura&artigo_id=6575&revista_ caderno=4. Acesso em: 28 maio 2013.

[55] MALUF, Sahid. *Direito constitucional*: programa do 2º ano das faculdades de direito Sahid Maluf; revisto e adaptado ao texto constitucional de 1969. 10. ed. São Paulo: Sugestões Literárias, 1978. p. 120. Indicando, ainda, na mesma obra: "também a lei municipal [...] observadas as mesmas regras [...]".

[56] Nessa linha, Eliana Goulart Leão, tecendo comentários sobre o regrado no revogado Decreto nº 2.473/1998, válidos *in totum* para a nova regulamentação, bem como para qualquer outra que venha a ser estabelecida (LEÃO, Eliana Goulart. *O sistema de registro de preços*: uma revolução nas licitações. Campinas: Bookseller, 1997).

[57] Relembra-se que as normas podem ser autoaplicáveis quando suficientes para o disciplinamento das relações jurídicas ou o processo de sua efetivação, em face de apresentarem todos os requisitos necessários para a produção dos efeitos. No caso do SRP, sempre entendemos que as disposições normativas estabelecidas na Lei nº

Por outro lado, leis já previamente existentes devem subsistir somente nas disposições que não colidam com essas normas gerais.[58]

8.666/1993 ofereciam essa base para municípios e estados, em que pese a enorme dificuldade na separação do joio do trigo.

[58] Foi o que ocorreu com a Lei estadual nº 6.544, de 22.9.1989, regulamentada pelo Decreto nº 35.946, de 30.10.1992, com derrogações impostas pela Lei estadual nº 10.295, de 20.4.1999, no estado de São Paulo.

CAPÍTULO 4

COMENTÁRIOS AO DECRETO Nº 7.892, DE 23.1.2013,[59] ALTERADO PELOS DECRETOS Nº 8.250, DE 23.5.2014,[60] E Nº 9.488, DE 30.8.2018[61]

DECRETO Nº 7.892, DE 23 DE JANEIRO DE 2013

Regulamenta o Sistema de Registro de Preços previsto no art. 15 da Lei nº 8.666, de 21 de junho de 1993.

A PRESIDENTA DA REPÚBLICA, no uso da atribuição que lhe confere o art. 84, caput, inciso IV, da Constituição, e tendo em vista o disposto no art. 15 da Lei nº 8.666, de 21 de junho de 1993, e no art. 11 da Lei nº 10.520, de 17 de julho de 2002,

DECRETA:

Art. 1º

CAPÍTULO I – DISPOSIÇÕES GERAIS

Art. 1º *As contratações de serviços e a aquisição de bens, quando efetuadas pelo Sistema de Registro de Preços – SRP, no âmbito da*

---

[59] Publicado no *Diário Oficial da União (DOU)*, de 23.1.2013.
[60] Publicado no *Diário Oficial da União (DOU)*, de 26.5.2014, e republicado em 27.5.2014.
[61] Publicado no *Diário Oficial da União (DOU)*, de 31.8.2018.

> *administração pública federal direta, autárquica e fundacional, fundos especiais, empresas públicas, sociedades de economia mista e demais entidades controladas, direta ou indiretamente pela União, obedecerão ao disposto neste Decreto.*

Consoante o exposto nas linhas introdutórias deste trabalho, a concepção da adoção do SRP está intimamente ligada à compra de bens, em função da necessidade de o gestor público buscar soluções para organização e planejamento, adequadas à legislação, que permitam a melhoria da logística de aquisição, aliada à redução dos custos dos seus estoques. *Vide* que o art. 15 da Lei nº 8.666/93, que lhe dá suporte legal, faz parte da seção "Das Compras", e, de forma direta, registra que "as compras, sempre que possível, deverão ser processadas através de sistema de registro de preços".

O decreto federal regulamentar anterior (nº 3.931, de 19.92001), ora revogado, estabelecia como itens passíveis de serem licitados por meio de registro de preços as compras, os serviços e as locações.

Posteriormente, com o advento do Decreto nº 4.342, de 23.8.2002, que lhe impôs alterações, foi suprimida a autorização de adoção nas locações, diante das enormes dificuldades operacionais que essa prática acarretava.[62]

O Decreto nº 7.892/2013 manteve o regramento, dispondo que o uso do SRP, no âmbito da Administração Pública federal direta, autárquica e fundacional, fundos especiais, empresas públicas, sociedades de economia mista e demais entidades controladas, direta ou indiretamente pela União, dar-se-á nas contratações de serviços e nas aquisições de bens.

Já anotamos que constitui enorme avanço – e inovação – a permissão de adoção do SRP para contratar serviços. Por

---

[62] Não obstante visar o decreto, quando autorizava a locação, ao aluguel de equipamentos, notadamente de reprografia (tipo Xerox), o que se justificava, em parte, pelas vantagens oferecidas na adoção desse mecanismo em certas ocasiões.

diversas vezes se deparam os agentes públicos com pequenos serviços que poderão ser necessários ao longo do tempo, carregados de uma enorme carga de indeterminação, com consequente dificuldade de planejamento, de vez que ocorrem em face de atividades de rotina. A recuperação de instalações, os reparos de equipamentos, os serviços de manutenção e pintura são exemplos clássicos. Serviços capazes de serem estabelecidos por algum tipo de medição (homem/hora, hora/ aula, m², km etc.) são plenamente factíveis de serem licitados por meio do SRP.

Há, contudo, que se avaliar juridicamente esse alcance. Numa interpretação sistemática do art. 15, *caput* e inc. II da Lei nº 8.666/93, verificar-se-á, como antes frisado, que só há autorização legal para utilização do sistema em compras. O inc. VII do art. 24 do mesmo diploma, aplicável a todas as entidades federativas, confirma esse alcance, ao admitir a dispensabilidade licitatória, com contratação direta. A forma redacional adotada para esse inciso não é, realmente, das melhores. Uma leitura cuidadosa, entrementes, determinará o verdadeiro teor de seus termos.

Para uma melhor visualização, transcrevemos, a seguir, este inc. VII:

> Art. 24. É dispensável a licitação: [...]
> VII – quando as propostas apresentadas consignarem preços manifestamente superiores aos praticados no mercado nacional, ou forem incompatíveis com os fixados pelos órgãos oficiais competentes, caso em que, observado o parágrafo único do artigo 48 desta Lei e, persistindo a situação, será admitida a adjudicação direta dos bens ou serviços, por valor não superior ao constante do registro de preços, ou dos serviços; [...].

Minudenciando o prescrito, é forçoso reconhecer que há permissão para a adjudicação direta dos bens, por valor não superior ao constante do registro de preços, e dos serviços, por valor não superior aos preços em vigor relacionados a eles.

É o que também asseverou Eliana Leão:

Examinando-se a última parte do inciso, constata-se que a lei, ao indicar os preços registrados como base valorativa para a contratação direta de *compras*, referiu-se apenas às compras com dispensa de licitação, já que para os serviços estabeleceu como parâmetro os preços vigentes em relação a estes.[63]

Desse modo, é inegável que o redator do diploma regulamentar pôs de lado as regras elementares de elaboração de normas dessa categoria, qual seja, o simples estabelecimento da conduta de aplicação do regrado pela lei, sobrepujando o texto legal que estava a regulamentar, determinando o que não poderia determinar.[64]

Assim, não obstante o avanço e a significância da adoção do SRP também para serviços, entendemos que, infelizmente, há ilegalidade na autorização.[65]

---

[63] LEÃO, Eliana Goulart. *O sistema de registro de preços*: uma revolução nas licitações. Campinas: Bookseller, 1997. p. 49.

[64] Paulo Sérgio de Monteiro Reis não concorda com essa tese, pois considerou que a configuração textual decorreu de impropriedade redacional, diante da consequência natural da adoção do SRP para contratação de serviços, considerando o seu mecanismo. O professor, entrementes, ponderou somente em função do que avaliou na interpretação do art. 15 da Lei nº 8.666/93 (dispositivo que, conforme posicionado na lei, estaria voltado apenas para as compras), descurando-se do art. 24 que mencionamos (cf. REIS, Paulo Sérgio de Monteiro. A nova regulamentação do sistema de registro de preços federal. *ILC – Informativo de Licitações e Contratos*, v. 8, n. 92, p. 846-850, out. 2001). Vanice Regina Lírio do Valle, comentando o assunto, pondera que a tese da admissibilidade do registro de preços para a contratação de serviços, não obstante a inserção do art. 15 da Lei nº 8.666/93 na Seção das Compras, ganha hoje bastante vulto, principalmente por um raciocínio de plena admissibilidade lógica: "Embora a uma primeira reflexão, serviços pareçam em princípio não se compatibilizarem com SRP, é fato que alguns – que tenham necessidade permanente e condições de prestação assemelhadas, sempre – podem perfeitamente admitir essa modalidade. São bons exemplos os serviços de fornecimento de passagens, serviços de dedetização, serviços de *buffet* e recepção e outros" (VALLE, Vanice Regina Lírio do. Sistema de registro de preços: algumas considerações práticas. *In*: BITTENCOURT, Sidney (Org.). *Temas controvertidos sobre licitações e contratos administrativos*. Rio de Janeiro: Temas & Ideias, 1999. p. 113).

[65] Vanice Lírio do Valle avalia com mais simplicidade este inc. VII, entendendo que, apesar de mencionar o registro de preços, nada ele tem a ver com o seu disciplinamento: "Por vezes, a Lei nº 8.666/93 menciona a existência de preços registrados, quero crer, sem que se esteja propriamente referindo ao Sistema de Registro de Preços, em seu sentido técnico. Isso porque, a par dessa modalidade de seleção de propostas para fins de

ART. 1º | 49

Bem registraram, no entanto, Tolosa e Payá, com nosso pleno assentimento, que não existe impedimento na utilização do sistema para as aquisições de bens atreladas à mão de obra, quando necessário. Exemplificam, para dar vazão ao que defendem, com a aquisição de determinada metragem quadrada de azulejo, incluindo a sua colocação, ou mesmo quanto à viabilidade de aquisição de hidrômetros com o respectivo encargo de instalação.[66]

O artigo também define o âmbito da norma. Sem embargo do que ponderamos no início deste trabalho – quando exercitamos a ideia da possibilidade de o instrumento regulamentar, voltado para detalhar passos regentes por regra que dispõe norma geral, alcançar, ainda que em parte, todos os entes federativos –, verifica-se que o decreto tem âmbito sobre toda a Administração Pública federal direta e indireta (autárquica, fundacional, empresas públicas, sociedades de economia mista), além de alcançar os fundos especiais e demais entidades controladas, direta ou indiretamente, pela União.

A referência aos fundos especiais continua a motivar reflexão em face da imprecisão de sua caracterização. Como expõe Ricardo Lobo Torres, os fundos especiais são instrumentos de descentralização da administração financeira – constituindo uma universalidade de receitas vinculadas a despesas específicas – administrados pelo órgão público

---

contratação, a legislação cogita da instituição de uma espécie de banco de dados de preços praticados, como elemento norteador mesmo da aferição de admissibilidade de propostas apresentadas à Administração. Assim é que o art. 24, VII, da Lei nº 8.666/93 – a meu sentir – ao referir à adjudicação direta de bens ou serviços '... por valor não superior ao constante do registro de preços ou de serviços...'" (VALLE, Vanice Regina Lírio do. Sistema de registro de preços: algumas considerações práticas. *In*: BITTENCOURT, Sidney (Org.). *Temas controvertidos sobre licitações e contratos administrativos*. Rio de Janeiro: Temas & Ideias, 1999. p. 115).

[66] TOLOSA FILHO, Benedicto de; PAYÁ, Renata Fernandes de Tolosa. *Entendendo, implantando e mantendo o sistema de registro de preços*. Rio de Janeiro: Temas & Ideias, 1999. p. 15.

indicado na lei e subordinados ao controle externo do Tribunal de Contas.[67]

Tais fundos consignam, por conseguinte, uma forma de gestão autônoma de recursos públicos, estando sempre vinculados a um órgão da Administração Pública, não constituindo, nesse passo, entidades jurídicas, mas, sim, unidades orçamentárias, isto é, entes contábeis representados por um conjunto de contas especiais que identificam e demonstram as origens e as aplicações de recursos nas atividades para as quais foi criado.

Por tudo isso, Marçal Justen sugere cautela:

> [...] o fundo é objeto de direito, não sujeito. Eventualmente, poderá atribuir-se personalidade jurídica autônoma a um fundo. Nada impede que se mantenha a expressão "fundo" na denominação atribuída ao novo sujeito. Em tais hipóteses, não será possível confundir "fundo-sujeito" com "fundo-objeto". Se o fundo vier a ser personificado, adotará uma das formas jurídicas conhecidas. Normalmente, corresponderá a uma autarquia, mas seria possível cogitar de fundação ou empresa pública.[68]

Nesse curso, conclui o jurista que é descabida a alusão a contratos pactuados por fundos, uma vez que a terminologia não corresponde à melhor técnica, pois, se o fundo não for personificado, atribuir-lhe a condição de parte em um contrato não seria correto, já que a verdadeira parte seria o sujeito encarregado de gerir o fundo.

No mesmo diapasão, Marcos Juruena observa que os fundos especiais são inaptos para contrair direitos e obrigações, por não terem personalidade jurídica.[69]

---

[67] TORRES, Ricardo Lobo. *Os fundos especiais*. Disponível em: http://www.abmp.org.br/textos/228.htm. Acesso em: 12 set. 2003.

[68] JUSTEN FILHO, Marçal. *Comentários à Lei de Licitações e Contratos Administrativos*: com comentários à MP 2.026, que disciplina o pregão. 7. ed. rev., ampl. e acrescida de índice alfabético de assuntos. São Paulo: Dialética, 2000. p. 30.

[69] SOUTO, Marcos Juruena Villela. *Licitações e contratos administrativos*: doutrina: Lei nº 8.666, de 21.06.93, comentada. 3. ed. rev., ampl. e atual. pela EC nº 19/98 e pela Lei nº 9.648, de 27.5.98 e Lei nº 9.854, de 27.10.99. Rio de Janeiro: Esplanada, 2000. p. 56.

ART. 1º | 51

Sem a menor dúvida, os fundos especiais possuem somente caráter contábil, com gestão realizada pelos órgãos encarregados para tal,[70] pelo que não deveriam ser elencados no rol de pactuantes de contratos. Tratamos da matéria ao analisarmos a possibilidade de os fundos especiais celebrarem contratos de parceria público-privada, conforme previsto na Lei das PPPs (Lei nº 11.079/2004):[71]

> Preocupa-nos a indicação da possibilidade do uso das PPPs pelos fundos especiais, que configuram meras alocações financeiras destinadas por lei ao custeio de atividades específicas. Normalmente, os fundos não possuem personalidade jurídica e são administrados por um órgão.
>
> O art. 71 da Lei nº 4.320/64 (que prescreve Normas Gerais de Direito Financeiro) estabelece que os fundos especiais consignam o produto de receitas especificadas que, por lei, se vinculam à realização de determinados objetivos ou serviços, facultada a adoção de normas peculiares de aplicação. Assim, a criação de um fundo especial pressupõe a definição de uma importante ação estatal que exija a alocação de recursos específicos em médio ou longo prazo.
>
> Por outro lado, a CF veda a instituição de fundos de qualquer natureza, sem prévia autorização legislativa (inc. IX do art. 167).
>
> Consoante Teixeira Machado Jr. e Heraldo Reis, são características dos fundos especiais: (a) receitas especificadas – o fundo especial deve ser constituído de receitas específicas instituídas em lei ou outra receita qualquer, própria ou transferida, observando-se quanto a estas as normas de aplicação estabelecidas pela entidade beneficente. A Constituição da República veda a possibilidade da vinculação de impostos a fundos especiais, conforme disposto no art. 167, IV; (b) vinculação à realização de determinados objetivos ou serviços – ao ser instituído, o fundo especial deverá vincular-se à realização de programas de interesse da Administração, cujo controle

---

[70] Conforme esposamos em: BITTENCOURT, Sidney. *Pregão passo a passo*: Lei nº 10.520, de 17 de julho de 2002 – comentários aos artigos do diploma legal que institui a modalidade de licitação pregão para todos os entes da federação. 4. ed. atual., rev. e ampl. Belo Horizonte: Fórum, 2010. p. 25.

[71] BITTENCOURT, Sidney. *Parceria público-privada passo a passo*: comentários à Lei nº 11.079/04, que institui normas gerais para licitação e contratação de PPP na Administração Pública, alterada pelas Leis nºs 12.024/09, 12.409/11, 12.766/12, 13.043/14, 13.097/15. 13.137/15 e 13.529/17. 4. ed. Belo Horizonte: Fórum, 2020.

é feito por meio dos orçamentos e contabilidade próprios. A lei que instituir o fundo especial deverá dispor sobre as despesas que serão financiadas pelas receitas; (c) normas peculiares de aplicação – a lei que instituir o fundo especial deverá estabelecer ou dispor sobre a destinação dos seus recursos; e (d) vinculação a determinado órgão da Administração.[72]

Conclui-se, pois, que, caso o fundo não tenha personalidade jurídica e seja apenas um instrumento de administração financeira, não poderá firmar acordos de qualquer natureza.

Nesse diapasão, a lição de Egon Bockmann Moreira: A participação em um dos polos da relação contratual pressupõe personalidade jurídica da parte. Logo, quem ocupará a posição de contratante (parceiro público, melhor dizendo) será a entidade a qual a lei atribuiu a administração do fundo especial.[73]

Art. 2º

Art. 2º *Para os efeitos deste Decreto, são adotadas as seguintes definições:*

I – Sistema de Registro de Preços – conjunto de procedimentos para registro formal de preços relativos à prestação de serviços e aquisição de bens, para contratações futuras;

II – ata de registro de preços – documento vinculativo, obrigacional, com característica de compromisso para futura contratação, em que se registram os preços, fornecedores, órgãos participantes e condições a serem praticadas, conforme as disposições contidas no instrumento convocatório e propostas apresentadas;

III – órgão gerenciador – órgão ou entidade da administração pública federal responsável pela condução do conjunto de procedimentos para registro de preços e gerenciamento da ata de registro de preços dele decorrente;

---

[72] MACHADO JR., J. Teixeira; REIS, Heraldo. *A Lei 4.320 comentada*. 25. ed. Rio de Janeiro: Ibam, 1993.

[73] MOREIRA, Egon Bockmann. Breves notas sobre a parte geral da Lei das Parcerias Público-Privadas. *In*: CASTRO, José Augusto Dias de; TIMM, Luciano Benetti (Org.). *Estudos sobre parcerias público-privadas*. São Paulo: Thompson/IOB, 2006.

ART. 2º

IV – órgão participante – órgão ou entidade da administração pública que participa dos procedimentos iniciais do Sistema de Registro de Preços e integra a ata de registro de preços; (Redação dada pelo Decreto nº 8.250, de 2014)

V – órgão não participante – órgão ou entidade da administração pública que, não tendo participado dos procedimentos iniciais da licitação, atendidos os requisitos desta norma, faz adesão à ata de registro de preços.

VI – compra nacional – compra ou contratação de bens e serviços, em que o órgão gerenciador conduz os procedimentos para registro de preços destinado à execução descentralizada de programa ou projeto federal, mediante prévia indicação da demanda pelos entes federados beneficiados; e (Incluído pelo Decreto nº 8.250, de 2014)

VII – órgão participante de compra nacional – órgão ou entidade da administração pública que, em razão de participação em programa ou projeto federal, é contemplado no registro de preços independente de manifestação formal. (Incluído pelo Decreto nº 8.250, de 2014)

De caráter eminentemente didático, reproduzindo forma adotada pelo legislador da Lei nº 8.666/93, o dispositivo procura dar significação precisa a termos relevantes do diploma regulamentar.

Alguns especialistas são de opinião que compete à doutrina tal tarefa. Todavia, incontestavelmente, é cediço que, em alguns casos, a definição no corpo do diploma legal facilita bastante a interpretação de certos dispositivos.

1. *Sistema de Registro de Preços (SRP)*: informa o decreto que se trata de um conjunto de procedimentos para registro formal de preços relativos à prestação de serviços e aquisição de bens, para contratações futuras.

Já esposamos que o SRP não é uma licitação, mas sim um mecanismo para sua implantação.

No dizer da norma, é um conjunto de procedimentos. Diríamos, contudo, que se trata de um procedimento que aloja uma licitação (concorrência ou pregão).[74]

Por outro lado, mesmo sendo composto por uma licitação, tem o procedimento peculiaridade especial, porquanto não oferece, como nos certames convencionais, o direito subjetivo à contratação, mas tão somente a sólida expectativa de que isso venha a ocorrer, uma vez que constitui característica do sistema a faculdade reconhecida à Administração no sentido de, havendo condição melhor no mercado, valer-se dela. Essa característica só se diferencia, conforme obtempera Vanice Lírio do Valle, ao se admitir, não obstante a prerrogativa que se reconhece à Administração em dado momento, que o detentor do preço registrado não se veja por isso totalmente desobrigado.

O cancelamento do registro – que implica verdadeira rescisão, eventualmente culposa, do contrato que a Administração mantinha – sempre permitirá à Administração valer-se do mercado. Isso porque, se seu contrato original decorrente do SRP foi rescindido, e se a necessidade da entidade pública persiste, ela há de ser atendida necessariamente pelo mercado. A se adotar, portanto, a linha de que o descumprimento da obrigação de fornecer determinará sempre o cancelamento *tout court* do preço registrado, estaríamos esvaziando de qualquer significado operante a prerrogativa assinalada à Administração pelo art. 15, §4º, da Lei nº 8.666/1993. Ao contrário, o que restará de significado para tal dispositivo será a garantia em favor do contratado da preferência sobre o mercado em igualdade de condições.[75]

---

[74] Mais uma vez ressaltamos que, inovando no ordenamento jurídico pátrio, a Lei federal nº 13.979/2020, que dispôs sobre as providências para o enfrentamento da emergência de saúde pública decorrente do novo coronavírus, inseriu no ordenamento jurídico, em função de alteração procedida pela MP nº 926/2020, a possibilidade do uso do SRP por intermédio de dispensa licitatória.

[75] VALLE, Vanice Regina Lírio do. Sistema de registro de preços: algumas considerações práticas. *In*: BITTENCOURT, Sidney (Org.). *Temas controvertidos sobre licitações e contratos administrativos*. Rio de Janeiro: Temas & Ideias, 1999. p. 125.

ART. 2º

2. Ata de Registro de Preços (ARP): indica o decreto que se trata de documento vinculativo, obrigacional, com característica de compromisso para futura contratação, em que se registram preços, fornecedores, órgãos participantes e condições a serem praticadas, conforme as disposições contidas no instrumento convocatório e propostas apresentadas.

Importa registrar, de imediato, que a ARP não é um contrato. O elaborador do decreto foi bastante feliz quando fez constar que a ata constitui apenas um compromisso assumido para uma possível futura contratação.

Não possui, também, apesar do nome, características semelhantes a uma ata comum, na qual são relatados todos os fatos concernentes a certa reunião ou sessão, como sempre ocorre nas licitações de um modo geral. Distingue-se bastante dessa em face do conteúdo de compromisso vinculativo que carrega, pois se destina, efetivamente, ao registro dos preços e das condições formulados por licitantes, estabelecendo o vínculo obrigacional para que, se necessário, decorra uma contratação.

Apesar de censurá-la, Mariense Escobar oferece um bom e sucinto conceito, definindo que é a ARP um documento lavrado à feição de um pré-contrato e firmado pelos participantes com a Administração, para que dele decorra, subsequentemente, um termo de contrato.[76]

A ARP é, por conseguinte, o documento que registrará os preços das propostas classificadas na licitação – e, logicamente,

---

[76] ESCOBAR, João Carlos Mariense. *O sistema de registro de preços nas compras públicas*: teoria e prática. Porto Alegre: Livraria do Advogado, 1996. p. 59. O autor considera dispensável o instrumento: "A nosso ver, se o procedimento licitatório contiver a indispensável Ata de Julgamento, a Classificação das Propostas [...] foi publicado na imprensa oficial o resultado, com a indicação dos preços registrados, desde que homologado o certame pela autoridade competente, parecem desnecessárias outras formalidades, como essa ata de registro de preços, até porque o registro, propriamente dito, possivelmente informatizado, como recomenda o §5º do art. 15 da Lei nº 8.666/93, não carece de mais esse formalismo".

os fornecedores –, de acordo com os critérios estabelecidos no edital, bem como as condições para os contratos que poderão ser celebrados futuramente entre os que registraram os preços e o Poder Público.

Ressalte-se que a menção aos "contratos futuros" deve ser encarada em sentido lato, podendo tais acordos ser substituídos por instrumentos equivalentes, conforme preceitua o art. 62 da Lei nº 8.666/1993 (cartas-contrato, notas de empenho de despesa, autorização de compra, ordem de execução de serviço etc.).[77]

Como observa Eliana Leão, a ARP consigna um verdadeiro "pacto leonino" em relação aos que têm seus preços registrados, uma vez que, apesar de obrigá-los ao fornecimento do objeto até o limite máximo estimado para o consumo em determinado período, caso haja a solicitação por parte da Administração, não impõe ao Poder Público nenhuma obrigatoriedade de compra.[78]

Apesar de não configurar um contrato, à ARP, como se verificará ao longo deste trabalho, aplicar-se-ão as "exorbitâncias" que decorrem da posição de supremacia do poder da Administração, tal como ocorre com os contratos administrativos.

Interessante notar que a expressão "fornecedores" é adotada tanto para os que virão a fornecer bens como os que prestarão serviços.

Ressalta-se que também são registrados na ARP os órgãos participantes, quais sejam, como identificados adiante, os órgãos (ou entidades) que participaram dos procedimentos iniciais do SRP.

---

[77] "Art. 62. O instrumento de contrato é obrigatório nos casos de concorrência e de tomada de preços, bem como nas dispensas e inexigibilidades cujos preços estejam compreendidos nos limites destas duas modalidades de licitação, e facultativo nos demais em que a Administração puder substituí-lo por outros instrumentos hábeis, tais como carta-contrato, nota de empenho de despesa, autorização de compra ou ordem de execução de serviço".

[78] LEÃO, Eliana Goulart. *O sistema de registro de preços*: uma revolução nas licitações. Campinas: Bookseller, 1997. p. 138.

ART. 2º

3. Órgão *gerenciador*: segundo o decreto, trata-se do órgão ou entidade da Administração Pública federal responsável não só pela condução do certame de registro de preços como pelo gerenciamento da ata de registro de preços (ARP) dele decorrente.

Logo se vê que o órgão gerenciador é o grande gestor do registro de preços, dirigindo, administrando e conduzindo a licitação.

No entanto, evidencia-se um problema que pode ter relevo de proporções: a expressão "órgão" tem recebido da doutrina jurídico-administrativa diversas significações, muitos até a identificando como o próprio agente público. Forte corrente, entrementes, com universal aceitação dos publicistas contemporâneos, amolda a conceituação aos ditames da pessoa jurídica (sujeito de direitos e obrigações). Então há de ser considerado órgão gerenciador não o agente, mas sim a instituição.[79]

4. Órgão *participante*: o decreto indica que se trata do órgão ou entidade da Administração Pública que participa dos procedimentos iniciais do Sistema de

---

[79] Por outro lado, há de ser sopesado o fato de que as comissões de licitação também são consideradas órgãos, o que, em termos práticos, aumenta bastante as dificuldades operacionais. Diogenes Gasparini, em explanação sobre o conceito desse colegiado, alinhavou: "A comissão de licitação é um grupo de pessoas, um colégio de pessoas de, no mínimo, três, [...]. Qual é a natureza jurídica da Comissão? Certamente não é uma pessoa física, certamente não é uma pessoa jurídica; a comissão é um órgão, é um setor da Administração Pública responsável por uma dada incumbência. No caso, dirigir e julgar uma licitação. Então, Comissão de Licitação é um órgão, um órgão administrativo, como existem tantos. A Administração Pública tem inúmeros órgãos através dos quais ela desempenha a sua atividade. Então, a Comissão de Licitação é exatamente um órgão, um órgão administrativo. [...] É um órgão colegiado, diferente, portanto, de um órgão simples" (palestra ocorrida no 6º Seminário Nacional de Direito Administrativo, promovido pela Editora NDJ, em São Paulo, em 12.11.1999). Da mesma forma, em palestra posterior, Jessé Torres: "[...] repetimos, a Comissão é um órgão, as decisões são do órgão, não das pessoas; todos os que integram o órgão respondem pelas decisões tomadas pelo órgão". Com isso, órgão gerenciador poderia ser o ministério que instaurou a licitação ou a comissão de licitação instituída para dar vazão aos trabalhos referentes ao registro de preços perseguido, o que, na prática, poderá acarretar problemas judiciais quanto ao sujeito da ação.

Registro de Preços e integra a ata de registro de preços. Diferentemente do órgão gerenciador, divisa-se total impossibilidade de o órgão participante ser confundido com a comissão de licitação, porquanto facilmente se verifica que a expressão objetiva indicar a(s) pessoa(s) jurídica(s) – órgão ou entidade públicos – que poderá(ão) usufruir dos registros realizados, contratando, quando necessário, com aqueles que tiveram seus preços registrados. São, pois, os beneficiários da licitação.

Como já explicitado, o registro de preços é o sistema de contratações adequado quando existirem diversos órgãos ou entidades agregados a serem atendidos, sendo estes, assim, os órgãos participantes.

O Decreto nº 8.250/2014 impôs uma modificação importante na definição, pois suprimiu a expressão "federal", que constava no diploma original (o texto indicava "órgão ou entidade da administração pública *federal"*). Dessa forma, passou a permitir que entes dos estados, municípios e Distrito Federal participem de atas de registro de preços promovidas no âmbito federal. É de se anotar, no entanto, que o regulamento, no §8º do art. 22, veda a adesão de entes federais às atas geridas por entes estaduais, municipais ou distritais.

5. Órgão *não participante*: o ato regulamentar o define como o órgão ou a entidade da Administração Pública que, não tendo participado dos procedimentos iniciais da licitação, atendidos os requisitos da norma, faz adesão à ata de registro de preços.

Repetindo e ampliando disposições do revogado Decreto nº 3.931/2001, o art. 22 do diploma ora em análise admite que a ARP seja utilizada por outros órgãos, maximizando o esforço das unidades administrativas que venham a implantar o Sistema de Registro de Preços. Segundo o dispositivo, desde que devidamente justificada a vantagem, a ARP, durante sua

ART. 2º | 59

vigência, poderá ser utilizada por qualquer órgão ou entidade da Administração federal que não tenha participado do certame licitatório, mediante anuência do órgão gerenciador, sendo facultada aos órgãos ou entidades municipais, distritais ou estaduais a adesão a atas da Administração Pública federal (§9º do art. 22).

A prática popularizou-se no âmbito das licitações por meio da denominação "carona", ou seja, a participação daqueles que, não tendo compartilhado da competição (não constando, em decorrência, da ata), consultam o órgão gerenciador, solicitando o uso da ARP.

> 6. *Compra nacional*: o regulamento a define, consoante texto introduzido pelo Decreto nº 8.250/2014, como a compra de bens ou a contratação de serviços, em que o órgão gerenciador conduz os procedimentos para registro de preços destinado à execução descentralizada de programa ou projeto federal, mediante prévia indicação da demanda pelos entes federados beneficiados.

Evidencia-se a intenção do Poder Executivo federal de utilizar o SRP como instrumento de execução de seus programas e/ou projetos nas demais esferas federativas, como forma de descentralização de políticas públicas.

Nesse contexto, insere na regulamentação de registro de preços o desenvolvimento de aquisição ou contratação denominado "compra nacional",[80] por meio do qual designa um órgão público para a condução dos procedimentos para

---

[80] Da mesma forma, o Decreto nº 8.251/2014, que altera o Decreto nº 7.581/2011 (regulamentar do Regime Diferenciado de Contratações Públicas – RDC, de que trata a Lei nº 12.462/2011), inseriu o conceito. Na alteração do art. 88 da Lei do RDC, também definiu compra nacional em inciso específico: "VII – compra nacional – compra ou contratação de bens, serviços e obras com características padronizadas, inclusive de engenharia, em que o órgão gerenciador conduz os procedimentos para registro de preços destinado à execução descentralizada de programa ou projeto federal, mediante prévia indicação da demanda pelos entes federados beneficiado".

registro de preços destinado à execução descentralizada de programa ou Governo federal. Isso fica claro quando faculta a todos os entes federativos participantes da ata de registro de preços (ARP) o uso de recursos decorrentes de transferências legais e voluntárias da União.

Assim, autoriza o uso de recursos financeiros da União, repassados por convênios e outros instrumentos congêneres de colaboração, para fins de contratação de bens e serviços por meio da ARP.

Dessa forma, como observou Flavia Daniel Vianna, os órgãos e entidades de todas as esferas governamentais (União, estados, municípios e Distrito Federal) beneficiados pelo projeto participarão, por meio do registro de preços, da mesma ARP implantada pelo Órgão gerenciador, que levará em conta a indicação da demanda de cada participante para estipular os quantitativos máximos estimados.[81]

Um exemplo deste modelo de compras é a experiência do Fundo Nacional de Educação (FNDE) com seu projeto de Registro de Preços Nacional. O órgão trabalha em regime de colaboração com estados e municípios para que estes possam adquirir ônibus, bicicletas, computadores, brinquedos e mobiliário escolar.

Como explicitou a então Secretária de Logística e Tecnologia da Informação do Ministério do Planejamento, Loreni Foresti, tais mudanças estabeleceram mecanismos para agilização do processo de compras governamentais compartilhadas e regulamentaram as aquisições por meio de compras nacionais.[82]

7. *Órgão participante de compra nacional*: segundo o texto regulamentar, conforme inserção estabelecida

---

[81] VIANNA, Flavia Daniel. O que muda no SRP com o novo Decreto Federal nº 8.250, de 23 de maio de 2014. *Fórum de Contratação e Gestão Pública*, Belo Horizonte, v. 13, n. 150, p. 34-37, jun. 2014.

[82] Conforme exposto no *site* do Ministério do Planejamento (Disponível em: http://www. planejamento.gov.br/conteudo.asp?p=noticia&ler=11285. Acesso em: 20 jun. 2014).

pelo Decreto nº 8.250/2014, é o órgão ou entidade da Administração Pública que, em função de participação em programa ou projeto federal, é contemplado no registro de preços, independentemente de manifestação formal.

Em outras palavras, os órgãos participantes contemplados pelo projeto ou programa do Governo federal poderão integrar a ata de registro de preços como órgãos participantes sem a necessidade de se manifestarem formalmente, devendo, contudo, consoante a definição anterior, indicar suas demandas previamente.

Art. 3º

Art. 3º *O Sistema de Registro de Preços poderá ser adotado nas seguintes hipóteses:*

I – quando, pelas características do bem ou serviço, houver necessidade de contratações frequentes;

II – quando for conveniente a aquisição de bens com previsão de entregas parceladas ou contratação de serviços remunerados por unidade de medida ou em regime de tarefa;

III – quando for conveniente a aquisição de bens ou a contratação de serviços para atendimento a mais de um órgão ou entidade, ou a programas de governo; ou

IV – quando, pela natureza do objeto, não for possível definir previamente o quantitativo a ser demandado pela Administração.

Atendendo ao determinado no art. 15 da Lei nº 8.666/1993, que impõe a adoção sempre que possível do SRP nas compras da Administração (inc. II), este art. 2º aponta a possibilidade do uso do sistema em situações específicas.

Registre-se que o decreto anterior dispunha pelo uso preferencial. Parece-nos que ocorreu um desacerto na tentativa de melhorar o texto regulamentar. A preferência determinava primazia, precedência, anteposição. Logo, amoldava-se com mais segurança ao preconizado na lei de regência, uma vez que não se trata de recomendação para a adoção, nem de autorização para que discricionariamente possa o agente público responsável pelo uso optar, mas, sim, de imposição. Importa frisar, portanto, que o art. 15 supracitado não sinaliza a aplicação facultativa do SRP nas compras; ao contrário, revela imposição legal no uso da sistemática como regra, adotando-se outras formas somente em situações excepcionais.

Nessa linha de raciocínio, a dicção de Benedicto de Tolosa:

> Assim, o Sistema de Registro de Preços é a regra para aquisição de bens de uso frequente. As aquisições de bens de uso frequente, mesmo que precedidas de licitação, devem ser encaradas como exceção. Interpretar o dispositivo de outra forma torna o dispositivo em exame inócuo, o que contraria a técnica legislativa e interpretativa. A aquisição de bens de uso frequente, sem utilização do Sistema de Registro de Preços, tornou-se regra, com a complacência dos órgãos de controle, por razões de ordem diversa.[83]

Por outro lado, não obstante o elenco de motivos determinantes da contratação através do SRP (contratações frequentes; bens com previsão de entrega parcelada ou contratação de serviços remunerados por unidade de medida ou em regime de tarefa; bens ou serviços que venham a atender a mais de um órgão ou entidade, e objetos dos quais seja impossível a definição do quantitativo a ser demandado), claro é que, em se tratando principalmente de compras, há de se utilizar o sistema, pondo de lado o uso se ficar comprovada a inadequação.

---

[83] TOLOSA FILHO, Benedicto de. Licitação: o sistema de registro de preços é de adoção obrigatória? *L&C – Revista de Administração Pública e Política*, Brasília, [s.d.]. p. 23.

Registre-se que a justificativa para adoção do SRP está intimamente atrelada à caracterização da vantagem econômica, devendo centrar-se nas características do objeto – afastando-se das aquisições de equipamentos que rapidamente se deterioram, em face da obsolescência tecnológica –, demonstrando as vantagens para a Administração. Dessa forma, é curial a conexão com o tipo de objeto pretendido (sazonalidade, utilização contínua, necessidade de entregas parceladas etc.), de modo a ficar cristalina a adequação.

A utilização do registro de preços traz inúmeros benefícios às aquisições e contratações públicas, como a seguir elencados:[84]

- *Para a Administração:*
- *– Não obrigatoriedade da compra ou contratação pela Administração*

Uma vez que o Poder Público não estará obrigado a comprar os bens ou contratar os serviços previstos na ata de registro de preços (ARP).

Contudo, o fornecedor obrigar-se-á a fornecer o bem ou executar o serviço, nas condições estabelecidas, sempre que a Administração solicitar, assumindo o compromisso de manter durante todo o prazo de vigência da ARP (até 12 meses) o produto ou serviço nos quantitativos máximos (estimados) licitados.

– Inexistência da obrigatoriedade de dotação orçamentária

Que apenas será efetuada no momento da expedição da nota de empenho ou quando da celebração do contrato, permitindo que a Administração efetue licitações antes mesmo

---

[84] Como elencamos, em conjunto com a Profa. Flavia Daniel Vianna, no artigo O sistema de registro de preços. *In*: TORRES, Ronny Charles L. de (Coord.). *Licitações públicas – Homenagem ao jurista Jorge Ulisses Jacoby Fernandes*. Curitiba: Negócios Jurídicos, 2016. p. 165.

da aprovação do orçamento anual, deixando tudo pronto para que, tão logo o orçamento seja aprovado, solicite o objeto registrado.

Como observaram Marcos Figueiredo Rodrigues e Marcos Inoi de Oliveira, no momento da assinatura da ARP, a Administração não necessitará ter disponibilidade de recursos. Basta que isto ocorra quando da celebração do contrato ou da expedição do instrumento equivalente. Isso garantirá uma prontidão na aquisição de produtos, o que nem sempre é possível pela liberação tardia de recursos do orçamento e a necessidade de devolução no final do exercício.[85]

– *Especial utilidade para contratações imprevisíveis ou de difícil previsibilidade*

A Administração efetua a estimativa do quantitativo a ser utilizado durante o prazo de vigência da ARP, mas a ela não se obriga, diferentemente do que ocorre em uma licitação tradicional.

– *Redução do volume de estoque e/ou perda de bens*

Pois, além de evitar ocupação de salas ou espaços físicos desnecessariamente (armazenando materiais que serão usados apenas após meses), evita a deterioração de determinados bens que, por força das circunstâncias, deverão ficar armazenados por longo tempo.

No registro de preços, o estoque é responsabilidade do fornecedor, que deverá efetivar a entrega do bem no momento e na quantidade solicitada pela Administração (obviamente

---

[85] RODRIGUES, Marcos Figueiredo; OLIVEIRA, Marcos Inoi de. Revolução na gestão de compras do setor público: o sistema de registro de preços, o pregão e o portal Comprasnet. *In*: ENANPAD – ENCONTRO NACIONAL DA ANPAD, 26., 2002. *Anais...* Salvador: [s.n.], 22 a 25 set. 2002.

ART. 3º | 65

respeitados quantitativos máximos estimados e o prazo de validade dos registros).

– Redução significativa do volume de licitações

Porquanto, por intermédio de uma única licitação, a Administração poderá efetuar a compra ou contratação do objeto pelo prazo de validade dos registros (até doze meses). Em outras palavras, através de licitação única, a Administração efetuará compras/contratações que realizaria em doze meses. Além disso, há enorme economia de recursos com menos publicações de editais e outros atos.

Figueiredo e Inoi também sublinharam a vantagem:

> Proveito direto de se evitar a realização de licitações sobre diversas modalidades e estabelecimento de uma rotina aperfeiçoada da atividade licitatória com periodicidade predefinida, evitando-se os atropelos do empirismo a que são condenados todos os que enfrentam a urgência do atendimento do interesse público com acentuada escassez de recursos.[86]

– Afastamento significativo de problemas decorrentes da falta de planejamento, evitando o fracionamento ilegal de despesa

Uma vez que o sistema se efetiva por intermédio de concorrência ou pregão e que ambas as modalidades não possuem limite máximo de valor, sendo as mais amplas existentes.

A adoção do SRP, além de afastar a possibilidade de ocorrência do fracionamento ilegal de despesa – e a possibilidade de sancionamento pela sua prática –, atende plenamente ao interesse público, por evitar burla ao procedimento licitatório.

---

[86] RODRIGUES, Marcos Figueiredo; OLIVEIRA, Marcos Inoi de. Revolução na gestão de compras do setor público: o sistema de registro de preços, o pregão e o portal Comprasnet. *In*: ENANPAD – ENCONTRO NACIONAL DA ANPAD, 26., 2002. *Anais...* Salvador: [s.n.], 22 a 25 set. 2002.

É o que também anotaram Figueiredo e Inoi: "evita-se o fracionamento de despesa e aumenta-se a eficiência geral, em virtude da redução de processos licitatórios, liberando-se a burocracia para outras tarefas, reforçando-se, assim, a ideia de economicidade".[87]

– Ausência de adjudicação[88]

Inexistindo o direito de o licitante ser contratado, não há como ter-se a fase de adjudicação.

Como é cediço, nas licitações tradicionais, o ato de adjudicar proíbe o órgão público de realizar um novo procedimento sobre o mesmo objeto.

Na licitação de registro de preços, após a homologação do procedimento, é assinado pelos fornecedores um documento (ata) em que os preços ficarão registrados, pelo qual se obrigam a fornecer o produto ou a prestar o serviço nas condições estabelecidas durante o período de validade (até um ano), mas adquirindo, contudo, o direito subjetivo à contratação, detendo tão somente o direito de preferência.

E mais: mesmo que exista uma ARP vigente, a Administração poderá, a qualquer momento, efetuar nova licitação para aquele mesmo objeto cujos preços estão registrados.

---

[87] RODRIGUES, Marcos Figueiredo; OLIVEIRA, Marcos Inoi de. Revolução na gestão de compras do setor público: o sistema de registro de preços, o pregão e o portal Comprasnet. *In*: ENANPAD – ENCONTRO NACIONAL DA ANPAD, 26., 2002. *Anais...* Salvador: [s.n.], 22 a 25 set. 2002.

[88] Foi corrigido o erro técnico do art. 9º, §1º, do antigo regulamento, que previa "critério de adjudicação". Agora, adotou-se o correto termo "critério de julgamento", uma vez que em licitação por registro de preços não existe a fase de adjudicação: Decreto nº 3.931 (revogado) – "Art. 9º [...] §1º O edital poderá admitir, como critério de adjudicação, a oferta de desconto sobre tabela de preços praticados no mercado, nos casos de peças de veículos, medicamentos, passagens aéreas, manutenções e outros similares"; Decreto nº 7.892 – "Art. 9º [...] §1º O edital poderá admitir, como critério de julgamento, o menor preço aferido pela oferta de desconto sobre tabela de preços praticados no mercado, desde que tecnicamente justificado".

- *Para os licitantes:*
- *Aumento no fornecimento*

Pois os licitantes integrantes de uma única licitação, além de fornecerem ao órgão promotor do certame e aos órgãos participantes, poderão contar com a possibilidade de atender a diversos órgãos e entidades que não participaram do certame, pela figura dos "órgãos não participantes" (caronas), conforme se detalhará posteriormente.

Como anota Norton Moraes,[89] inicialmente os fornecedores ficarão certos que terão uma quantia média periódica de fornecimento, sem que tenham que participar de outra licitação. Além disso, a possibilidade de fornecimento é muito maior do que em uma concorrência comum, na qual o fornecedor participa sabendo a quantidade exata que irá fornecer. No SRP não existe quantia fixa para um consumo periódico, mas, sim, aproximada, sendo que, na maioria dos casos, essa quantia ultrapassa a estimada.

- *Para a população:*
- *Controle*

Acresce-se a todas essas vantagens, como bem observou Antônio Flávio de Oliveira, aquela que constitui instrumento do chamado controle popular, estabelecido no art. 74, §2º, da CF/88, materializada no art. 15, §6º, da Lei nº 8.666/1993, ao possibilitar a qualquer cidadão impugnar preço constante do quadro de registro, por incompatibilidade com aqueles vigentes no mercado.[90]

---

[89] MORAES, Norton A. F. *Do sistema de registro de preços*. Disponível em: http://www.norton.adv.br/livro.htm. Acesso em: 3 jun. 2013.

[90] OLIVEIRA, Antônio Flávio de. Sistema de registro de preços – Configuração, implantação e vantagens para a Administração Pública. *Fórum de Contratação e Gestão Pública – FCGP*, Belo Horizonte, ano 4, n. 45, set. 2005.

Art. 4º

CAPÍTULO II – DA INTENÇÃO PARA REGISTRO DE PREÇOS

Art. 4º *Fica instituído o procedimento de Intenção de Registro de Preços – IRP, a ser operacionalizado por módulo do Sistema de Administração e Serviços Gerais – SIASG, que deverá ser utilizado pelos órgãos e entidades integrantes do Sistema de Serviços Gerais – SISG, para registro e divulgação dos itens a serem licitados e para a realização dos atos previstos nos incisos II e V do caput do art. 5º e dos atos previstos no inciso II e caput do art. 6º.*

§1º A divulgação da intenção de registro de preços poderá ser dispensada, de forma justificada pelo órgão gerenciador. (Redação dada pelo Decreto nº 8.250, de 2014)

§1º-A O prazo para que outros órgãos e entidades manifestem interesse em participar de IRP será de oito dias úteis, no mínimo, contado da data de divulgação da IRP no Portal de Compras do Governo federal. (Redação dada pelo Decreto nº 9.488, de 2018)

§2º O Ministério do Planejamento, Orçamento e Gestão editará norma complementar para regulamentar o disposto neste artigo.

§3º Caberá ao órgão gerenciador da Intenção de Registro de Preços – IRP: (Incluído pelo Decreto nº 8.250, de 2014)

I – estabelecer, quando for o caso, o número máximo de participantes na IRP em conformidade com sua capacidade de gerenciamento; (Incluído pelo Decreto nº 8.250, de 2014)

II – aceitar ou recusar, justificadamente, os quantitativos considerados ínfimos ou a inclusão de novos itens; e (Incluído pelo Decreto nº 8.250, de 2014)

III – deliberar quanto à inclusão posterior de participantes que não manifestaram interesse durante o período de divulgação da IRP. (Incluído pelo Decreto nº 8.250, de 2014)

§4º Os procedimentos constantes dos incisos II e III do §3º serão efetivados antes da elaboração do edital e de seus anexos. (Incluído pelo Decreto nº 8.250, de 2014)

ART. 4º | 69

§5º Para receber informações a respeito das IRPs disponíveis no Portal de Compras do Governo Federal, os órgãos e entidades integrantes do SISG se cadastrarão no módulo IRP e inserirão a linha de fornecimento e de serviços de seu interesse. (Incluído pelo Decreto nº 8.250, de 2014)

§6º É facultado aos órgãos e entidades integrantes do SISG, antes de iniciar um processo licitatório, consultar as IRPs em andamento e deliberar a respeito da conveniência de sua participação. (Incluído pelo Decreto nº 8.250, de 2014)

Entre as atribuições do órgão gerenciador, o decreto anterior determinava a realização de convite aos órgãos e entidades para participarem do registro de preços, mediante correspondência eletrônica ou outro meio eficaz.

Substituindo esse precário processo, o Governo federal, através do Decreto nº 7.892, de 23.1.2013 (novo regulamento federal da sistemática de registro de preços), fez surgir no âmbito do sistema Comprasnet uma nova funcionalidade bem mais eficiente designada *intenção de registro de preços (IRP)*.

Sobre essa mudança, escrevemos, em parceria com Flavia Daniel Vianna:

Deve-se ter cuidado no chamamento ocorrido na etapa interna da licitação, do qual resultarão os possíveis órgãos participantes. Entre as atribuições do órgão gerenciador encontra-se o convite aos demais órgãos ou entidades, ainda na fase interna do certame, para verificar se desejam integrar a ata como órgãos participantes do registro. Tal chamado costumava ser concretizado por meio eletrônico (e-mail com assinatura digital) ou outra forma eficaz (ofício, carta etc.). Entrementes, o novo regulamento substituiu o convite "manual" por um mecanismo existente no *comprasgovernamentais*, conhecido como IRP (Intenção de Registro de Preços). Nesse ponto, o convite torna-se eficaz, uma vez que, pelo método anterior, era bastante comum a não feitura pelos órgãos/entidade. Agora, a IRP torna público no *comprasgovernamentais* as licitações que os órgãos gerenciadores irão realizar mediante o Sistema de Registro de Preços, por concorrência ou pregão – presencial e eletrônico –, possibilitando que outros órgãos/entidades tornem-se participantes (para ter acesso, basta acessar o *site* http://www.comprasgovernamentais.gov.br/).

Por conseguinte, os órgãos e entidades integrantes do Sistema de Serviços Gerais – SISG, quando da efetivação de licitação por registro de preços, deverão registrar sua intenção no Portal de Compras do Governo federal (comprasgovernamentais), por intermédio do mecanismo IRP. O Decreto prevê que a utilização da IRP apenas poderá ser afastada se houver justificativa pelo órgão gerenciador. É importante registrar que a IRP é instituto antigo no Comprasnet (o que pode ser verificado pela consulta aos manuais do IRP, desenvolvidos em 2007), mas somente com o novo Decreto teve sua utilização compulsória.[91]

A Administração, por intermédio da IRP, torna pública a sua intenção de realizar uma contratação por intermédio da sistemática de registro de preços.

Assim, ao publicar a IRP, o ente público permite que outros entes possam participar da futura licitação, otimizando sobremaneira o certame, pois, ao alargar o espectro, maximiza as condições para o atingimento de melhores preços por meio de economia de escala.

Nesse diapasão, Gilberto Pinto Monteiro Diniz:

> Esse procedimento visa, de forma mediata, atender aos desígnios dos princípios da eficiência e da economicidade. É que, verificando-se maior número de partícipes no SRP, os quantitativos mínimos a serem adquiridos serão maiores, fato que, em contrapartida, redundará em maior possibilidade de obtenção de economia de escala, pois, numa relação inversamente proporcional, os preços tendem a diminuir quando ocorre aumento da estimativa das quantidades licitadas.[92]

Também a dicção de Marinês Restelatto Dotti:

> A IRP viabiliza que se reúnam, em uma mesma licitação, vários órgãos e entidades públicas com interesse na aquisição do mesmo

---

[91] BITTENCOURT, Sidney; VIANNA, Flavia Daniel. O sistema de registro de preços. *In*: TORRES, Ronny Charles L. de (Coord.). *Licitações públicas* – Homenagem ao jurista Jorge Ulisses Jacoby Fernandes. Curitiba: Negócios Jurídicos, 2016. p. 165.

[92] DINIZ, Gilberto Pinto Monteiro. Roteiro do protagonista do SRP. *In*: FORTINI, Cristiana. *Registro de preços*: análise da Lei nº 8.666/93, do Decreto Federal nº 7.892/13 e de outros atos normativos. 2. ed. Belo Horizonte: Fórum, 2014. p. 62.

objeto, elevando-o em quantidade e favorecendo a oferta de propostas com valores reduzidos, proporcionados pela economia de escala, além de o agrupamento de vários órgãos ou entidades interessados na futura contratação do mesmo objeto reduzir o número de licitações e seus custos administrativos.[93]

Na mesma toada, o posicionamento do TCU:

Acórdão nº 2.692-39/12: [...] a IRP - Intenção de Registro de Preços, ao substituir o número de "caronas" por órgãos participantes, apresenta-se como uma forma de melhorar a economia de escala para a Administração, ao aumentar os quantitativos mínimos a serem adquiridos.

Como dispusemos em ensaio específico, "trocando em miúdos, os órgãos gerenciadores deverão utilizar o procedimento de IRP para que outros órgãos e entidades tenham a oportunidade de integrar uma Ata de Registro de Preços na condição de participantes".[94]

Edson Mazini Moura detalhou o histórico e o funcionamento da IRP, ainda no âmbito do decreto revogado, considerando uma licitação na modalidade pregão:

Embora tal medida tenha trazido muitas vantagens para a Administração, principalmente a contratação de preços mais baixos em virtude da economia de escala provocada pela união das demandas de vários órgãos, muitos entes públicos não registravam IRP, pois o procedimento também era determinante para acréscimo de tarefas para o Órgão Gerenciador e aumento do tempo da fase interna da licitação. Após modificações pontuais, o módulo "Divulgação de Compras do SIASG" tornou obrigatória a divulgação da intenção de registrar preços antes de publicar o aviso de licitação para SRP. Na operacionalização, o órgão gerador da necessidade de realização de registro de preços para contratações futuras deverá divulgá-la, por meio do IRP, visando a adesão de outros órgãos interessados

---

[93] DOTTI, Marinês Restelatto. Vantagens e peculiaridades do sistema de registro de preços. *Informativo de Licitações e Contratos – ILC*, Curitiba, n. 243, p. 477-482, maio 2014.

[94] BITTENCOURT, Sidney. A intenção de registro de preços – IRP. *Boletim de Licitações Públicas*, 2015.

na contratação daquele mesmo objeto, via tela do COMPRASNET, incluindo os códigos dos itens de material e serviço que se deseja adquirir, o valor unitário estimado de cada item, local de entrega (município) e quantidade. O acesso ao sistema IRP será disponibilizado para a função de pregoeiro, cabendo ao mesmo como gestor realizar o registro, bem como das decisões que o Sistema requer. É importante que o pregoeiro tenha em mãos o Termo de Referência para cadastrá-lo no Sistema. Outro procedimento importante – e que deve ser realizado imediatamente –, é a geração de uma lista selecionando os principais materiais e serviços que o órgão adquire ou contrata, sob a forma de registro de preços. A partir dessa relação os órgãos receberão e-mails, sempre que uma IRP for cadastrada e contiver itens que estejam nas respectivas listagens. Ao cadastrar uma IRP, o gestor deverá informar ainda o período de sua divulgação, além de se estabelecer uma data provável para realização do certame. Em seguida, o gestor de compras de outro órgão poderá consultar o IRP criado e registrar seu interesse em participar do mesmo, selecionando via sistema o item para o qual tenha interesse e definindo o município para entrega. Após o término do período de divulgação, o gestor analisará as adesões registradas confirmando-as ou não no processo licitatório. A exclusão de uma adesão exigirá justificativa. As adesões aceitas serão incorporadas à demanda inicial do gestor que poderá transferi-la ao SIDEC – Sistema de Divulgação Eletrônica de Compras e Contratações, para que seja então gerado o aviso da licitação, não havendo a necessidade de se cadastrar novamente no sistema os itens a serem licitados. O gestor e os demais participantes informarão o valor estimado de cada item, prevalecendo, no entanto, o valor estimado pelo gestor, que poderá alterar ou não essa informação. O sistema permite, durante o período de divulgação, que as informações registradas sejam alteradas, exceto a descrição do objeto. Para que seja alterada a descrição do objeto, o gestor terá que acionar a opção "Editar" a qual, nesse caso deletará todas adesões registradas, obrigando a este efetuar uma nova contagem de prazo. Antes de se concluir uma IRP qualquer informação poderá ser alterada.[95]

Sobre o assunto, a observação de Josevan Magalhães:

O gerenciador, ao alimentar IRP no COMPRASNET, em princípio significa que a fase interna do seu processo licitatório fora concluído, mormente o preço de referência e o respectivo parecer jurídico (§úni-

---

[95] MOURA, Edson Mazini. Parecer DADM-C/EM/06/C, de 13.11.2012.

co do art. 38 da Lei 8.666/93). Logo, quando divulga a IRP, é para tão somente aguardar a adesão de órgãos participantes que tenham necessariamente a mesma necessidade do objeto a ser licitado. Dessa forma, o gerenciador computará todos os quantitativos do objeto em comum e realizará a licitação com maior poder de barganha. Observa-se que nenhum participante poderá acrescer qualquer objeto que não esteja originalmente contemplado pelo órgão gerenciador na IRP. Dessa sorte, a operação se resume a somar os quantitativos dos participantes com o do gerenciador (o sistema COMPRASNET realiza a somatória de forma automática).[96]

Neste art. 4º o regulamento oficializou a intenção de registro de preços (IRP), com operacionalização por intermédio do módulo do Sistema Integrado de Administração de Serviços Gerais (Siasg),[97] dispondo que, com utilização pelos órgãos e

---

[96] MAGALHÃES, Josevan Duarte. A intenção de registro de preços (IRP) no Comprasnet: uma ferramenta de excelência na gestão pública. Por que não utilizá-la? *Boletim de Licitações e Contratos*, São Paulo, v. 25, n. 1, p. 40-49, jan. 2012.

[97] Edson Mazini Moura detalha os sistemas com precisão: "Motivado pela necessidade de organização centralizada e informatização das atividades administrativas na esfera federal, foi instituído, por meio do Decreto nº 1.094/94, o Sistema de Serviços Gerais (SISG). Segundo estabelece o Decreto, por meio do SISG ficam organizadas, sob forma de sistema, as atividades de administração de edifícios públicos e imóveis residenciais, material, transporte, comunicações administrativas e documentação. Assim, a área de compras governamentais está organizada na forma de sistema (SISG), integrado por unidades administrativas distribuídas por todos os ministérios, autarquias e fundações públicas da administração federal. O órgão central do SISG é a Secretaria de Logística e Tecnologia da Informação (SLTI), que faz parte da estrutura do Ministério do Planejamento. A SLTI é responsável pela normatização e supervisão técnica das áreas de serviços gerais, incluindo a incumbência de elaborar normas e procedimentos para as compras e contratações no âmbito da administração federal. Concomitantemente à criação do SISG (art. 7º do mesmo Decreto nº 1.094/94), foi instituído o Sistema Integrado de Administração de Serviços Gerais (SIASG), que é o sistema de informatização e operacionalização do SISG. O SIASG é, portanto, a ferramenta de apoio informatizado aos processos de compras e contratações, as quais são geridas operacionalmente pelos gerentes das Unidades Administrativas de Serviços Gerais (UASG) de cada órgão da Administração Pública Federal. Fazem uso do Sistema SIASG compulsoriamente todos os integrantes do SISG, sendo que é permitida a inscrição facultativa de outros órgãos e entidades da administração federal. De acordo com os arts. 1º e 2º do Decreto nº 1.094/94, os órgãos e unidades da Administração Federal direta, autárquica e fundacional devem obrigatoriamente utilizar o sistema em seus procedimentos de compras e contratações. O uso do SIASG e seus módulos pelos comandos militares é facultativo (art. 1º, §2º, do Decreto nº 1.094/94). Os demais órgãos, como as empresas e sociedades de economia mista, não são obrigados a utilizá-lo, podendo, todavia, firmar termo de adesão para o uso. O SIASG foi sendo desenvolvido e incrementado em funcionalidades para dar suporte

entidades integrantes do Sistema de Serviços Gerais (Sisg), a IRP servirá para registro e divulgação dos itens a serem licitados e para a realização dos atos previstos nos incs. II e V do art. 5º e no inc. II do art. 6º, quais sejam: (a) consolidação das informações relativas à estimativa individual e total de consumo, promovendo a adequação dos respectivos termos de referência ou projetos básicos encaminhados para atender aos requisitos de padronização e racionalização; (b) confirmação junto aos órgãos participantes da concordância com o objeto a ser licitado, inclusive quanto aos quantitativos e termo de referência ou projeto básico; e (c) manifestação por parte do órgão participante junto ao órgão gerenciador da concordância com o objeto a ser licitado, antes da realização do procedimento licitatório.

Assente-se que o *caput* do art. 6º prevê que o órgão participante será o responsável pela manifestação de interesse em participar do registro de preços, providenciando o encaminhamento ao órgão gerenciador de sua estimativa de consumo, local de entrega e, quando couber, cronograma de contratação e respectivas especificações ou termo de referência ou projeto básico, nos termos da Lei nº 8.666/93 e da Lei nº 10.520/02, adequado ao registro de preços do qual pretende fazer parte.

Assim, os órgãos e entidades integrantes do Sisg, quando desejarem participar de uma licitação por registro de preços, deverão registrar sua intenção no Portal de Compras do Governo federal (https://www.comprasgovernamentais.gov. br/), por meio do mecanismo IRP.

Extraia-se do previsto no *caput* do art. 4º (e da redação original do §1º) que os órgãos e entidades integrantes do

---

informatizado aos procedimentos do processo de compras e contratações. Desde sua criação foi desenvolvido um conjunto de subsistemas ou módulos integrantes daquele processo. Os módulos essenciais do SIASG estão conectados a plataforma *web*, dispondo de aplicativos para acesso por meio da internet (SiasgWeb), tendo como ponto de entrada o portal COMPRASNET, por meio do qual se tem acesso às principais funcionalidades dos subsistemas. O acesso integral a todas as funcionalidades se dá via Terminal Serpro (HOD)" (MOURA, Edson Mazini. *Parecer DADM-C/EM/06/C, de 13.11.2012*).

Sistema de Serviços Gerais deveriam utilizar a IRP e que a não adoção somente seria possível caso o órgão ou entidade demonstrasse e justificasse a inviabilidade desse procedimento. Contudo, o Decreto nº 8.250/14 alterou o §1º do dispositivo e abrandou essa determinação. Com o intuito de flexibilizar o procedimento, o redator do novo §1º optou pela não limitação da motivação, permitindo quaisquer justificativas plausíveis por parte do órgão gerenciador.

Como observa Ronny Charles, vários são os motivos que justificam a não divulgação da IRP, podendo se enumerar, entre outros: a necessidade de conclusão célere do procedimento; especificidades da contratação; dificuldades operacionais e experiências anteriores negativas com o uso da ferramenta.[98]

Por sua vez, o Decreto nº 9.488/18 trouxe como novidade a inserção no preceptivo de novo parágrafo, de número 1º-A, no qual, teoricamente buscando conferir maior efetividade a IRP, estipula que se mantenha aberta a possibilidade de recebimento de manifestações de outros órgãos e entidades de interesse em participar do procedimento por, no mínimo, oito dias úteis, contados a partir da data de sua divulgação.

Rafael Sérgio de Oliveira considerou positiva a inserção:

> Sem dúvida se trata de um dispositivo de suma importância [...], na medida em que estabelece um prazo mínimo necessário para que o processo de registro de preço seja conhecido e, assim, compartilhado com outros órgãos e entidades, poupando esforços da Administração Pública.[99]

Como o antigo Ministério do Planejamento, Desenvolvimento e Gestão era o órgão designado para estabelecer instruções sobre as licitações e congêneres, o §2º o define como o ente apto a estabelecer normas complementares sobre o

---

[98] TORRES, Ronny Charles L. de. *Leis de Licitações Públicas comentadas*. 3. ed. Salvador: JusPodivm, 2010.

[99] OLIVEIRA, Rafael Sérgio de. Novas regras sobre registro de preço em âmbito federal. *Portal L&C*, 3 set. 2018. Disponível em: http://www.licitacaoecontrato.com. br/lecComenta_detalhe.html. Acesso em 15 set. 2018.

tema. Ocorre que a Medida Provisória nº 870/2019, convertida na Lei nº 13.844/2019, estabeleceu nova estrutura do Governo federal e, dentro da organização dos órgãos da Presidência da República e dos ministérios, criou o Ministério da Economia, que incorporou atribuições dos ministérios da Fazenda, do Planejamento, Desenvolvimento e Gestão, da Indústria, Comércio Exterior e Serviços, e do Trabalho, passando a ser este o normatizador da matéria.

O suprarreferido Decreto nº 8.250/14 foi pródigo em inserções no dispositivo, nele incorporando quatro novos parágrafos com regras procedimentais.

Inicialmente, insertou um terceiro parágrafo, com três incisos que envolvem condutas cabíveis ao órgão gerenciador, estatuindo incumbências: (a) estabelecer o número máximo de participantes na IRP, em conformidade com sua capacidade de gerenciamento, quando for o caso; (b) aceitar ou recusar os quantitativos considerados ínfimos ou a inclusão de novos itens, justificadamente; e (c) deliberar quanto à inclusão posterior de participantes que não manifestaram interesse durante o período de divulgação da IRP.

— Possibilidade de limitar o número de órgãos participantes

Essa regra evidencia a importante necessidade de o órgão gerenciador exercer efetivamente a sua capacidade operacional.

Como há até mesmo a autorização de o órgão deixar de abrir IRP, é evidente que, motivadamente, a Administração, ao divulgar a IRP, poderá limitar o número de participantes.

Como bem anotou a Consultoria Zênite:

> o ideal é que, ao lançar a IRP, as restrições já estejam definidas (quanto ao número e potenciais participantes). Porém, ainda que já divulgada a IRP, cogita-se adotar posicionamento semelhante, não apenas em razão do alinhamento existente entre as demandas do grupo, mas igualmente se o grande número de manifestações de interesse por parte dos demais órgãos e entidades prejudicar o

ART. 4º

| 77

exercício das atribuições pelo órgão gerenciador, em vista do comprometimento da capacidade gerencial.[100]

A inserção foi elogiada por Flávia Daniel Vianna:

> Esta limitação é excelente, pois elimina o problema que estávamos vivenciando, na prática, quando uma IRP era divulgada, e apareciam duzentos ou mais órgãos participantes para aquele registro. Muitos órgãos obrigados a utilizar o IRP estavam, apenas por isso, deixando de adotar licitação por registro de preços.[101]

— Aceite ou recusa de quantitativos ínfimos ou inclusão de novos itens

A aceitação ou recusa dos quantitativos considerados ínfimos ou a inclusão de novos itens são condutas já tradicionais na IRP, agora estatuídas no regulamento.

Como se sabe, grande parcela dos analistas considerava descabido o que alguns sustentavam no sentido de que o órgão gerenciador estaria obrigado a aceitar entes que aspiravam participar do certame por meio de quantitativo estimado muito pequeno. Agora, devidamente autorizado pela ferramenta regulamentar, o gerenciador deverá sopesar a situação, podendo efetuar o aceite ou não.

Destarte, no caso de um órgão aspirante a participante responder à IRP com quantitativo estimado ínfimo, o gerenciador poderá recusar-se a aceitar que este órgão integre a ARP. Do mesmo modo, caso um órgão participante responda à IRP com um item do mesmo gênero, mas com modificações em suas especificações, o que resultaria em um novo item unicamente para este participante, também poderá o gerenciador declinar.[102]

---

[100] INTENÇÃO de registro de preços – Limitação à participação de outros órgãos. *Revista Zênite ILC – Informativo de Licitações e Contratos*, Curitiba, n. 295, p. 935-938, set. 2018. Seção Orientação Prática.

[101] VIANNA, Flavia Daniel. O que muda no registro de preços pelo novo decreto 9.488, de 30 de agosto de 2018. *Revista Zênite – Informativo de Licitações e Contratos – ILC*, Curitiba, n. 245, p. 674-678, jul. 2018.

[102] BITTENCOURT, Sidney; VIANNA, Flavia Daniel. O sistema de registro de preços. *In*: TORRES, Ronny Charles L. de (Coord.). *Licitações públicas* – Homenagem ao jurista Jorge Ulisses Jacoby Fernandes. Curitiba: Negócios Jurídicos, 2016. p. 165.

É o que também observaram Cristiana Fortini e Fernanda Romanelli:

> Embora a restrição possa afetar a economicidade, não se pode ignorar a real capacidade operacional do órgão gerenciador. A participação frenética e desenfreada pode ser incompatível com as limitações administrativas do Órgão Gerenciador, revelando a face negativa da participação: o que seria benéfico a todos culminaria prejudicando-os.[103]

Obviamente, para afastar qualquer hipótese de questionamento quanto a essas condutas, tanto o aceite quanto a recusa deverão ser devidamente justificados, diante da necessidade de motivação dos atos administrativos, conforme imposto pelo art. 50 da Lei nº 9.784/99, que regula o processo administrativo no âmbito da Administração Pública federal, especificamente no seu inc. I. E, em reforço, a nova redação dada ao art. 20 do Decreto-Lei nº 4.657/42 (Lei de Introdução às Normas do Direito Brasileiro – LINDB) pela Lei nº 13.655/18, que impõe que as decisões do agente público não poderão fundar-se em valores jurídicos abstratos, sem que sejam consideradas as consequências práticas da decisão, devendo a motivação demonstrar a necessidade e a adequação da medida imposta.[104]

– Aceitação ou não por parte do órgão gerenciador

Quando o gerenciador utiliza a IRP para divulgação do futuro registro de preços, existe um prazo para que os

---

[103] FORTINI, Cristiana; ROMANELLI, Fernanda Piaginni. Aspectos gerais, a intenção para registro de preços (IRP) e considerações sobre os órgãos envolvidos. *In*: FORTINI, Cristiana. *Registro de preços*: análise da Lei nº 8.666/93, do Decreto Federal nº 7.892/13 e de outros atos normativos. 2. ed. Belo Horizonte: Fórum, 2014. p. 37.

[104] Que, em linhas gerais, preceitua novo paradigma para os que detêm o poder de decidir no âmbito das licitações e contratos administrativos, porquanto, como bem anotou Renato Geraldo Mendes, "por força do art. 20 da Lei nº 13.655/18, não é mais possível decidir como se fazia antes, porque agora é preciso decidir como nunca antes se fez" (MENDES, Renato Geraldo. O art. 20 da Lei nº 13.655/2018 e seu impacto nas contratações públicas. *ILC – Informativo de Licitações e Contratos*, Curitiba, n. 296, p. 987-991, [s.d.]).

participantes respondam via sistema. No caso de o participante perder este prazo, fica a critério do gerenciador a decisão por aceitá-lo ou não.[105]

Obviamente, a decisão será levada em conta antes da divulgação do edital, pois, uma vez divulgado, não há que se falar no aceite de novos órgãos participantes àquela licitação (nesta fase, poderia cogitar-se de futuros caronas, mas não de participantes). Assim, o §4º prevê que a deliberação deverá ocorrer antes da elaboração do edital e seus anexos.

O §5º, buscando ser informativo, com texto com vestes de manual, noticia que, para o recebimento de informações sobre as IRPs disponíveis no Portal do Governo federal, há a necessidade de os entes integrantes do Sisg se cadastrarem no módulo IRP, com o adicionamento dos produtos e serviços de interesse.

Por fim, o §6º consigna mais uma obviedade: faculta aos entes integrantes do Sisg, antes de iniciar um processo licitatório, a consulta às IRPs em andamento, de modo a decidirem sobre a conveniência de participação. Assim, num procedimento lógico, antes de instaurarem licitações de registro de preços, os entes poderão consultar as IRPs em andamento, decidindo sobre o caminho mais conveniente a ser seguido: a participação de uma IRP disponível ou a efetivação de sua licitação.

Exaltando as possibilidades da IRP como ferramenta de planejamento propiciadora de potencial melhoria na gestão de suprimentos da Administração, representando um elo de comunicação e união de esforços dos órgãos, resultando em padronização, qualidade, competitividade e economia de escala, Vinicius Martins[106] elenca as vantagens de sua adoção com absoluta propriedade:

---

[105] BITTENCOURT, Sidney; VIANNA, Flavia Daniel. O sistema de registro de preços. *In*: TORRES, Ronny Charles L. de (Coord.). *Licitações públicas* – Homenagem ao jurista Jorge Ulisses Jacoby Fernandes. Curitiba: Negócios Jurídicos, 2016. p. 165.

[106] MARTINS, Vinicius. *Os benefícios da intenção de registro de preços (IRP) no planejamento da Administração Pública*. Disponível em: https://www.pregoeirodigital.com/noticias/author/Vin%C3%ADcius-Martins. Acesso em: 28 ago. 2020.

- planejamento conjunto das grades de materiais e serviços: impulsiona o interesse na organização, priorização e elaboração de grades conjuntas de materiais e serviços das várias unidades da Administração, viabilizando maior padronização;
- comunicação em rede na fase interna das licitações: possibilita o convite transparente e efetivo, já que, a partir do momento da divulgação da IRP, qualquer cidadão poderá acessar o módulo no portal de compras, permitindo que outros órgãos públicos manifestem o interesse na participação dos itens de seus interesses e o acompanhamento, em tempo real, na preparação das licitações por SRP. Ressaltando-se, também, a aproximação dos órgãos públicos, incentivando a união e compartilhamento de esforços;
- aumento do interesse do mercado e economia de escala: as licitações conjuntas viabilizadas pela adequada utilização da IRP propiciam o aumento do vulto dos certames, atraindo maior interesse do mercado, resultando no aumento da competitividade e qualidade dos bens e serviços contratados nos procedimentos licitatórios; e
- opções de abastecimento e diminuição de dispensas de licitação: um dos aspectos mais vantajosos da IRP é a viabilização de forma dinâmica da participação em variadas licitações de um mesmo insumo em diversos órgãos usuários do Comprasnet, possibilitando a geração de atas de SRP com vigências distintas. Tal fato permite uma garantia de abastecimento em um período superior a 12 meses, diminuindo as chances de emergências e desabastecimentos.

Art. 5º

CAPÍTULO III – DAS COMPETÊNCIAS DO ÓRGÃO GERENCIADOR

Art. 5º *Caberá ao órgão gerenciador a prática de todos os atos de controle e administração do Sistema de Registro de Preços, e ainda o seguinte:*

I – registrar sua intenção de registro de preços no Portal de Compras do Governo federal;

II – consolidar informações relativas à estimativa individual e total de consumo, promovendo a adequação dos respectivos termos de referência ou projetos básicos encaminhados para atender aos requisitos de padronização e racionalização;

III – promover atos necessários à instrução processual para a realização do procedimento licitatório;

IV – realizar pesquisa de mercado para identificação do valor estimado da licitação e, consolidar os dados das pesquisas de mercado realizadas pelos órgãos e entidades participantes, inclusive nas hipóteses previstas nos §§2º e 3º do art. 6º deste Decreto; (Redação dada pelo Decreto nº 8.250, de 2014)

V – confirmar junto aos órgãos participantes a sua concordância com o objeto a ser licitado, inclusive quanto aos quantitativos e termo de referência ou projeto básico;

VI – realizar o procedimento licitatório;

VII – gerenciar a ata de registro de preços;

VIII – conduzir eventuais renegociações dos preços registrados;

IX – aplicar, garantida a ampla defesa e o contraditório, as penalidades decorrentes de infrações no procedimento licitatório; e

X – aplicar, garantida a ampla defesa e o contraditório, as penalidades decorrentes do descumprimento do pactuado na ata de registro de preços ou do descumprimento das obrigações contratuais, em relação às suas próprias contratações.

XI – autorizar, excepcional e justificadamente, a prorrogação do prazo previsto no §6º do art. 22 deste Decreto, respeitado o prazo de vigência da ata, quando solicitada pelo órgão não participante. (Incluído pelo Decreto nº 8.250, de 2014)

O órgão gerenciador, previamente conceituado no inc. III do art. 2º – responsável pela condução do conjunto de procedimentos do certame para registro de preços e gerenciamento da ARP –, tem neste dispositivo a confirmação regulamentar de que é o responsável pela prática de todos os atos de gestão e controle do SRP, cabendo-lhe:

1. *Registrar sua intenção de registro de preços no Portal de Compras do Governo Federal (inc. I)*

O decreto anterior previa que caberia ao órgão gerenciador convidar, mediante correspondência eletrônica ou outro meio considerado eficaz, os órgãos e/ou entidades para participação do registro de preços.

Na análise do artigo, comentamos que, apesar de coerente, não nos parecia que o dever fosse consentâneo com a realidade, pois o convite normalmente não ocorreria, porquanto, quando da resolução do registro de preços no âmbito de uma secretaria ou um ministério, dar-se-ia a disseminação por meio de mecanismos internos próprios.

Com a evolução do sistema e a instituição da intenção de registro de preços – IRP, como disposto no art. 4º – já testado na prática no sistema Comprasnet –, entendeu o elaborador do decreto regulamentar que a ferramenta supriria a necessidade do convite.

2. *Consolidar informações relativas à estimativa individual e total de consumo, promovendo a adequação dos respectivos termos de referência ou projetos básicos encaminhados para atender aos requisitos de padronização e racionalização (inc. II)*

ART. 5º | 83

Como informado, os órgãos participantes devem encaminhar ao órgão gerenciador as suas pretensões. Munido de todas as necessidades daqueles órgãos, o órgão gerenciador do SRP consolidará as informações de modo a definir o(s) objeto(s) a ser(em) licitado(s). A adequação mencionada está atrelada tanto à quantidade quanto à qualidade, especificações e características.

Apesar de parecer um trabalho simples, essa consolidação reveste-se de enorme importância, de vez que caberá ao órgão gerenciador, a partir do cômputo total de quantidades e especificações, definir se haverá lotes mínimos ou se a cotação será efetivamente por itens.

Bom exemplo prático dessa importante tarefa vem da prefeitura de Santo André/SP, cidade com cerca de 650 mil habitantes, conforme noticiou Patrícia Laczynski.[107] A prefeitura implantou o SRP juntamente com um processo de descentralização para compras e contratações de serviços. Foram criadas cinco comissões de licitações e cinco gerências de materiais (que coordenariam as atividades das comissões) em diversas secretarias. Para o registro de preços de materiais e produtos de uso comum, o Departamento de Materiais e Patrimônio, subordinado a uma secretaria, promove uma coleta de dados junto às unidades da Administração, levantando informações sobre as expectativas de consumo mensal e anual, especificações e exigências técnicas de qualidade dos produtos que se pretende adquirir para consumo futuro. A segunda etapa consiste no tratamento dos dados coletados, verificando-se os materiais que possuem especificações comuns e as quantidades máximas que poderão ser adquiridas. Nesta etapa, excluem-se materiais cujo consumo é pequeno e que não sejam de uso comum. O resultado da consolidação das informações demanda o plano anual de compras.

---

[107] CAS – Ação Administrativa, nº 162, com consultoria de Paulino Caetano (dicas@polis. com.br).

Após a elaboração do plano, a prefeitura engendra a pesquisa de preços de mercado e realiza a licitação. Reveste-se de tarefa das mais difíceis, porquanto objetiva a reunião das expectativas de cada órgão participante.

Questão interessante, que tem conexão direta com a matéria, notadamente com o dever de planejamento imposto à Administração, é a possibilidade de um eventual futuro remanejamento dos quantitativos registrados, que, a nosso ver, não é incompatível com o Sistema de Registro de Preços.

Como no decorrer do tempo os quantitativos estimados podem não vir a ser consumidos, e como entendemos que inexiste vinculação absoluta aos quantitativos preliminarmente estimados, concluímos que é totalmente viável o remanejamento de itens.

Confirmando a hipótese, o Governo federal editou a Instrução Normativa nº 6/2014, que dispõe sobre o remanejamento das quantidades previstas para os itens com preços registrados nas atas de registro de preços.

INSTRUÇÃO NORMATIVA Nº 6, DE 25 DE JULHO DE 2014

Dispõe sobre o remanejamento das quantidades previstas para os itens com preços registrados nas Atas de Registro de Preços.

A SECRETÁRIA DE LOGÍSTICA E TECNOLOGIA DA INFORMAÇÃO DO MINISTÉRIO DO PLANEJAMENTO, ORÇAMENTO E GESTÃO, no uso das atribuições que lhe confere o art. 34, inciso I, do Anexo I do Decreto nº 8.189, de 21 de janeiro de 2014, e tendo em vista o disposto no art. 27 do Decreto nº 7.892, de 23 de janeiro de 2013, resolve:

Art. 1º Esta Instrução Normativa dispõe sobre o remanejamento das quantidades previstas para os itens com preços registrados nas Atas de Registro de Preços.

Art. 2º Nas Atas de Registro de Preços, as quantidades previstas para os itens com preços registrados poderão ser remanejadas pelo órgão gerenciador entre os órgãos participantes e não participantes do procedimento licitatório para registro de preços.

§1º O remanejamento de que trata o *caput* somente poderá ser feito de órgão participante para órgão participante e de órgão participante para órgão não participante.

§2º No caso de remanejamento de órgão participante para órgão não participante, devem ser observados os limites previstos nos §§3º e 4º do art. 22 do Decreto nº 7.892, de 23 de janeiro de 2013.

§3º Para efeito do disposto no *caput*, caberá ao órgão gerenciador autorizar o remanejamento solicitado, com a redução do quantitativo inicialmente informado pelo órgão participante, desde que haja prévia anuência do órgão que vier a sofrer redução dos quantitativos informados.

§4º Caso o remanejamento seja feito entre órgãos de Estados ou Municípios distintos, caberá ao fornecedor beneficiário da Ata de Registro de Preços, observadas as condições nela estabelecidas, optar pela aceitação ou não do fornecimento decorrente do remanejamento dos itens.

Art. 3º A Administração poderá utilizar recursos de Tecnologia da Informação na operacionalização do disposto nesta Instrução Normativa e automatizar procedimentos de controle e gerenciamento dos atos dos órgãos e entidades envolvidas.

Art. 4º Esta Instrução Normativa entra em vigor na data de sua publicação.

Sobre o tema, os pertinentes comentários de Gabriela Lira Borges:

> Acerca da incompatibilidade entre o SRP e o remanejamento, a qual adviria da aparente vinculação dos participantes e gerenciador aos quantitativos registrados, reafirma-se que tal vinculação é apenas aparente e não se sustenta diante de uma análise mais detida do sistema. De fato, o registro de preços destina-se a atender demandas futuras e potenciais que podem ou não vir a se confirmar em concreto. Nesse contexto, como o consumo dos quantitativos registrados não é obrigatório, mas meramente potencial, descabe falar em vinculação de participantes ou do gerenciador às quantidades que lhe foram correspondentes na ata.
>
> Quanto à operacionalização, a IN nº 06/14 foi clara ao admitir o remanejamento de órgão participante para órgão participante e de órgão participante para órgão não participante, atribuindo ao gerenciador competência para obter a anuência do órgão que for sofrer redução dos quantitativos informados em função do remanejamento, autorizar o remanejamento e proceder à redução do quantitativo inicialmente informado pelo órgão participante,

atribuições às quais se acrescenta a formalização e a publicidade por reputá-las essenciais, ainda que não expressamente previstas.[108]

3. Promover os atos necessários à instrução processual para a realização do procedimento licitatório (inc. III)

Como gestor da licitação, o órgão gerenciador é, evidentemente, o responsável pela instrução desse processo, isto é, instituirá a comissão de licitação que dará andamento ao certame; providenciará a confecção do edital; promoverá a divulgação devida da licitação; prontificará a minuta do contrato a ser celebrado; definirá a minuta da ARP etc.

Interessante situação emerge no caso de publicação do aviso de edital de licitação quando a competição for o pregão eletrônico para registro de preços. Quando se iniciaria a contagem do prazo de publicidade do aviso de licitação? O pregão eletrônico é regulamentado pelo Decreto nº 10.024, de 20.9.2019, com regras para publicação do aviso dispostas em seu Capítulo VI (Da publicação do aviso do edital), como a seguir:

CAPÍTULO VI
DA PUBLICAÇÃO DO AVISO DO EDITAL
Publicação
Art. 20. A fase externa do pregão, na forma eletrônica, será iniciada com a convocação dos interessados por meio da publicação do aviso do edital no Diário Oficial da União e no sítio eletrônico oficial do órgão ou da entidade promotora da licitação.[109]

---

[108] BORGES, Gabriela Lira. Considerações sobre a IN nº 06/14 da SLTI e o remanejamento de quantitativos no SRP. *ILC Zênite*, n. 252, p. 132-138, fev. 2015.

[109] Esse dispositivo inicia as regras procedimentais do pregão eletrônico, entabulando ao que se costuma denominar fase externa da licitação, na qual os licitantes participam ativamente. A etapa externa do pregão eletrônico, apesar de trilhar o caminho já estabelecido para o pregão presencial, tem contornos próprios, atendendo, é claro, a regras impostas pelo inc. I do art. 4º da Lei nº 10.520/2002 (Lei do Pregão). Por intermédio da Medida Provisória nº 896, de 6.9.2019, o Governo federal impôs mudanças ao dispositivo legal, estipulando que a convocação dos interessados passasse ser efetuada apenas por meio de publicação de aviso na imprensa oficial e em sítio eletrônico oficial do respectivo ente federativo. Essa providência era plenamente justificável não só pela economia de recursos despendidos, mas também pelo pleno

ART. 5º

Parágrafo único. Na hipótese de que trata o §3º do art. 1º, a publicação ocorrerá na imprensa oficial do respectivo Estado, do Distrito Federal ou do Município e no sítio eletrônico oficial do órgão ou da entidade promotora da licitação.

Edital

Art. 21. Os órgãos ou as entidades integrantes do Sisg e aqueles que aderirem ao Sistema Compras do Governo federal disponibilizarão a íntegra do edital no endereço eletrônico www.comprasgovernamentais.gov.br e no sítio eletrônico do órgão ou da entidade promotora do pregão.

Parágrafo único. Na hipótese do §2º do art. 5º, o edital será disponibilizado na íntegra no sítio eletrônico do órgão ou da entidade promotora do pregão e no portal do sistema utilizado para a realização do pregão.

Destarte, independentemente do valor do futuro contrato, serão obrigatórias as publicações na imprensa oficial e em meio eletrônico, por intermédio da internet. Não obstante a previsão do prazo de publicação do aviso em, no mínimo, 8 (oito) dias[110] (entre a publicação do aviso e a abertura da sessão), a ferramenta regulamentar não indica a partir de qual publicação terá início a sua contagem, sendo certo que, não raro, tais divulgações ocorrerão em datas distintas.

Como as licitações se alicerçam no princípio da competitividade, objetivando, em síntese, não frustrar, restringir ou

---

atendimento ao avanço das informações, com o uso intensivo da internet. Contudo, a referida MP teve seu prazo de vigência encerrado no dia 16.2.2020, sem aprovação do Congresso Nacional. Ocorre que o inc. I do art. 4º da Lei nº 10.520/2002 também não explicita a divulgação em jornais de grande circulação, mas, sim, faculta essa publicação apenas na hipótese de vulto da licitação e de acordo com o regulamento, *in verbis*: "I – a convocação dos interessados será efetuada por meio de publicação de aviso em diário oficial do respectivo ente federado ou, não existindo, em jornal de circulação local, e facultativamente, por meios eletrônicos *e conforme o vulto da licitação, em jornal de grande circulação, nos termos do regulamento* de que trata o art. 2º" (grifos nossos). Assim, no que tange ao pregão eletrônico, os entes licitadores não estão obrigados à publicação de avisos licitatórios em jornais de grande circulação, haja vista que o dispositivo do regulamento ora analisado só prevê a publicidade dos avisos de editais no *Diário Oficial da União* e no sítio eletrônico oficial do órgão ou da entidade promotora da licitação, amoldando-se perfeitamente ao preceituado na lei regedora (sobre o pregão eletrônico, confira-se o nosso *Novo pregão eletrônico*: comentários ao novo Decreto nº 10.024, de 20 de setembro de 2019. Leme: JH Mizuno, 2020).

[110] Conforme art. 4º, V, da Lei nº 10.520/02.

prejudicar o amplo acesso e a competição entre os interessados, conclui-se que a contagem do prazo de publicação iniciar-se-á na data da ocorrência da última divulgação do aviso.

Nesse raciocínio, também a dicção de Joel de Menezes Niebuhr: "[...] se for necessário publicar o aviso do edital na internet, no Diário Oficial da União [...] e se tais publicações ocorrerem em dias diferentes, o prazo inicia-se apenas a partir da última das publicações".[111]

> 4. *Realizar pesquisa de mercado para identificação do valor estimado da licitação e consolidar os dados das pesquisas de mercado realizadas pelos órgãos e entidades participantes, inclusive nas hipóteses previstas nos §§2º e 3º do art. 6º deste decreto (inc. IV)*

Atendendo ao determinado no §1º do art. 15 da Lei nº 8.666/93, o dispositivo determina a prévia pesquisa de mercado.

O texto trouxe uma novidade em relação ao decreto anterior. A aplicação prática do SRP demonstrou que, além da pesquisa procedida pelo órgão gerenciador, existiam, quase sempre, os levantamentos realizados pelos órgãos participantes. Destarte, a determinação atual obriga o órgão gestor a levar em consideração os dados pesquisados pelos demais participantes.

Complementando a redação do preceptivo, o Decreto nº 8.250/14 fez constar que o procedimento também é válido para as hipóteses previstas nos §§2º e 3º do art. 6º, situações igualmente incorporadas no ato regulamentar pelo decreto, a saber:

§2º No caso de compra nacional, o órgão gerenciador promoverá a divulgação da ação, a pesquisa de mercado e a consolidação da demanda dos órgãos e entidades da administração direta e indireta da União, dos Estados, do Distrito Federal e dos Municípios.

---

[111] NIEBUHR, Joel de Menezes. *Pregão*: presencial e eletrônico. 4. ed. rev., atual. e ampl. Curitiba: Zênite, 2006. p. 351.

§3º Na hipótese prevista no §2º, comprovada a vantajosidade, fica facultado aos órgãos ou entidades participantes de compra nacional a execução da ata de registro de preços vinculada ao programa ou projeto federal.

Verifica-se, portanto, que se estabeleceu uma ampliação da competência do órgão gerenciador para as compras nacionais. As expressões "pesquisa de mercado" e "pesquisa de preços" se confundem na busca de um único objetivo, pois se evidencia que se tem como meta um espelho real do preço que o mercado está oferecendo para o produto pretendido, de modo que não sejam registrados preços superiores aos usualmente praticados.

Nesse sentido, o TCU anota que a *pesquisa de preços* é o procedimento prévio para a verificação de existência de recursos suficientes para cobrir despesas decorrentes de contratação pública, servindo de base também para confronto e exame de propostas em licitação; e a *pesquisa de mercado* é o procedimento para verificação das exigências e condições do mercado fornecedor do objeto a licitar, como especificação, qualidade, desempenho, prazos de entrega, prestação, execução e garantia.[112]

Levantamentos realizados em lojas (devidamente consignados e, se possível, com orçamentos oferecidos *in loco*), prospectos, jornais, periódicos, revistas e principalmente em *sites* especializados (com a data e hora de acesso), são documentos hábeis para a demonstração dessas investigações, sendo necessário que todos componham o processo licitatório.

É importante entender, entretanto, que preços de mercado são aqueles realmente praticados, e não, em nenhuma hipótese, os que são oferecidos como preços de ocasiões/ofertas, que, como se sabe, são utilizados tão somente como uma espécie

---

[112] TCU. *Licitações e contratos* – Orientações e jurisprudência do TCU. 4. ed. Brasília: TCU, 2010.

de chamariz. Também não devem ser considerados os preços de ofertantes desqualificados.

Acresça-se que, na ótica da Professora Eliana Goulart Leão, é conveniente que outras pesquisas de mercado sejam realizadas durante o procedimento licitatório e após, na fase de utilização da ata, "para uma perfeita adequação dos preços registrados aos valores negociados na ocasião".[113] Contudo, a nosso ver, havendo um mecanismo que opere o equilíbrio constante dos preços, não haverá necessidade da constante pesquisa mercadológica.

Sobre a matéria, o TCU tem reiteradamente apontado que as estimativas de preços prévias às licitações devem estar baseadas em *cesta de preços aceitáveis*, como os preços oriundos de pesquisas diretas com fornecedores ou em seus catálogos, valores adjudicados em licitações de órgãos públicos, sistemas de compras oficiais, valores registrados em atas de registro de preços, avaliação de contratos recentes ou vigentes, compras e contratações realizadas por corporações privadas em condições idênticas ou semelhantes (acórdãos nºs 2.170/2007 – Plenário, 819/2009 – Plenário, 2.637/2015 – Plenário, entre outros).

Nesse cenário, para atender ao recomendado pela Corte de Contas, o Governo federal editou inicialmente a IN nº 5/2014, dispondo sobre os procedimentos administrativos básicos para a realização de pesquisa de preços para a aquisição de bens e contratação de serviços em geral, tendo, posteriormente, aperfeiçoando as medidas, publicado a Instrução Normativa nº 73, de 5.8.2020, com o mesmo escopo.

Consoante o preconizado no art. 5º da IN nº 73/2020, a pesquisa de preços para fins de determinação do preço estimado em processo licitatório para a aquisição e contratação de serviços deverá ser realizada mediante a utilização dos seguintes parâmetros, empregados de forma combinada ou não:

---

[113] LEÃO, Eliana Goulart. *O sistema de registro de preços*: uma revolução nas licitações. Campinas: Bookseller, 1997. p. 229.

ART. 5º | 91

a) painel de preços, disponível no endereço eletrônico gov.br/paineldeprecos, desde que as cotações se refiram a aquisições ou contratações firmadas no período de até 1 (um) ano anterior à data de divulgação do instrumento convocatório;
b) aquisições e contratações similares de outros entes públicos, firmadas no período de até 1 (um) ano anterior à data de divulgação do instrumento convocatório;
c) dados de pesquisa publicada em mídia especializada, de sítios eletrônicos especializados ou de domínio amplo, desde que atualizados no momento da pesquisa e compreendidos no intervalo de até 6 (seis) meses de antecedência da data de divulgação do instrumento convocatório, contendo data e hora de acesso; ou
d) pesquisa direta com fornecedores, mediante solicitação formal de cotação, desde que os orçamentos considerados estejam compreendidos no intervalo de até 6 (seis) meses de antecedência da data de divulgação do instrumento convocatório.

A norma determina, contudo, priorização aos parâmetros estabelecidos em "a" (painel de preços) e "b" (aquisições e contratações similares de outros entes públicos).

Quando a pesquisa de preços for realizada entre os fornecedores (letra "d"), observar-se-ão os seguintes fatores: (I) prazo de resposta conferido ao fornecedor compatível com a complexidade do objeto a ser licitado; (II) obtenção de propostas formais, contendo, no mínimo: descrição do objeto, valor unitário e total; número do Cadastro de Pessoa Física – CPF ou do Cadastro Nacional de Pessoa Jurídica – CNPJ do proponente; endereço e telefone de contato; e data de emissão; e (III) registro nos autos da relação de fornecedores que foram consultados e não enviaram propostas como resposta à solicitação formal realizada.

Como métodos para obtenção do preço estimado deverão ser utilizados a média, a mediana ou o menor dos valores obtidos na pesquisa de preços, desde que o cálculo incida sobre um conjunto de três ou mais preços, oriundos de um ou mais dos parâmetros anteriormente citados, desconsiderados os valores inexequíveis, inconsistentes e os excessivamente elevados.

Para desconsideração dos valores inexequíveis, inconsistentes e os excessivamente elevados, deverão ser adotados critérios fundamentados e descritos no processo administrativo.

Os preços coletados deverão ser analisados de forma crítica, em especial, quando houver grande variação entre os valores apresentados.

Excepcionalmente, admitir-se-á a determinação de preço estimado com base em menos de três preços, desde que devidamente justificada nos autos pelo gestor responsável com aprovação por parte da autoridade competente.

Segundo a instrução, poderão ser utilizados outros critérios ou métodos, desde que devidamente justificados nos autos pelo gestor responsável e aprovados pela autoridade competente.

> INSTRUÇÃO NORMATIVA Nº 73, DE 5 DE AGOSTO DE 2020
> Dispõe sobre o procedimento administrativo para a realização de pesquisa de preços para a aquisição de bens e contratação de serviços em geral, no âmbito da administração pública federal direta, autárquica e fundacional.
>
> O SECRETÁRIO DE GESTÃO DA SECRETARIA ESPECIAL DE DESBUROCRATIZAÇÃO, GESTÃO E GOVERNO DIGITAL DO MINISTÉRIO DA ECONOMIA, no uso das atribuições que lhe conferem o Decreto nº 9.745, de 8 de abril de 2019, e o Decreto nº 1.094, de 23 de março de 1994, e tendo em vista o disposto na Lei nº 8.666, de 21 de junho de 1993, na Lei nº 10.520, de 17 de julho de 2002, e na Lei nº 12.462, de 4 de agosto de 2011, resolve:
>
> CAPÍTULO I
> DISPOSIÇÕES PRELIMINARES
> Objeto e âmbito de aplicação
> Art. 1º Esta Instrução Normativa dispõe sobre o procedimento administrativo para a realização de pesquisa de preços para aquisição de

ART. 5º | 93

bens e contratação de serviços em geral, no âmbito da administração pública federal direta, autárquica e fundacional.

§1º O disposto nesta Instrução Normativa não se aplica às contratações de obras e serviços de engenharia de que trata o Decreto nº 7.983, de 8 de abril de 2013.

§2º Os órgãos e entidades da administração pública estadual, distrital ou municipal, direta ou indireta, quando executarem recursos da União decorrentes de transferências voluntárias, deverão observar os procedimentos para realização de pesquisa de preço de que trata esta Instrução Normativa.

§3º Para aferição da vantajosidade das adesões às atas de registro de preços, deverá ser observado o disposto nesta Instrução Normativa.

Definições

Art. 2º Para fins do disposto nesta Instrução Normativa, considera-se:

I – preço estimado: valor obtido a partir de método matemático aplicado em série de preços coletados, podendo desconsiderar, na sua formação, os valores inexequíveis, inconsistentes e os excessivamente elevados;

II – preço máximo: valor de limite que a administração se dispõe a pagar por determinado objeto, levando-se em consideração o preço estimado, os aspectos mercadológicos próprios à negociação com o setor público e os recursos orçamentários disponíveis; e

III – sobrepreço: preço contratado em valor expressivamente superior aos preços referenciais de mercado.

CAPÍTULO II
ELABORAÇÃO DA PESQUISA DE PREÇOS
Formalização

Art. 3º A pesquisa de preços será materializada em documento que conterá, no mínimo:

I – identificação do agente responsável pela cotação;

II – caracterização das fontes consultadas;

III – série de preços coletados;

IV – método matemático aplicado para a definição do valor estimado; e

V – justificativas para a metodologia utilizada, em especial para a desconsideração de valores inexequíveis, inconsistentes e excessivamente elevados, se aplicável.

Critérios

Art. 4º Na pesquisa de preços, sempre que possível, deverão ser observadas as condições comerciais praticadas, incluindo prazos e locais de entrega, instalação e montagem do bem ou execução do serviço, formas de pagamento, fretes, garantias exigidas e marcas e modelos, quando for o caso.

Parâmetros

Art. 5º A pesquisa de preços para fins de determinação do preço estimado em processo licitatório para a aquisição e contratação de serviços em geral será realizada mediante a utilização dos seguintes parâmetros, empregados de forma combinada ou não:

I – Painel de Preços, disponível no endereço eletrônico gov.br/paineldeprecos, desde que as cotações refiram-se a aquisições ou contratações firmadas no período de até 1 (um) ano anterior à data de divulgação do instrumento convocatório;

II – aquisições e contratações similares de outros entes públicos, firmadas no período de até 1 (um) ano anterior à data de divulgação do instrumento convocatório;

III – dados de pesquisa publicada em mídia especializada, de sítios eletrônicos especializados ou de domínio amplo, desde que atualizados no momento da pesquisa e compreendidos no intervalo de até 6 (seis) meses de antecedência da data de divulgação do instrumento convocatório, contendo a data e hora de acesso; ou

IV – pesquisa direta com fornecedores, mediante solicitação formal de cotação, desde que os orçamentos considerados estejam compreendidos no intervalo de até 6 (seis) meses de antecedência da data de divulgação do instrumento convocatório.

§1º Deverão ser priorizados os parâmetros estabelecidos nos incisos I e II.

§2º Quando a pesquisa de preços for realizada com os fornecedores, nos termos do inciso IV, deverá ser observado:

I – prazo de resposta conferido ao fornecedor compatível com a complexidade do objeto a ser licitado;

II – obtenção de propostas formais, contendo, no mínimo:

a) descrição do objeto, valor unitário e total;

b) número do Cadastro de Pessoa Física – CPF ou do Cadastro Nacional de Pessoa Jurídica – CNPJ do proponente;

c) endereço e telefone de contato; e

d) data de emissão.

III – registro, nos autos da contratação correspondente, da relação de fornecedores que foram consultados e não enviaram propostas como resposta à solicitação de que trata o inciso IV do caput.

Metodologia

Art. 6º Serão utilizados, como métodos para obtenção do preço estimado, a média, a mediana ou o menor dos valores obtidos na pesquisa de preços, desde que o cálculo incida sobre um conjunto de três ou mais preços, oriundos de um ou mais dos parâmetros de que trata o art. 5º, desconsiderados os valores inexequíveis, inconsistentes e os excessivamente elevados.

§1º Poderão ser utilizados outros critérios ou métodos, desde que devidamente justificados nos autos pelo gestor responsável e aprovados pela autoridade competente.

§2º Para desconsideração dos valores inexequíveis, inconsistentes e os excessivamente elevados, deverão ser adotados critérios fundamentados e descritos no processo administrativo.

§3º Os preços coletados devem ser analisados de forma crítica, em especial, quando houver grande variação entre os valores apresentados.

§4º Excepcionalmente, será admitida a determinação de preço estimado com base em menos de três preços, desde que devidamente justificada nos autos pelo gestor responsável e aprovado pela autoridade competente.

CAPÍTULO III

REGRAS ESPECÍFICAS

Inexigibilidade de licitação

Art. 7º Os processos de inexigibilidade de licitação deverão ser instruídos com a devida justificativa de que o preço ofertado à administração é condizente com o praticado pelo mercado, em especial por meio de:

I – documentos fiscais ou instrumentos contratuais de objetos idênticos, comercializados pela futura contratada, emitidos no período de até 1 (um) ano anterior à data da autorização da inexigibilidade pela autoridade competente;

II – tabelas de preços vigentes divulgadas pela futura contratada em sítios eletrônicos especializados ou de domínio amplo, contendo data e hora de acesso.

§1º Poderão ser utilizados outros critérios ou métodos, desde que devidamente justificados nos autos pelo gestor responsável e aprovados pela autoridade competente.

§2º Excepcionalmente, caso a futura contratada não tenha comercializado o objeto anteriormente, a justificativa de preço de que trata o caput pode ser realizada com objetos de mesma natureza.

§3º Caso a justificativa de preços aponte para a possibilidade de competição no mercado, vedada está a inexigibilidade.

§4º O disposto neste artigo aplica-se, no que couber, às hipóteses de dispensa de licitação, em especial as previstas nos incisos III, IV, XV, XVI e XVII do artigo 24 da Lei nº 8.666, de 21 de junho de 1993.

Contratações de itens de Tecnologia da Informação e Comunicação – TIC

Art. 8º As estimativas de preços de itens constantes nos Catálogos de Soluções de TIC com Condições Padronizadas, publicados pela Secretaria de Governo Digital da Secretaria Especial de Desburocratização, Gestão e Governo Digital, deverão utilizar como parâmetro máximo o Preço Máximo de Compra de Item de TIC – PMC-TIC, salvo se a pesquisa de preços realizada resultar em valor inferior ao PMC-TIC.

Contratação de serviços com dedicação de mão de obra exclusiva

Art. 9º Na pesquisa de preço relativa às contratações de prestação de serviços com dedicação de mão de obra exclusiva, aplica-se o disposto na Instrução Normativa nº 5, de 26 de maio de 2017, observando, no que couber, o disposto nesta Instrução Normativa.

CAPÍTULO IV

DISPOSIÇÕES FINAIS

Orientações gerais

Art. 10. O preço máximo a ser praticado na contratação poderá assumir valor distinto do preço estimado na pesquisa de preços feita na forma desta Instrução Normativa.

§1º É vedado qualquer critério estatístico ou matemático que incida a maior sobre os preços máximos.

§2º O preço máximo poderá ser definido a partir do preço estimado na pesquisa de preço, acrescido ou subtraído de determinado percentual, de forma justificada.

§3º O percentual de que trata o §2º deve ser definido de forma a aliar a atratividade do mercado e a mitigação de risco de sobrepreço.

Revogação

Art. 11. Ficam revogadas:

I – Instrução Normativa nº 5, de 27 de junho de 2014;

II – Instrução Normativa nº 7, de 29 de agosto de 2014; e

III – Instrução Normativa nº 3, de 20 de abril de 2017.

Vigência

Art. 12. Esta Instrução Normativa entra em vigor na data de sua publicação.

Parágrafo único. Permanecem regidos pela Instrução Normativa nº 5, de 2014, todos os procedimentos administrativos autuados ou registrados até a data de entrada em vigor desta norma, incluindo contratações e eventuais renovações ou prorrogações de vigências respectivas.

Na vigência da instrução normativa anterior, sustentou a AGU a viabilidade da utilização de apenas um dos parâmetros:

> É juridicamente viável a eleição de apenas um dos parâmetros para a formação do preço estimado da contratação, conforme estabelecido pelo artigo 2º da IN nº 05/2014-SLTI/MP, restando, portanto, superada a lacuna legislativa no tocante a metodologia utilizada para a formação do preço estimado (Parecer nº 12/2014/CPLC/DEPCONSU/PGF/AGU).

Nos termos da nova norma, também se poderá inferir a possibilidade. Contudo, como bem recomenda Franklin Brasil, mesmo quando a pesquisa for apenas baseada no sistema de compras governamental, é recomendável avaliar o risco da compra para definir a amplitude e diversidade da pesquisa:

> No Acórdão 5.216/2007-1C, o TCU abordou uma questão relevante a esse respeito. Pautar a pesquisa de preços apenas em preços praticados na Administração Pública pode perpetuar uma incompatibilidade com o mercado. Se um produto for comprado com sobrepreço, este parâmetro pode se disseminar e até mesmo perpetuar em todo setor público. Daí a razão pela qual a origem da pesquisa única e exclusivamente em preços registrados nem sempre apresenta, necessariamente, o menor preço de mercado, e sim o preço pago por determinado órgão comprador (*vide* Acórdão TCU 1.378/2008-1C). Para o TCU, uma compra só pode ser considerada vantajosa se ficar comprovado que a pesquisa de preços "foi feita de acordo com a melhor técnica possível para cada caso, a exemplo dos parâmetros definidos na IN-SLTI/MPOG 5/2014" (Acórdão 2637/2015-P). Por isso a relevância de se avaliar o risco da compra. Esse aspecto deve fazer parte do planejamento da pesquisa de preços. [...] Compras que envolvem baixa materialidade econômica podem justificar a adoção de um único preço registrado no Comprasnet, por exemplo. Mas a aquisição de produtos com significativo impacto orçamentário exige maior rigor metodológico, aplicando-se a "cesta de preços aceitáveis", com a amplitude suficiente ao caso (Acórdão 2637/2015-

SIDNEY BITTENCOURT
LICITAÇÃO DE REGISTRO DE PREÇOS – COMENTÁRIOS AO DECRETO Nº 7.892, DE 23 DE JANEIRO DE 2013...

P), e com o tratamento adequado dos dados, para evitar referências distorcidas.[114]

5. Confirmar junto aos órgãos participantes a sua concordância com o objeto a ser licitado, inclusive quanto aos quantitativos e termo de referência ou projeto básico (inc. V)

Após a conjugação dos objetos e das especificações indicadas pelos órgãos participantes, é mais que prudente contatá-los, visando à confirmação e concordância quanto ao objeto final a ser licitado. Essa ação reveste-se de procedimento simples, mas de suma importância para o êxito da licitação.

Sobre o mandamento, obtemperou José Carlos Baroni:

> Assim é que o SRP pressupõe a integração dos agentes administrativos de cada Órgão (Gerenciador e Participante), como também relação de colaboração entre órgãos e entidades. A confirmação, que pressupõe anuência, reforça confiança e certeza na utilização futura do SRP, não só pelo órgão Gerenciador como pelo órgão participante.[115]

6. Realizar o procedimento licitatório (inc. VI)

Em relação ao texto do decreto anterior, houve redução que buscou a simplificação. Mantém-se, todavia, todo o ditame antes estabelecido, que informava não só a realização do procedimento licitatório, como os atos dele decorrentes, como a assinatura da ata de registro de preços e o encaminhamento de sua cópia aos órgãos participantes.

Sendo dever do órgão gerenciador instaurar e dar andamento à licitação, também será de sua alçada todos os atos que decorram do certame, principalmente a assinatura da ARP, documento fundamental para o funcionamento do que

---

[114] SANTOS, Franklin Brasil. *Preço de referência em compras públicas*. Brasília: TCU, 2015. Disponível em: https://portal.tcu.gov.br/biblioteca-digital/preco-de-referencia-em-compras-publicas-enfase-em-medicamentos.htm.

[115] BARONI, José Carlos. *O sistema de registro de preços*. Ribeirão Preto: Ed. Ibrap, 2008. p. 49.

se propõe com a competição, com o lógico encaminhamento de cópia aos órgãos e entidades participantes.

7. Gerenciar a ata de registro de preços (inc. VII)

A gerência da ARP é tarefa das mais importantes, atribuída, coerentemente, ao órgão gerenciador. Gerenciar é administrar, dirigir, tomar conta. Na hipótese, evidencia-se que o órgão gerenciador terá a difícil tarefa de monitorar todos os aspectos da ARP enquanto ela vigorar. Como anota Gilberto Pinto Monteiro Diniz:

> trata-se de mais uma missão complexa e laboriosa, considerando que envolve a gestão do produto final do SRP, a Ata de Registro de Preços, que deverá atender, de forma simultânea, às demandas do órgão gerenciador, dos órgãos participantes e, até, de possíveis órgãos não participantes (carona).[116]

Ao comentar que o órgão gerenciador será o gestor da ARP, devendo gerenciá-la e monitorá-la, Flavia Daniel Vianna observa:

> É o gerenciador que acompanha, por exemplo, se algum fornecedor teve seu registro cancelado; o gerenciador deve acompanhar os quantitativos máximos estimados constantes na Ata, verificando os itens que já foram adquiridos em sua totalidade, dar baixa nos quantitativos já adquiridos, controlar o quantitativo restante e ainda disponível para compra/contratação, controlar o prazo de validade da Ata de Registro de Preços etc. Assim, para que o sistema funcione adequadamente, deverá existir uma constante interação entre os participantes e gerenciador, de forma que os participantes não façam a aquisição diretamente da ARP, mas, antes, informem o gerenciador que irão efetuar a compra ou contratação, para que sejam atualizados de informações recentes (ex.: cancelamento de um fornecedor do registro), informando a quantidade que será adquiri-

---

[116] DINIZ, Gilberto Pinto Monteiro. Roteiro do protagonista do SRP. *In*: FORTINI, Cristiana. *Registro de preços*: análise da Lei nº 8.666/93, do Decreto Federal nº 7.892/13 e de outros atos normativos. 2. ed. Belo Horizonte: Fórum, 2014.

da para que o gerenciador acompanhe e dê baixa nos quantitativos previstos na Ata.[117]

Na prática, esse gerenciamento é realizado por uma comissão designada para tal, a qual, entre diversas atribuições deverá: (a) verificar as necessidades de itens em cada solicitação de fornecimento dos órgãos participantes; (b) acompanhar os preços de mercado visando a realizar o devido reequilíbrio dos preços registrados, ou, em face de conclusões chegadas nas pesquisas de preços, avaliar a equivalência com os preços registrados; (c) manter contato e negociação com as empresas signatárias da ata, buscando o reequilíbrio do preço, quando necessário; (d) receber e avaliar os pedidos das empresas signatárias da ata; (e) controlar os prazos de validade dos documentos apresentados pelas empresas signatárias da ata; (f) fiscalizar e tomar decisões que objetivem corrigir irregularidades no processo; e (g) providenciar a prorrogação da ata, se necessário.

> 8. *Conduzir eventuais renegociações dos preços registrados (inc. VIII)*

Procedimentos de renegociação de preços (reequilíbrio), em decorrência de eventuais reduções dos praticados no mercado ou de fatos que elevem o custo dos bens ou serviços registrados – observadas as disposições contidas na alínea "d" do inc. II do art. 65 da Lei nº 8.666/93 (conforme previsto no art. 17 do decreto), bem como os referentes à aplicação de penalidades decorrentes de infrações no procedimento licitatório –, são atos inerentes ao gerenciamento. Compreendem, portanto, deveres do órgão gerenciador.

Os arts. 17 a 19 do decreto em análise dão curso à matéria. O art. 17 preceitua que os preços registrados poderão ser revistos em decorrência de eventual redução dos preços

---

[117] VIANNA, Flavia Daniel. *Manual do Sistema de Registro de Preços.* Rio de Janeiro: Synergia, 2014. p. 70.

praticados no mercado ou de fato que eleve o custo dos serviços ou bens registrados, cabendo ao órgão gerenciador promover as negociações junto aos fornecedores, observadas as disposições contidas na alínea "d" do inc. II do art. 65 da Lei nº 8.666/93;[118] o art. 18 trata da convocação dos fornecedores para negociarem a redução dos preços aos valores praticados pelo mercado, quando o preço registrado tornar-se superior ao preço praticado no mercado por motivo superveniente; e o art. 19 versa sobre a possibilidade de convocação dos demais fornecedores para assegurar igual oportunidade de negociação, quando o preço de mercado tornar-se superior aos preços registrados e o fornecedor não puder cumprir o compromisso, caso o órgão gerenciador tenha julgado que poderá liberá-lo do compromisso assumido.

Registre-se que há controvérsias com relação ao possível reequilíbrio para cima dos preços, porquanto, na visão de alguns analistas, o dispositivo estaria limitando tal revisão, já que só a assegura quando os preços se tornarem menores no mercado, impedindo a aplicação nos casos de elevação de custos dos bens registrados. (Remete-se, assim, aos comentários aos citados dispositivos.)

> 9. *Aplicar, garantida a ampla defesa e o contraditório, as penalidades decorrentes de infrações no procedimento licitatório (inc. IX); e aplicar, garantida a ampla defesa e o contraditório, as penalidades decorrentes do descumprimento do pactuado na ata de registro de preços ou do*

---

[118] "Art. 65. Os contratos regidos por esta Lei poderão ser alterados, com as devidas justificativas, nos seguintes casos: [...] II – por acordo das partes: [...] d) para restabelecer a relação que as partes pactuaram inicialmente entre os encargos do contratado e a retribuição da administração para a justa remuneração da obra, serviço ou fornecimento, objetivando a manutenção do equilíbrio econômico-financeiro inicial do contrato, na hipótese de sobrevirem fatos imprevisíveis, ou previsíveis porém de consequências incalculáveis, retardadores ou impeditivos da execução do ajustado, ou, ainda, em caso de força maior, caso fortuito ou fato do príncipe, configurando álea econômica extraordinária e extracontratual".

descumprimento das obrigações contratuais, em relação às suas próprias contratações (inc. X)

No que tange ao sancionamento, o ato regulamentar corrige distorção do decreto revogado, que registrava a aplicação de penalidades por descumprimento do pactuado na ARP. Tal fato causava enorme insegurança ao operador do regulamento, de vez que o §4º do mesmo artigo atribuía ao gestor do contrato (indicado pelo órgão participante), sob a coordenação do órgão gerenciador, a responsabilidade pela aplicação de eventuais penalidades que decorressem do descumprimento de cláusulas contratuais. O mau delineamento da matéria gerava incertezas, na aplicação prática, quanto ao efetivo ente sancionador, em face da enorme conexão entre a ARP e o contrato no SRP. A questão propiciou, inclusive, a alguns intérpretes que concluíssem que o instrumento regulamentar aduzia à dupla penalização por uma única falta, considerando que, não raro, o inadimplente numa contratação também se consignava descumpridor de compromisso assumido na ARP.

A interpretação sistemática dos dois dispositivos, entretanto, com a atribuição da adequada significação à norma, o estabelecimento do alcance e a superação de antinomias, afastava a dúvida e, em consequência, o falho entendimento.

No que se refere aos contratos administrativos, o regramento quanto às penalizações está delineado nos arts. 86 a 88 da Lei nº 8.666/93,[119] sendo certo que, em se tratando de contratos

---

[119] "Seção II – Das Sanções Administrativas Art. 86. O atraso injustificado na execução do contrato sujeitará o contratado à multa de mora, na forma prevista no instrumento convocatório ou no contrato. §1º A multa a que alude este artigo não impede que a Administração rescinda unilateralmente o contrato e aplique as outras sanções previstas nesta Lei. §2º A multa, aplicada após regular processo administrativo, será descontada da garantia do respectivo contratado. §3º Se a multa for de valor superior ao valor da garantia prestada, além da perda desta, responderá o contratado pela sua diferença, a qual será descontada dos pagamentos eventualmente devidos pela Administração ou ainda, quando for o caso, cobrada judicialmente. Art. 87. Pela inexecução total ou parcial do contrato a Administração poderá, garantida a prévia defesa, aplicar ao contratado as seguintes sanções: I – advertência; II – multa, na forma prevista no instrumento

ART. 5º | 103

(ou documentos que os substituam), o aplicador das sanções é o contratante, ou seja, na seara do SRP, normalmente o órgão participante (ou mesmo o órgão "carona") e, eventualmente, o próprio órgão gerenciador, nas hipóteses dos contratos por ele celebrados.

No que tange ao desatendimento dos compromissos assumidos em contrato advindo de SRP, evidencia-se, entretanto, que o órgão gerenciador (gestor), por lógica, deva ser informado, de modo que possa adotar as providências necessárias em relação aos reflexos dessa sanção na ARP.

Nesse diapasão, afastando a incerteza gerada pelo decreto anterior, o parágrafo único do art. 6º dispõe que é tarefa do órgão participante a aplicação de penalidades decorrentes do descumprimento de obrigações contratuais, em relação às suas próprias contratações, informando as ocorrências ao órgão gerenciador.

Da mesma forma, o §7º do art. 22 disciplina que compete ao órgão não participante ("carona") os atos relativos à cobrança

---

convocatório ou no contrato; III – suspensão temporária de participação em licitação e impedimento de contratar com a Administração, por prazo não superior a 2 (dois) anos; IV – declaração de inidoneidade para licitar ou contratar com a Administração Pública enquanto perdurarem os motivos determinantes da punição ou até que seja promovida a reabilitação perante a própria autoridade que aplicou a penalidade, que será concedida sempre que o contratado ressarcir a Administração pelos prejuízos resultantes e após decorrido o prazo da sanção aplicada com base no inciso anterior. §1º Se a multa aplicada for superior ao valor da garantia prestada, além da perda desta, responderá o contratado pela sua diferença, que será descontada dos pagamentos eventualmente devidos pela Administração ou cobrada judicialmente. §2º As sanções previstas nos incisos I, III e IV deste artigo poderão ser aplicadas juntamente com a do inciso II, facultada a defesa prévia do interessado, no respectivo processo, no prazo de 5 (cinco) dias úteis. §3º A sanção estabelecida no inciso IV deste artigo é de competência exclusiva do Ministro de Estado, do Secretário Estadual ou Municipal, conforme o caso, facultada a defesa do interessado no respectivo processo, no prazo de 10 (dez) dias da abertura de vista, podendo a reabilitação ser requerida após 2 (dois) anos de sua aplicação. Art. 88. As sanções previstas nos incisos III e IV do artigo anterior poderão também ser aplicadas às empresas ou aos profissionais que, em razão dos contratos regidos por esta Lei: I – tenham sofrido condenação definitiva por praticarem, por meios dolosos, fraude fiscal no recolhimento de quaisquer tributos; II – tenham praticado atos ilícitos visando a frustrar os objetivos da licitação; III – demonstrem não possuir idoneidade para contratar com a Administração em virtude de atos ilícitos praticados".

do cumprimento pelo fornecedor das obrigações contratualmente assumidas e a aplicação de eventuais penalidades decorrentes do descumprimento de cláusulas contratuais, em relação às suas próprias contratações, informando as ocorrências ao órgão gerenciador.

Evidentemente, conforme já esposado, caberá ao órgão gerenciador a aplicação das sanções decorrentes do descumprimento das obrigações contratuais, em relação às suas próprias contratações.

Impende anotar que o regime das penalizações administrativas implica a rígida observação do devido processo legal, garantindo-se a ampla defesa e o contraditório.

10. *Autorizar, excepcional e justificadamente, a prorrogação do prazo previsto no §6º do art. 22 deste decreto, respeitado o prazo de vigência da ata, quando solicitada pelo órgão não participante (inc. XI)*

Outra inserção do Decreto nº 8.250/14, o novo inciso elenca mais um ato de responsabilidade do órgão gerenciador: autorizar, em caráter excepcional, devidamente justificado, a prorrogação do prazo previsto no §6º do art. 22, respeitado o período de vigência da ARP, quando solicitada pelo órgão não participante.

O citado parágrafo tem o seguinte texto:

§6º Após a autorização do órgão gerenciador, o órgão não participante deverá efetivar a aquisição ou contratação solicitada em até noventa dias, observado o prazo de vigência da ata.

Logo, o inciso possibilitou que o órgão gerenciador prorrogue o prazo de 90 (noventa) dias que o órgão não participante ("carona") detém para concretizar a compra ou contração, após a aprovação de sua adesão na ARP.

Tal prorrogação deverá ser solicitada pelo órgão não participante e autorizada exclusivamente pelo órgão gerenciador,

§§1º E 2º DO ART. 5º | 105

devendo ser excepcional e justificada e desde que ainda vigente o prazo de validade da ARP.

§§1º e 2º do art. 5º

§1º A ata de registro de preços, disponibilizada no Portal de Compras do Governo federal, poderá ser assinada por certificação digital.

§2º O órgão gerenciador poderá solicitar auxílio técnico aos órgãos participantes para execução das atividades previstas nos incisos III, IV e VI do *caput*.

Em função da necessidade de modernização para adaptação à tecnologia da informação (TI), o dispositivo foi atualizado, permitindo-se a disponibilização da ARP com a assinatura certificada digitalmente (§1º).

Com o avanço tecnológico e o advento da internet, diversas transações passaram a ser realizadas de maneira bastante ágil. Graças à internet são emitidos e recebidos milhares de documentos, acessam-se e disponibilizam-se inúmeras informações, fecham-se vários negócios etc.

Por outro lado, da mesma maneira que a TI oferece benefícios, também é usada, cada vez mais, para fraudes de todo o tipo.

Assim, evidencia-se que tais operações, ao serem procedidas por via eletrônica, precisam ser confiáveis e seguras. E a solução para o atingimento dessa confiabilidade está na certificação digital.

Consoante leciona Emerson Alecrim, a certificação digital, em sua essência, configura um tipo de tecnologia de identificação que permite que transações eletrônicas dos mais diversos tipos sejam realizadas considerando sua integridade, sua autenticidade e sua confidencialidade, de forma a evitar que adulterações, captura de informações privadas ou outros tipos de ações indevidas ocorram.[120]

---

[120] ALECRIM, Emerson. Entendendo a certificação digital. *Infowester*, 30 abr. 2009. Disponível em: http://www.infowester.com/assincertdigital.php. Acesso em: 28 maio 2013.

Dessa forma, para que uma ARP disponibilizada na internet esteja revestida de confiabilidade, terá que estar dotada de certificação digital.

Registre-se que, no âmbito da Administração Pública federal, tal certificação deverá pautar-se no regramento preconizado no Decreto nº 3.996, de 31.10.2001, que dispõe sobre a prestação de serviços de certificação digital.

O §2º advém da aplicação da sistemática ao longo dos anos. Notou-se que, não raro, os órgãos participantes, por terem bastante experiência em certos objetos, detinham sólidos conhecimentos para uma efetiva colaboração na fase interna da competição licitatória. Destarte, buscando munir o órgão gestor da licitação de todas as ferramentas disponíveis, assegurando um certame bem elaborado, o dispositivo aponta para uma prática que poderia ocorrer independentemente de previsão regulamentar. O órgão gerenciador poderá solicitar auxílio técnico aos órgãos participantes para: (a) promoção de atos necessários à instrução processual do procedimento licitatório; (b) realização de pesquisa de mercado para identificação do valor estimado da licitação e consolidação dos dados das pesquisas de mercado realizadas pelos órgãos e entidades participantes; e (c) constituição do procedimento licitatório.

Art. 6º

CAPÍTULO IV – DAS COMPETÊNCIAS DO ÓRGÃO PARTICIPANTE

Art. 6º *O órgão participante será responsável pela manifestação de interesse em participar do registro de preços, providenciando o encaminhamento ao órgão gerenciador de sua estimativa de consumo, local de entrega e, quando couber, cronograma de contratação e respectivas especificações ou termo de referência ou projeto básico, nos termos da Lei nº 8.666, de 21 de junho de 1993, e da Lei nº 10.520, de*

ART. 6º

17 de julho de 2002, adequado ao registro de preços do qual pretende fazer parte, devendo ainda:

I – garantir que os atos relativos a sua inclusão no registro de preços estejam formalizados e aprovados pela autoridade competente;

II – manifestar, junto ao órgão gerenciador, mediante a utilização da Intenção de Registro de Preços, sua concordância com o objeto a ser licitado, antes da realização do procedimento licitatório; e

III – tomar conhecimento da ata de registros de preços, inclusive de eventuais alterações, para o correto cumprimento de suas disposições.

§1º Cabe ao órgão participante aplicar, garantida a ampla defesa e o contraditório, as penalidades decorrentes do descumprimento do pactuado na ata de registro de preços ou do descumprimento das obrigações contratuais, em relação às suas próprias contratações, informando as ocorrências ao órgão gerenciador. (Incluído pelo Decreto nº 8.250, de 2014)

§2º No caso de compra nacional, o órgão gerenciador promoverá a divulgação da ação, a pesquisa de mercado e a consolidação da demanda dos órgãos e entidades da administração direta e indireta da União, dos Estados, do Distrito Federal e dos Municípios. (Incluído pelo Decreto nº 8.250, de 2014)

§3º Na hipótese prevista no §2º, comprovada a vantajosidade, fica facultado aos órgãos ou entidades participantes de compra nacional a execução da ata de registro de preços vinculada ao programa ou projeto federal. (Incluído pelo Decreto nº 8.250, de 2014)

§4º Os entes federados participantes de compra nacional poderão utilizar recursos de transferências legais ou voluntárias da União, vinculados aos processos ou projetos objeto de descentralização e de recursos próprios para suas demandas de aquisição no âmbito da ata de registro de preços de compra nacional. (Incluído pelo Decreto nº 8.250, de 2014)

§5º Caso o órgão gerenciador aceite a inclusão de novos itens, o órgão participante demandante elaborará sua especificação ou termo de referência ou projeto básico, conforme o caso, e a pesquisa de mercado, observado o disposto no art. 6º. (Incluído pelo Decreto nº 8.250, de 2014)

> *§6º Caso o órgão gerenciador aceite a inclusão de novas localidades para entrega do bem ou execução do serviço, o órgão participante responsável pela demanda elaborará, ressalvada a hipótese prevista no §2º, pesquisa de mercado que contemple a variação de custos locais ou regionais. (Incluído pelo Decreto nº 8.250, de 2014)*

Afirma-se, sem hesitação, que, em sede de licitação, uma das maiores dificuldades da Administração reside na definição precisa do objeto a ser licitado.

Benedicto de Tolosa e Renata Tolosa Payá observam que tal dificuldade – ou mesmo a falta de vontade política para bem equipar o Poder Público com mecanismos semelhantes ao setor privado – tem gerado insegurança tanto nos órgãos licitadores quanto nos licitantes, o que, além de favorecer sobremaneira a corrupção por intermédio da realização de aquisições dirigidas, constitui fator preponderante para o desperdício do dinheiro público.[121]

Esquecem-se os agentes públicos da existência de lei federal que institui o regime obrigatório de preparo e observância das normas técnicas nos contratos de obras e compras do serviço público através da Associação Brasileira de Normas Técnicas (ABNT) (Lei nº 4.150, de 21.11.1962). Segui-la, certamente, afastaria a ocorrência de prejuízos e irregularidades.

Como já especificado, o órgão participante é o ente da Administração Pública que participa dos procedimentos iniciais do SRP e integra a ARP, sendo peça para lá de importante.

Além de demonstrar o interesse em participar do registro de preços, o órgão participante deverá transmitir ao órgão gerenciador todas as condições para o desenvolvimento e a especificação do objeto pretendido de forma clara. Essas condições – que envolvem estimativa de consumo, local de

---

[121] TOLOSA FILHO, Benedicto de; PAYÁ, Renata Fernandes de Tolosa. *Entendendo, implantando e mantendo o sistema de registro de preços*. Rio de Janeiro: Temas & Ideias, 1999. p. 15.

ART. 6º | 109

entrega, cronograma de contratação presumido e especificações ou projeto básico/termo de referência – devem partir de bases sólidas, histórico confiável e, no que tange às especificações, a maior adequação possível aos padrões técnicos dispostos pela ABNT.

E mais, o órgão participante possui ainda os seguintes encargos:

a) garantir que os atos relativos à inclusão no registro de preços estejam formalizados e aprovados pela autoridade competente;
b) manifestar-se, junto ao órgão gerenciador, mediante a utilização da intenção de registro de preços – IRP, sua concordância com o objeto a ser licitado, antes da realização do procedimento licitatório; e
c) tomar conhecimento da ARP, inclusive de eventuais alterações, para o correto cumprimento de suas disposições.

1. *Garantir que os atos relativos à inclusão no registro de preços estejam formalizados e aprovados pela autoridade competente*

Com o objetivo de simplificar os trabalhos do órgão gerenciador, o órgão participante deverá encaminhar todos os dados indicados no *caput* devidamente formalizados em processo aprovado pela autoridade competente. Há anos a expressão "autoridade competente" tem suscitado dúvidas entre os aplicadores das normas licitatórias. Na Lei nº 8.666/1993 ela é mencionada diversas vezes, muitas delas, inclusive, designando autoridades diferentes.[122] Também a Lei nº 10.520/2002 (Lei do Pregão) a registra em muitas ocasiões. Não é difícil perceber, contudo, que essa autoridade é aquela

---

[122] Além de, em outros momentos, mencionar o diploma as expressões "autoridade superior" e "autoridade responsável", confundindo, sobremaneira, o aplicador da norma.

que, na esfera organizacional interna da entidade administrativa, possui, regimental ou estatutariamente, competências específicas. É claro, também, que nem sempre significa que seja a autoridade hierarquicamente superior. Como a matéria tem conexão direta com uma despesa futura, não há dúvida de que se trata do *ordenador de despesas* do órgão ou entidade, uma vez que sobre ele, como informam o Decreto-Lei nº 200/67 e a Lei nº 4.320/64, recaem as responsabilidades sobre os gastos do dinheiro público.[123] É o que sinaliza também Ricardo Berloffa, reportando-se a parecer da Advocacia-Geral da União, ao asseverar que a autoridade competente está totalmente atrelada à estrutura hierárquico-organizacional do órgão ou entidade.[124]

> 2. *Manifestar, junto ao órgão gerenciador, mediante a utilização da intenção de registro de preços – IRP, sua concordância com o objeto a ser licitado, antes da realização do procedimento licitatório*

Essa manifestação de concordância, através da IRP, visa assegurar que o objeto atende aos seus interesses. Como anota Jacoby Fernandes,[125] o órgão participante, na prática, deverá afiançar que o objeto atende, quando for o caso, à regra da padronização, compatibilidade técnica, compatibilidade de desempenho e às condições de manutenção, de assistência técnica e garantia.

---

[123] O art. 58 da Lei nº 4.320/64 preconiza que "o empenho de despesa é o ato emanado de autoridade competente que cria para o Estado obrigação de pagamento pendente ou não de implemento de condição". Logo, o empenho de despesa deve emanar de autoridade competente (o autorizador da despesa), quais sejam, os chefes dos poderes da República, notadamente os chefes do Executivo. Por delegação de competência, normalmente, há a outorga para diretores, chefes de departamentos, vice-diretores ou outro funcionário credenciado que, como de praxe, assumem a função de ordenadores de despesas.

[124] BERLOFFA, Ricardo Ribas da Costa. *A nova modalidade de licitação*: pregão (breves comentários à Lei Federal nº 10.520/02 – Lei do Pregão). Porto Alegre: Síntese, 2002.

[125] FERNANDES, Jorge Ulisses Jacoby. *Sistema de registro de preços e pregão presencial e eletrônico*. 6. ed. Belo Horizonte: Fórum, 2015.

ART. 6º | 111

3. Tomar conhecimento da ARP, inclusive de eventuais alterações, para o correto cumprimento de suas disposições

Ultimada a licitação, órgão participante logicamente deverá tomar ciência do resultado.

Na verdade, trata-se de obrigação a quatro mãos, de vez que o órgão gerenciador tem a obrigação de informar tempestivamente as ocorrências de alteração na ARP. Não há na norma nenhuma indicação quanto ao canal a ser adotado para essa comunicação. Entendemos que a formalização (meio escrito e assinado por agente competente) é o caminho adequado. Com vistas à celeridade, é conveniente o uso de meio magnético com autenticação criptográfica ou mecanismo similar (assinatura eletrônica), tal como já se faz, no âmbito das licitações, nos pregões eletrônicos.[126]

Além dessas três tarefas, os §§1º, 5º e 6º informam outras responsabilidades do órgão participante:

a) aplicar, garantida a ampla defesa e o contraditório, as penalidades decorrentes do descumprimento do pactuado na ARP ou do descumprimento das obrigações contratuais, em relação às suas próprias contratações, informando as ocorrências ao órgão gerenciador (*vide* os comentários ao §1º);

b) elaborar especificação ou termo de referência ou projeto básico, conforme o caso, e a pesquisa de mercado, quando solicitar a inclusão de novos itens (*vide* os comentários ao §5º); e

---

[126] Sobre o tema, *vide* a Lei nº 14.063, de 23.9.2020, que dispõe sobre o uso de assinaturas eletrônicas em interações com entes públicos em atos de pessoas jurídicas, versando sobre: autenticação (processo eletrônico que permite a identificação eletrônica de uma pessoa natural ou jurídica); assinatura eletrônica (dados em formato eletrônico que se ligam ou estão logicamente associados a outros dados em formato eletrônico e que são utilizados pelo signatário para assinar); certificado digital (atestado eletrônico que associa os dados de validação da assinatura eletrônica a uma pessoa natural ou jurídica); e certificado digital ICP-Brasil (certificado digital emitido por uma autoridade certificadora credenciada na Infraestrutura de Chaves Públicas Brasileira – ICP-Brasil).

c) elaborar a pesquisa de mercado que contemple a variação de custos locais ou regionais, no caso, o órgão gerenciador aceitar a inclusão de novas localidades para entrega do bem ou execução do serviço (*vide* os comentários ao §6º).

Avaliando a matéria, Klênio Barbosa[127] chama a atenção para mais alguns relevantes encargos do órgão participante, todos voltados para informações a serem transmitidas ao órgão gerenciador:

a) informar, quando de sua ocorrência, a recusa do fornecedor em atender às condições estabelecidas em edital, firmadas na ARP;
b) relatar, se for o caso, as divergências relativas à entrega, às características e à origem dos bens licitados; e
c) indicar, quando ocorrer, a recusa do fornecedor ou prestador de serviços a assinar o contrato.

§1º do art. 6º

> *§1º Cabe ao órgão participante aplicar, garantida a ampla defesa e o contraditório, as penalidades decorrentes do descumprimento do pactuado na ata de registro de preços ou do descumprimento das obrigações contratuais, em relação às suas próprias contratações, informando as ocorrências ao órgão gerenciador.*

O dispositivo – que teve intervenção por parte do Decreto nº 8.250/14 tão somente na numeração (no decreto original constituía o parágrafo único do artigo) – atribui ao órgão participante a responsabilidade de aplicação das sanções

---

[127] BARBOSA. Klênio. *Sistema brasileiro de registro de preços*: virtudes e vícios à luz da teoria econômica. Brasília: Ipea, 2012.

§1º DO ART. 6º | 113

decorrentes do descumprimento do pactuado na ARP ou do descumprimento das obrigações contratuais, em relação às suas próprias contratações, informando as ocorrências ao órgão gerenciador. A regulamentação diverge da prevista no decreto anterior. Certamente, a intenção foi a de reduzir o trabalho do órgão gerenciador, já bastante assoberbado, permitindo a realização desse mister pelo próprio órgão participante, quando o descumprimento das obrigações assumidas na ARP se relacionarem com as suas contratações.

No mais, também caberá ao órgão participante verificar se o contratado cumpre com fidelidade as cláusulas contratuais, aplicando-lhe a penalização devida (prevista contratualmente), além de manter o órgão gerenciador ciente de qualquer falha do contratado concernente ao atendimento ao acordado, comunicando-o também na ocorrência de recusa em assinar contrato.

A nosso ver, alguns dispositivos que constavam do decreto revogado – e suprimidos no ora apreciado – circunscreviam ótimas determinações. Dispunha o texto suprimido que seria de atribuição do órgão participante a indicação do gestor do contrato, ao qual, além das atribuições previstas no art. 67 da Lei nº 8.666/93, competiria assegurar, quando do uso da ARP, que a contratação a ser procedida atendia aos interesses de seu órgão, sobretudo quanto aos valores praticados; informar ao órgão gerenciador, quando de sua ocorrência, a recusa do fornecedor em atender às condições estabelecidas em edital, firmadas na ata, as divergências relativas à entrega, as características e origem dos bens licitados; e participar a recusa em assinar contrato para fornecimento ou prestação de serviços.

O gestor (ou fiscal) do contrato é peça fundamental na contratação. Assim, apesar da supressão, entrevemos que permanecem válidas as indicações do decreto revogado.

O gestor/fiscal do contrato deverá ser um agente público indicado pela autoridade competente do órgão participante.

Para dar azo ao assunto, o dispositivo fazia remissão ao art. 67 da Lei nº 8.666/93, o qual se refere ao acompanhamento e à fiscalização do contrato.

O art. 58 da Lei nº 8.666 (inc. III) atribui à Administração a prerrogativa de fiscalizar a execução dos contratos por ela celebrados. Para consecução desse poder-dever, nos termos do art. 67, deve o Poder Público designar um fiscal, a quem caberá acompanhar a execução contratual. Segundo o dispositivo, o fiscal deverá fazer parte dos quadros de funcionários da Administração, podendo, todavia, ser assistido ou subsidiado por terceiros estranhos aos quadros públicos, o que, é claro, demandará nova contratação. Informamos, ao analisar o dispositivo, que a permissão se justifica para certos objetos, especialíssimos, nos quais a Administração não possui no seu elenco de agentes um especialista que detenha conhecimentos para acompanhar razoavelmente a execução.[128]

A própria Lei nº 8.666/93 exemplifica a possibilidade quando, no §1º do art. 9º, expressamente autoriza a participação do autor responsável pela elaboração dos projetos básico ou executivo de obras ou serviços como consultor ou técnico na tarefa de fiscalização da execução contratual.

Para pôr em prática a fiscalização da execução contratual, o fiscal verificará a fiel correspondência entre o previsto no contrato e o efetivamente executado. Detectadas disparidades, determinará, dentro de sua órbita de ação, a regularização dos defeitos, e, ao mesmo tempo, registrará em livro próprio todas as ocorrências e discrepâncias observadas.

Em situações consideradas mais complexas pelo fiscal, nas quais não se sinta em condições de interferir, deverá transmitir, de imediato, as informações ao agente superior competente, para que tome as providências necessárias.

---

[128] BITTENCOURT, Sidney. *Licitação passo a passo*: comentando todos os artigos da Lei nº 8.666/93 totalmente atualizada, levando também em consideração a Lei Complementar nº 123/06, que estabelece tratamento diferenciado e favorecido às microempresas e empresas de pequeno porte nas licitações públicas. 10. ed. rev., ampl. e atual. Belo Horizonte: Fórum, 2019. p. 358.

§§2º a 4º do art. 6º

§2º No caso de compra nacional, o órgão gerenciador promoverá a divulgação da ação, a pesquisa de mercado e a consolidação da demanda dos órgãos e entidades da administração direta e indireta da União, dos Estados, do Distrito Federal e dos Municípios. (Incluído pelo Decreto nº 8.250, de 2014)

§3º Na hipótese prevista no §2º, comprovada a vantajosidade, fica facultado aos órgãos ou entidades participantes de compra nacional a execução da ata de registro de preços vinculada ao programa ou projeto federal. (Incluído pelo Decreto nº 8.250, de 2014)

§4º Os entes federados participantes de compra nacional poderão utilizar recursos de transferências legais ou voluntárias da União, vinculados aos processos ou projetos objeto de descentralização e de recursos próprios para suas demandas de aquisição no âmbito da ata de registro de preços de compra nacional. (Incluído pelo Decreto nº 8.250, de 2014)

Os §§2º a 4º, inseridos pelo Decreto nº 8.250/14, estão voltados para as compras nacionais, definidas no inc. VI do art. 2º, ou seja, aquelas em que o órgão gerenciador conduz os procedimentos para registro de preços destinado à execução descentralizada de programa ou projeto federal, mediante prévia indicação da demanda pelos entes federados beneficiados.

Nesse diapasão, o órgão gerenciador deverá divulgar a ação da compra nacional, a pesquisa de mercado e a consolidação da demanda de todos os entes federativos (órgãos e entidades da Administração direta e indireta), ficando facultada aos participantes do projeto a utilização da ARP, desde que reste comprovada a vantagem no uso, sendo-lhes possível, ainda, valerem-se dos recursos oriundos de transferências obrigatórias ou voluntárias da União, vinculados aos processos ou projetos objeto de descentralização e de recursos próprios para suas demandas de aquisição no âmbito da ata de compra nacional.

Como já esposado, ao tratar da matéria, Loreni Foresti, então Secretária de Logística e Tecnologia da Informação do Ministério do Planejamento, asseverou, com entusiasmo, que as mudanças objetivavam estabelecer mecanismos para agilizar o processo de compras governamentais compartilhadas, além de regulamentar as aquisições por meio de compras nacionais.

Flavia Daniel Vianna tem opinião diversa, sustentando que essa inclusão não parece estar vinculada às chamadas compras compartilhadas:

> Essa inclusão não me parece, a princípio, estar vinculada às chamadas "compras compartilhadas", procedimento este já existente desde 2008 no governo federal e, em vista dos benefícios gerados, houve a criação da Central de Compras e Contratações no âmbito do executivo federal, para implantação das compras compartilhadas de alguns bens e serviços comuns por órgãos da Administração Direta do Poder Executivo, sendo facultada a participação de entidades da Administração Indireta do Poder Executivo Federal, conforme previsão nos §§1º e 2º do art. 13 do Decreto 8189/14. O âmbito de utilização das compras compartilhadas é muito mais restrito do que o previsto para as compras nacionais [...]. Nada impede, todavia, que as compras compartilhadas que alude o Decreto nº 8.189/14, também utilizem licitações por registro de preços, apesar dos dois institutos não se confundirem de forma alguma, uma vez que as compras compartilhadas visam aquisições certas e específicas, enquanto o registro de preços é utilizado para futuras e eventuais contratações.[129]

Para confirmar seu entendimento, traz à baila a observação de Gabriela Lira Borges:

> O SRP se destina a atender necessidades futuras e potenciais, ao passo que as licitações conjuntas objetivam atender às necessidades concretas, bem delineadas. [...] As licitações conjuntas compreendem, como o próprio termo sugere, a fase externa do procedimento.

---

[129] VIANNA, Flavia Daniel. O que muda no registro de preços pelo novo decreto 9.488, de 30 de agosto de 2018. *Revista Zênite – Informativo de Licitações e Contratos – ILC*, Curitiba, n. 245, p. 674-678, jul. 2018.

§§2º A 4º DO ART. 6º | 117

Assim, caberá a cada um dos órgãos ou entidades envolvidos realizar o planejamento de sua contratação.[130]

Não obstante, verifica-se que Governo federal busca utilizar, sim, o Sistema de Registro de Preços nas suas "compras compartilhadas", haja vista o preconizado na Instrução Normativa SLTI nº 10/2012, instituidora de regras para elaboração dos planos de gestão de logística sustentável de que trata o art. 16 do Decreto nº 7.746/2012,[131] [132] que após estabelecer no art. 1º a instituição de regras para elaboração desses planos, prescreve no inc. XI do art. 2º que, para os fins da instrução, compra compartilhada é contratação para um grupo de participantes previamente estabelecidos, na qual a responsabilidade de condução do processo licitatório e gerenciamento da ARP será de um órgão ou entidade da Administração Pública federal.

Sobre a matéria, observamos em outro trabalho:

Dentre as novidades, registra-se o incentivo às compras compartilhadas, que se dão, consoante o inc. XI do art. 2º da IN SLTI nº 10/2012, por intermédio do uso do Sistema de Registro de Preços – SRP, voltadas para um grupo de participantes previamente estabelecidos. Apesar de pouco utilizada, a licitação compartilhada possui vetusta autorização legal. Quando o art. 112 da Lei nº 8.666/93 prevê, na hipótese do objeto do contrato interessar a mais de uma entidade pública, que caberá ao órgão contratante, perante a entidade interessada, responder pela sua boa execução, fiscalização e pagamento, estava fazendo menção direta ao compartilhamento da competição. Posteriormente, a Lei nº 11.107, de 6.04.2005 (que dispôs sobre normas gerais de contratação de consórcios públicos),[133] deu ênfase ao compartilhamento licitatório

---

[130] BORGES, Gabriela Lira. Licitações conjuntas, dever de licitar e eficiência na contratação pública. *ILC Zênite*, n. 242, p. 338-344, abr. 2014.

[131] Que regulamenta o art. 3º da Lei nº 8.666/93, para estabelecer critérios, práticas e diretrizes para a promoção do desenvolvimento nacional sustentável nas contratações realizadas pela Administração Pública federal, e institui a Comissão Interministerial de Sustentabilidade na Administração Pública (Cisap).

[132] Com redação dada pelo Decreto nº 9.178/17.

[133] O instituto consórcio público surgiu com a Emenda Constitucional nº 19/98, que alterou o art. 241 da CF, dando-lhe a seguinte redação: "A União, os Estados, o Distrito Federal e os Municípios disciplinarão por meio de lei os consórcios públicos e os convênios

e definiu que os consórcios públicos poderiam realizar licitação da qual decorressem contratos administrativos celebrados por órgãos ou entidades dos entes da Federação consorciados (alteração do §1º do art. 112). Em seguida, o Decreto nº 6.017, de 17.01.2007, regulamentando a Lei nº 11.107/2005, autorizou, no art. 19, que os consórcios públicos, se constituídos para tal fim, poderiam realizar licitação prevendo contratos a serem celebrados pela Administração direta ou indireta dos entes da Federação consorciados, nos termos do §1º do art. 112 da Lei nº 8.666/93.

A adoção das licitações compartilhadas consigna, indubitavelmente, uma solução interessante para um problema que aflige os aplicadores das licitações sustentáveis: o não alcance de alguns produtos sustentáveis da economia de escala necessária para possuírem preços competitivos.[134]

O §4º autoriza a utilização de recursos de transferências legais ou voluntárias da União, desde que vinculados a projetos objeto de descentralização e de recursos próprios para suas demandas de aquisição no âmbito da ARP de compra nacional.

Transferências legais são parcelas das receitas federais arrecadadas pela União, repassadas aos estados, ao Distrito Federal e aos municípios, previstas em leis específicas, as quais apontam como ocorrerá a aplicação dos recursos e como ocorrerá a prestação de contas.

Transferências voluntárias são repasses de recursos a título de auxílio financeiro de um ente federativo para outro. São, por assim dizer, as descentralizações de recursos que visam à concretização de ações que seriam de competência do ente repassador. A definição legal de transferência voluntária é encontrada no art. 25 da Lei Complementar nº 101, de 4.5.2000 (Lei de Responsabilidade Fiscal – LRF), *in verbis*:

---

de cooperação entre os entes federados, autorizando a gestão associada de serviços públicos, bem como a transferência total ou parcial de encargos, serviços, pessoal e bens essenciais à continuidade dos serviços transferidos".

[134] BITTENCOURT, Sidney. *Licitações sustentáveis*: o uso do poder de compra do Estado fomentando o desenvolvimento nacional sustentável. Belo Horizonte: Del Rey, 2014. p. 165.

Art. 25. Para efeito desta Lei Complementar, entende-se por transferência voluntária a entrega de recursos correntes ou de capital a outro ente da Federação, a título de cooperação, auxílio ou assistência financeira, que não decorra de determinação constitucional, legal ou os destinados ao Sistema Único de Saúde.

§1º São exigências para a realização de transferência voluntária, além das estabelecidas na lei de diretrizes orçamentárias:

I – existência de dotação específica;

II – (vetado)

III – observância do disposto no inciso X do art. 167 da Constituição;

IV – comprovação, por parte do beneficiário, de:

a) que se acha em dia quanto ao pagamento de tributos, empréstimos e financiamentos devidos ao ente transferidor, bem como quanto à prestação de contas de recursos anteriormente dele recebidos;

b) cumprimento dos limites constitucionais relativos à educação e à saúde;

c) observância dos limites das dívidas consolidada e mobiliária, de operações de crédito, inclusive por antecipação de receita, de inscrição em Restos a Pagar e de despesa total com pessoal;

d) previsão orçamentária de contrapartida.

Logo, como conceitua a LRF, transferência voluntária é a entrega de recursos correntes ou de capital pela União a outro ente federativo, a título de cooperação, auxílio ou assistência financeira, que não decorra de determinação constitucional, legal ou os destinados ao SUS.

Tais transferências ocorrem, principalmente, por meio de convênios de natureza financeira, mas podem também decorrer de outras parcerias, como os contratos de repasse e os termos de parceria, porquanto, apesar do supracitado art. 25 não se referir a entidades sem fins lucrativos, nada impede que se cogite a hipótese.[135]

É o que também afirmam Jessé Torres e Marinês Dotti, observando que a regra pode ser adotada de modo indireto ou reflexo:

---

[135] Sobre o tema, confira-se o nosso *Convênios administrativos e outros instrumentos de transferência de recursos públicos* (São Paulo: Letras Jurídicas, 2018).

É o caso de o ente público destinatário dos recursos, a título de cooperação, auxílio ou assistência financeira, celebrar parcerias com entidades privadas sem fins lucrativos, para adimplir compromissos assumidos junto ao ente repassador, situação pela qual se viabiliza que a entidade privada venha a receber transferências voluntárias de ente público.[136]

Refletindo sobre o preceptivo, Jacoby Fernandes faz uma interessante ponderação:

> Infelizmente o normatizador inseriu limitação: os recursos devem estar vinculados aos processos ou projetos objeto de descentralização de que trata a justificativa da respectiva compra nacional. Infelizmente, porque poderia o município obter outras transferências voluntárias não previstas inicialmente no projeto SRP-compras nacional. Permitiu, porém, o uso de recursos próprios para esse fim. Parece evidente que a restrição, se inobservada, não pode ter qualquer implicação, pois os recursos de convênio podem ser aplicados em qualquer SRP, de compras, nacional ou não, pois de todos os SRP se formalizam por licitação. E, licitação, é a condição de regularidade para aplicação de recursos públicos, por órgãos públicos.[137]

§§5º e 6º do art. 6º

§5º Caso o órgão gerenciador aceite a inclusão de novos itens, o órgão participante demandante elaborará sua especificação ou termo de referência ou projeto básico, conforme o caso, e a pesquisa de mercado, observado o disposto no art. 6º. (Incluído pelo Decreto nº 8.250, de 2014)

§6º Caso o órgão gerenciador aceite a inclusão de novas localidades para entrega do bem ou execução do serviço, o órgão participante responsável pela demanda elaborará, ressalvada a hipótese prevista no §2º, pesquisa

---

[136] PEREIRA JUNIOR, Jessé Torres; DOTTI, Marinês Restelatto. *Convênios e outros instrumentos de "Administração Consensual" na gestão pública do século XXI*. 3. ed. Belo Horizonte: Fórum, 2015. p. 27.

[137] FERNANDES, Jorge Ulisses Jacoby. *Sistema de registro de preços e pregão presencial e eletrônico*. 6. ed. Belo Horizonte: Fórum, 2015.

de mercado que contemple a variação de custos locais ou regionais. *(Incluído pelo Decreto nº 8.250, de 2014)*

Consoante o previsto no §5º, na hipótese de o órgão gerenciador aceitar a inclusão de novo item, que vise atender ao interesse específico de determinado órgão participante, este deverá elaborar a especificação do objeto (projeto básico ou termo de referência) bem como a respectiva pesquisa de mercado.

Evidentemente, apesar de mal formulado, o dispositivo está se referindo à inserção solicitada antes de efetivada a licitação. Contudo, na hipótese de proveito de interesse de todos, haverá exceção a essa regra.[138]

Outra hipótese, também voltada para atender aos anseios de um órgão participante, é a indicação de novos locais para a entrega de um item ou a execução de um serviço (§6º). Nesse caso, evidencia-se que o órgão participante responsável pela solicitação deverá assumir o encargo da pesquisa de mercado, levando em consideração a variação de custos locais ou regionais, com exceção, também, na contingência de compra nacional.

Art. 7º

CAPÍTULO V – DA LICITAÇÃO PARA REGISTRO DE PREÇOS

Art. 7º A licitação para registro de preços será realizada na modalidade de concorrência, do tipo menor preço, nos termos da Lei nº 8.666, de 1993, ou na modalidade de pregão, nos termos da Lei nº 10.520, de 2002, e será precedida de ampla pesquisa de mercado.

§1º O julgamento por técnica e preço, na modalidade concorrência, poderá ser excepcionalmente adotado, a critério do órgão gerenciador e

---

[138] Nesse sentido, também Ulisses Jacoby e Benedicto de Tolosa.

> *mediante despacho fundamentado da autoridade máxima do órgão ou entidade. (Redação dada pelo Decreto nº 8.250, de 2014)*

Antes só permitida na modalidade licitatória concorrência, a competição por meio do SRP passou a ser admitida na modalidade pregão, em função da criação da nova forma de licitar pela Lei nº 10.520/02.

De regra, estabelecer-se-á por intermédio do tipo *menor preço*. Excepcionalmente, como consignado no §1º, o órgão gerenciador poderá optar pelo tipo *técnica e preço*, mediante fundamentação detalhada de sua autoridade máxima.

> TCU – Acórdão 2118/2008 – Plenário – Os tipos de licitação [...] "técnica e preço" serão utilizados exclusivamente para serviços de natureza predominantemente intelectual, em especial na elaboração de projetos, cálculos, fiscalização, supervisão e gerenciamento e de engenharia consultiva em geral.

Tipos licitatórios são critérios diferenciados, estabelecidos na Lei nº 8.666/93, para o desenvolvimento da licitação, referindo-se ao modelo de decisão na escolha do vencedor da competição.

Consoante o inc. I do §1º do art. 45 da Lei nº 8.666/93,[139] aplicar-se-á o tipo *menor preço* quando a seleção da proposta mais vantajosa para a Administração determinar que se considerará vencedor o licitante que apresentar a proposta de acordo com as especificações do edital e ofertar o menor preço. Trata-se, portanto, de critério cujo preço nominal é

---

[139] "Art. 45. O julgamento das propostas será objetivo, devendo a Comissão de licitação ou o responsável pelo convite realizá-lo em conformidade com os tipos de licitação, os critérios previamente estabelecidos no ato convocatório e de acordo com os fatores exclusivamente nele referidos, de maneira a possibilitar sua aferição pelos licitantes e pelos órgãos de controle. [...] I – a de menor preço - quando o critério de seleção da proposta mais vantajosa para a Administração determinar que será vencedor o licitante que apresentar a proposta de acordo com as especificações do edital ou convite e ofertar o menor preço".

ART. 7º | 123

fator determinante.[140] Nele, a classificação se dá pela ordem crescente dos preços propostos.[141]

Registre-se que o legislador da Lei nº 8.666/93 conceituou a licitação do tipo *menor preço*, mas se esqueceu de descrever os demais tipos. Não obstante, é possível colher as definições na apreciação da redação do art. 46,[142] que busca esclarecer

---

[140] TCU, Acórdão nº 2.301/2009 – Plenário: "Abstenha-se de incluir critério técnico de julgamento em licitação do tipo menor preço, em obediência a disposição contida no art. 45, §5º, da Lei nº 8.666/1993".

[141] Registramos no livro a *Licitação passo a passo*: "A adoção do tipo menor preço não significa a compra de produtos de má qualidade. As licitações desse tipo devem primar por indicação de especificações no ato convocatório, de modo que a Administração possa afastar proposições que, embora com preço baixo, não atendam as especificações estabelecidas" (BITTENCOURT, Sidney. *Licitação passo a passo*: comentando todos os artigos da Lei nº 8.666/93 totalmente atualizada, levando também em consideração a Lei Complementar nº 123/06, que estabelece tratamento diferenciado e favorecido às microempresas e empresas de pequeno porte nas licitações públicas. 10. ed. rev., ampl. e atual. Belo Horizonte: Fórum, 2019. p. 39).

[142] "Art. 46. Os tipos de licitação 'melhor técnica' ou 'técnica e preço' serão utilizados exclusivamente para serviços de natureza predominantemente intelectual, em especial na elaboração de projetos, cálculos, fiscalização, supervisão e gerenciamento e de engenharia consultiva em geral e, em particular, para a elaboração de estudos técnicos preliminares e projetos básicos e executivos, ressalvado o disposto no §4º do artigo anterior. (Redação dada pela Lei nº 8.883, de 1994) §1º Nas licitações do tipo 'melhor técnica' será adotado o seguinte procedimento claramente explicitado no instrumento convocatório, o qual fixará o preço máximo que a Administração se propõe a pagar: I – serão abertos os envelopes contendo as propostas técnicas exclusivamente dos licitantes previamente qualificados e feita então a avaliação e classificação destas propostas de acordo com os critérios pertinentes e adequados ao objeto licitado, definidos com clareza e objetividade no instrumento convocatório e que considerem a capacitação e a experiência do proponente, a qualidade técnica da proposta, compreendendo metodologia, organização, tecnologias e recursos materiais a serem utilizados nos trabalhos, e a qualificação das equipes técnicas a serem mobilizadas para a sua execução; II – uma vez classificadas as propostas técnicas, proceder-se-á à abertura das propostas de preço dos licitantes que tenham atingido a valorização mínima estabelecida no instrumento convocatório e à negociação das condições propostas, com a proponente melhor classificada, com base nos orçamentos detalhados apresentados e respectivos preços unitários e tendo como referência o limite representado pela proposta de menor preço entre os licitantes que obtiveram a valorização mínima; III – no caso de impasse na negociação anterior, procedimento idêntico será adotado, sucessivamente, com os demais proponentes, pela ordem de classificação, até a consecução de acordo para a contratação; IV – as propostas de preços serão devolvidas intactas aos licitantes que não forem preliminarmente habilitados ou que não obtiverem a valorização mínima estabelecida para a proposta técnica. §2º Nas licitações do tipo 'técnica e preço' será adotado, adicionalmente ao inciso I do parágrafo anterior, o seguinte procedimento claramente explicitado no instrumento convocatório: I – será feita a avaliação e a valorização das propostas de preços, de acordo com critérios objetivos preestabelecidos

as formas de utilização das licitações dos tipos restantes. Verificar-se-á, assim, que a licitação do tipo *técnica e preço* tem como propósito a prestação de um objeto mais adequado qualitativamente, teoricamente buscando-se qualidade aliada a preço. Assim, como o nome informa, há no tipo licitatório uma conjugação de técnica e preço, objetivando a contratação de objeto que possua certo grau de qualidade, mas também com um preço favorável para a Administração. Em síntese, as propostas recebem uma nota que leva em conta a técnica e o preço (com pesos na composição da nota definidos no instrumento convocatório), vencendo o certame, enfim, a melhor nota.

Definimos a licitação do tipo *técnica e preço*:

> Consiste num cotejo entre preço e técnica. A proposta vencedora resulta da média ponderada das notas atribuídas à técnica e ao preço, considerando pesos e critérios do edital (exemplos de fatores técnicos: prazo de entrega, qualidade, padronização, metodologia, tecnologias, recursos materiais a serem utilizados para a realização do objeto licitado, entre outros).[143]

O supracitado art. 46 disciplina de modo bem confuso os passos para a realização de licitação do tipo *melhor técnica*, que, como dispõe o diploma, são os mesmos procedimentos iniciais da licitação do tipo *técnica e preço* (conforme §2º).

---

no instrumento convocatório; II – a classificação dos proponentes far-se-á de acordo com a média ponderada das valorizações das propostas técnicas e de preço, de acordo com os pesos preestabelecidos no instrumento convocatório. §3º Excepcionalmente, os tipos de licitação previstos neste artigo poderão ser adotados, por autorização expressa e mediante justificativa circunstanciada da maior autoridade da Administração promotora constante do ato convocatório, para fornecimento de bens e execução de obras ou prestação de serviços de grande vulto majoritariamente dependentes de tecnologia nitidamente sofisticada e de domínio restrito, atestado por autoridades técnicas de reconhecida qualificação, nos casos em que o objeto pretendido admitir soluções alternativas e variações de execução, com repercussões significativas sobre sua qualidade, produtividade, rendimento e durabilidade concretamente mensuráveis, e estas puderem ser adotadas à livre escolha dos licitantes, na conformidade dos critérios objetivamente fixados no ato convocatório".

[143] BITTENCOURT, Sidney. *Licitações para concursos públicos*. Rio de Janeiro: Elsevier Campus, 2012. p. 126.

ART. 7º | 125

Nesse passo, para a concretização de uma licitação do tipo *técnica e preço*, seguir-se-á o fluxo seguinte:

a) abertura dos envelopes contendo as propostas técnicas, exclusivamente dos licitantes "previamente qualificados", isto é, dos licitantes que ultrapassaram a fase habilitatória;

b) classificação das propostas de acordo com os critérios estabelecidos com objetividade e clareza no edital, que deverão cingir-se à avaliação da capacitação e experiência, qualidade técnica (compreendendo metodologia, organização, tecnologias e recursos materiais a serem utilizados na execução do objeto pretendido) e a qualificação das equipes técnicas a serem mobilizadas para tal execução. É de se relembrar que as avaliações técnicas dizem respeito às proposições dos licitantes, e não às verificações referentes da fase de habilitação, que, como mencionado em "a", já restaram superadas com a abertura dos envelopes de preços dos licitantes classificados em função de terem atingido a valorização mínima estabelecida no edital;

c) negociação com o licitante melhor classificado tecnicamente, tendo como parâmetro o valor da proposta do licitante classificado que apresentou o menor preço;

d) havendo impasse nas negociações, isto é, não ocorrendo o aceite daquele licitante que apresentou a melhor proposta técnica, proceder-se-á sucessivamente à negociação com os demais, na ordem de classificação;

e) julgamento das propostas de preços (avaliação e valorização) de acordo com critérios objetivos preestabelecidos no instrumento convocatório da licitação; e

f) adoção de média ponderada, considerando as notas de propostas técnicas e de preço, com base em pesos também preestabelecidos no edital.

Discute-se se, nas licitações do tipo *técnica e preço*, facultar-se-ia ao agente público a adoção de dois envelopes: um para a proposta técnica e outro para o preço. Para alguns, por tratar-se da fase classificatória, descaberiam dois envelopes. Um só comportaria as propostas de técnica e de preço. Esse critério, além de não ser nada operacional – motivo mais do que suficiente para descarte –, também se encontra legalmente descompassado, como se verifica nos termos dos dispositivos. Da simples leitura do §1º e incisos do art. 46 extrai-se que o diploma impõe a utilização de dois envelopes. O inc. I determina, inicialmente, que "serão abertos os envelopes contendo as propostas técnicas". O inciso seguinte prescreve que "uma vez classificadas as propostas técnicas, proceder-se-á à abertura das propostas de preço". Claro está, portanto, que existirão dois envelopes.

Reforça o posicionamento o esposado no inc. IV do mesmo dispositivo, não permitindo pairar dúvidas quanto à existência de envelopes díspares, pontuando que "as propostas de preços serão devolvidas intactas aos licitantes que não forem preliminarmente habilitados ou que não obtiverem a valorização mínima estabelecida para a proposta técnica". Ora, quando a lei prevê a devolução das propostas de preços intactas, está diretamente informando que os envelopes com as propostas de preços, inviolados, deverão, no caso, ser restituídos.[144]

Avaliando o assunto, o Advogado da União Francisco Rezende Filho, em percuciente e detalhado parecer, asseverou:

> Conforme já amplamente discutido, no tipo de licitação de técnica e preço, temos dois caminhos que julgamos os mais indicados, diante da grande discussão que impera sobre o tema.

---

[144] No mesmo sentido, TOLOSA FILHO, Benedicto de; SAITO, Luciano Massao. *Manual de licitações e contratos administrativos*: de acordo com a Lei Federal nº 8.666/93, com as alterações introduzidas pela Lei Federal nº 8.883/94: comentários, modelos de editais, atas, recursos, decisões do Tribunal de Contas, citações da legislação paulista. Rio de Janeiro: Aide, 1995. p. 26; SUNDFELD, Carlos Ari. *Licitação e contrato administrativo*: de acordo com as leis 8.666/93 e 8.883/94. 2. ed. São Paulo: Malheiros, 1995. p. 161; e RIGOLIN, Ivan Barbosa; BOTTINO, Marco Tullio. *Manual prático das licitações*: Lei nº 8.666/93. 4. ed. São Paulo: Saraiva, 2002. p. 177.

ART. 7º | 127

Por maioria esmagadora, entende a doutrina que, para a modalidade de licitação concorrência é necessário que o edital exija três envelopes, sendo, pela ordem: habilitação, técnica e preço. Para esse procedimento a comissão de licitação deve abrir os envelopes, individualmente, restando, pois, a possibilidade do licitante não ter o envelope referente ao preço aberto. Não satisfazendo na avaliação técnica o exigido pelo edital (parâmetro mínimo), a desclassificação deverá ocorrer sem que o preço seja conhecido.

Há, porém, quem defenda a tese de que as propostas, técnica e de preço, sejam apresentadas num mesmo envelope, pois dessa forma se ganharia tempo, o que não ocorre com o procedimento acima mencionado, pois tanto para abertura dos envelopes de proposta técnica como de preço, seria necessário, individualmente, que fosse observado o prazo recursal. Os que se opõem a essa forma de proceder (as duas propostas juntas) alegam que não seria correto o licitante ser desclassificado em técnica e ter o seu preço conhecido por todos.[145]

Tratando da questão, Vera Lúcia de Almeida Corrêa sustenta a admissibilidade de os dois envelopes serem abertos no mesmo momento:

Os proponentes considerados habilitados terão os envelopes de proposta técnica abertos e julgados pela comissão, de acordo com os requisitos do edital. Nesta fase de julgamento o procedimento da licitação de técnica e preço desdobra-se em dois momentos. No primeiro, a Comissão analisará as propostas técnicas dos proponentes habilitados, no que diz respeito aos requisitos indispensáveis e aos requisitos pontuáveis. Havendo descumprimento dos requisitos indispensáveis, o licitante será desclassificado por descumprimento do edital, abrindo-se o prazo recursal. Nesse caso, as propostas de preços deverão permanecer fechadas até a decisão sobre o recurso administrativo. Note-se que nem a Lei nº 8.666/93, no artigo 46, nem o Decreto nº 1.070/94[146] deixam claro esse procedimento. Dessa forma, aqueles que praticam a abertura das propostas técnicas e de preços no mesmo momento não estariam contrariando a legislação. Recomendamos, porém, separar esses momentos no sentido de preservar a concorrência de mercado, isto é, não há sentido em

---

[145] REZENDE FILHO, Francisco. Parecer DADM-J/EM/0044, de 10.3.1995.

[146] Registre-se que esse decreto foi revogado pelo Decreto nº 7.174/10, que regulamenta a contratação de bens e serviços de informática e automação pela Administração Pública federal, direta ou indireta, pelas fundações instituídas ou mantidas pelo Poder Público e pelas demais organizações sob o controle direto ou indireto da União.

tornar públicos preços das empresas que não estão mais aptas a participar da licitação.[147]

Ressalta relembrar que a legislação do pregão não autoriza o uso da licitação do tipo *técnica e preço*, só permitindo, em face das peculiaridades dessa modalidade, o tipo *menor preço*.[148] [149] Desse modo, está afastada a possibilidade de uso do tipo *técnica e preço* quando o agente público estiver adotando o pregão para registrar preços.

---

[147] CORRÊA, Vera Lúcia de Almeida. *Licitações de bens e serviços de informática e automação*: procedimentos do Decreto nº 1.070/94, com as modificações introduzidas pela Emenda Constitucional nº 06/95. Rio de Janeiro: Temas & Ideias, 1999. p. 10-11.

[148] Lei nº 10.520/2002 (Lei do Pregão): "Art. 4º A fase externa do pregão será iniciada com a convocação dos interessados e observará as seguintes regras: [...] X – para julgamento e classificação das propostas, será adotado o critério de menor preço, observados os prazos máximos para fornecimento, as especificações técnicas e parâmetros mínimos de desempenho e qualidade definidos no edital".

[149] Anote-se que o Decreto nº 10.024, de 20.9.2019, que regulamenta o pregão eletrônico federal, dispôs, ao tratar, no art. 7º, dos critérios de julgamento das propostas, que "para a seleção da proposta mais vantajosa para a Administração Pública, serão utilizados os critérios de julgamento pelo *menor preço ou maior desconto*, previamente definidos no edital", acrescendo, dessa forma, mais uma forma de julgamento no âmbito do pregão. Sobre a questão, observamos: "No regime do decreto anterior, o único critério de julgamento das propostas a ser utilizado no pregão era o do 'menor preço'. Agora, o novo regulamento do pregão eletrônico inova com a possibilidade de adoção do critério do 'maior desconto'. Esse tipo de avaliação, na verdade, não é inédito no ordenamento jurídico nacional, pois já consta na lei que instituiu o chamado Regime Diferenciado de Contratações Públicas – RDC (Lei nº 12.462/2011), aplicável às licitações e contratos necessários à realização dos Jogos Olímpicos e Paraolímpicos de 2016 e da Copa do Mundo Fifa 2014, entre outros. Como já anotado, sendo chamado por alguns de 'pregão negativo', o critério do 'maior desconto' tem como característica a inversão da lógica tradicional da modalidade. A questão a se enfrentar é se tal critério encontra amparo na legislação em vigor, a ponto de ser inserido em uma ferramenta regulamentar. Inicialmente, os critérios legais, chamados de 'tipos licitatórios', estão previstos na Lei nº 8.666, em rol exaustivo [...]. No que se refere ao pregão, a Lei nº 10.520/2002 preceitua como único critério o tipo 'menor preço', conforme indicado no inc. X do art. 4º [...]. Assim, a princípio, em uma leitura apressada, a avaliação com base nas regras legais denotaria que o uso de novo critério configuraria ilegalidade. Ocorre, como já dispusemos em outros trabalhos, que o critério do 'maior desconto' esculpe julgamento decorrente da licitação do tipo 'menor preço', com a apuração sendo realizada em função do desconto oferecido pelos licitantes sobre o parâmetro de preço definido pela Administração no instrumento convocatório. Logo, não há ilegalidade na regulamentação" (BITTENCOURT, Sidney. *Novo pregão eletrônico*: comentários ao novo Decreto nº 10.024, de 20 de setembro de 2019. Leme: JH Mizuno, 2020. p. 92).

É o que também observa Flavia Daniel Vianna:

> Tendo em vista que o pregão somente será adotado para bens ou serviços comuns, jamais serão utilizados os tipos *melhor técnica* ou *técnica e preço* em licitações processadas mediante o pregão, pois incompatíveis com o objeto comum. A princípio, portanto, falando na modalidade pregão, a regra é o tipo menor preço.[150]

Nesse contexto, para afastar qualquer dúvida, o Decreto nº 8.250/14 alterou a redação do §1º do artigo em análise, fazendo constar, expressamente, que a modalidade licitatória para o uso do tipo *técnica e preço* é unicamente a concorrência.

Assim, caso esteja adotando a concorrência, tendo optado pelo tipo *técnica e preço*, deverá a Administração percorrer todos os caminhos do fluxo antes delineado para, posteriormente, registrar os preços devidos.

Considerando as características inovadoras da modalidade pregão, bem como o emaranhado legislativo que envolve as duas modalidades licitatórias passíveis de adoção no certame de registro de preços, verificam-se dificuldades não só na confecção do edital do pregão, como no próprio procedimento a ser levado a efeito pelo pregoeiro (agente público indicado para conduzir o pregão, conforme preconiza a Lei nº 10.520/02).

Destarte, para a elaboração do edital (e para consideração no procedimento), levar-se-ão em conta: a Lei nº 10.520/02 (instituidora do pregão); o Decreto nº 7.892/13, ora apreciado (regulamentar do SRP); o Decreto nº 3.555/00 (regulamentar do pregão presencial); o Decreto nº 10.024/19 (regulamentar do pregão eletrônico); e a Lei nº 8.666/93.[151] Como tais normas nem

---

[150] VIANNA, Flavia Daniel. Quais tipos de licitação utilizar o pregão eletrônico. *Vianna & Consultores Associados*. Disponível em: https://www.viannaconsultores.com.br/quais-tipos-de-licitacao.

[151] Acresça-se que duas outras leis federais também disciplinam o uso da sistemática de registro de preços: a Lei nº 12.462, de 4.8.2011, que institui o Regime Diferenciado de Contratações Públicas – RDC, conhecida como Lei do RDC, e a Lei nº 13.303, de 30.6.2016, que dispõe sobre o estatuto jurídico da empresa pública, da sociedade de economia mista e de suas subsidiárias, no âmbito da União, dos estados, do Distrito Federal e dos municípios, conhecida como Lei das Estatais. Assim, no ordenamento

sempre têm conexões perfeitas, o agente público responsável deverá empenhar-se, num grande esforço intelectual, nessa árdua tarefa de equalização. Note-se que há a obrigatória precedência de ampla pesquisa de mercado. Esse prévio procedimento objetiva a obtenção de um espelho real do preço que o mercado está oferecendo para o objeto pretendido pela Administração, evitando-se, assim, registros de preços superiores aos usualmente praticados. Claro é que, havendo o projeto básico ou o termo de referência, a pesquisa estará nele embutida, de vez que o preço do mercado é um dos componentes desse documento.

---

jurídico nacional passaram a coexistir três leis aplicáveis às licitações para a formação de SRP: a Lei nº 8.666/93, a Lei nº 12.462/11 e Lei nº 13.303/16. A Lei do RDC (nº 12.462) foi regulamentada pelo Decreto nº 7.581, de 11.10.2011, cujos arts. 87 a 108, que compõem seu Capítulo IV, versam sobre o SRP. Apreciamos a Lei do RDC em trabalho específico, no qual asseveramos que "as disposições referentes ao SRP no RDC – salvo pequenas, mas importantes exceções –, receberam tratamento similar ao regramento adotado no âmbito geral das contratações públicas. [...] Não obstante, da análise dos textos legais e regulamentares, referentes ao SRP/RDC, conclui-se que as disposições, na sua maioria, reiteram as normas adotadas no âmbito geral das licitações públicas. Logo, quase todos os procedimentos para implantação do SRP voltados para o RDC seguem a rota da disciplina geral, ressalvadas, evidentemente, algumas regras criadas especificamente para o novo regime" (BITTENCOURT, Sidney. *Licitação através do Regime Diferenciado de Contrações Públicas – RDC*. 2. ed. Belo Horizonte: Fórum, 2015). Por sua vez, a Lei das Estatais (nº 13.303), ao disciplinar a possibilidade do uso da sistemática de registro de preços, nomeia-o, no art. 63 I, como procedimento auxiliar das licitações, e informa, no art. 66, que o SRP, especificamente destinado às licitações das estatais, reger-se-á pelo disposto em decreto do Poder Executivo. Sobre a matéria, anotamos em livro específico: "A Lei das Estatais remete a adoção do SRP ao disposto em decreto do Poder Executivo. No âmbito da administração federal, vigora o Decreto nº 7.892/2013, que poderá ser adotado pelas estatais até a edição de regulamentação específica" (BITTENCOURT, Sidney. *A Nova Lei das Estatais*: Novo Regime de Licitações e Contratos nas Empresas Estatais – Lei nº 13.303, de 30 de junho de 2016, regulamentada pelo Decreto nº 8.945, de 27 de dezembro de 2016. Leme: JH Mizuno, 2017). No mesmo diapasão, Edgar Guimarães e José Anacleto Adduch Santos: "A lei remete a adoção e a utilização do sistema de registro de preços à regulamentação. O regulamento deve ser expedido pelo chefe do Poder Executivo de cada entidade federativa, segundo o plano de distribuição de competências previsto na Constituição Federal. No âmbito da Administração Pública federal, vigora o Decreto nº 7.892/13, que pode ser utilizado por estatais federais até a eventual edição de novo regulamento específico para tratar do tema a partir da Lei nº 13.303/16, assim como podem ser utilizados regulamentos existentes no âmbito de cada entidade federativa naquilo que não conflitarem com as disposições da Lei das Estatais" (GUIMARÃES, Edgar; SANTOS, José Anacleto Adduch. *Lei das Estatais*: comentários ao regime jurídico licitatório e contratual da Lei nº 13/2016. Belo Horizonte: Fórum, 2017).

ART. 7º | 131

Sobre a tarefa, remete-se aos comentários ao inc. IV do art. 5º, em que detalhamos as inovações sobre o tema. Como lá observamos, as expressões "pesquisa de mercado" e "pesquisa de preços" se confundem na busca de um único objetivo, pois se evidencia que se tem como meta um espelho real do preço que o mercado está oferecendo para o produto pretendido, de modo que não sejam registrados preços superiores aos usualmente praticados.

Nesse sentido, o TCU anota que a *pesquisa de preços* é o procedimento prévio para a verificação de existência de recursos suficientes para cobrir despesas decorrentes de contratação pública, servindo de base também para confronto e exame de propostas em licitação; e a *pesquisa de mercado* é o procedimento para verificação das exigências e condições do mercado fornecedor do objeto a licitar, como especificação, qualidade, desempenho, prazos de entrega, prestação, execução e garantia.[152]

Levantamentos realizados em lojas (devidamente consignados e, se possível, com orçamentos oferecidos *in loco*), prospectos, jornais, periódicos, revistas e principalmente *sites* especializados (com data e hora de acesso) são documentos hábeis para a demonstração dessas investigações, sendo necessário que todos componham o processo licitatório.

É importante entender, entretanto, que preços de mercado são aqueles realmente praticados, e não, em nenhuma hipótese, os que são oferecidos como preços de ocasiões/ofertas, que, como se sabe, são utilizados tão somente como uma espécie de chamariz. Também não devem ser considerados os preços de ofertantes desqualificados.

Acresça-se que, na ótica da Professora Eliana Goulart Leão, é conveniente que outras pesquisas de mercado sejam realizadas durante o procedimento licitatório e após, na fase de utilização da ata, "para uma perfeita adequação dos preços

---

[152] TCU. *Licitações e contratos* – Orientações e jurisprudência do TCU. 4. ed. Brasília: TCU, 2010.

registrados aos valores negociados na ocasião".[153] Contudo, a nosso ver, havendo um mecanismo que opere o equilíbrio constante dos preços, não haverá necessidade da constante pesquisa mercadológica.

Sobre a matéria, como já esposado, o TCU tem reiteradamente apontado que as estimativas de preços prévias às licitações devem estar baseadas em *cesta de preços aceitáveis*, como os preços oriundos de pesquisas diretas com fornecedores ou em seus catálogos, valores adjudicados em licitações de órgãos públicos, sistemas de compras oficiais, valores registrados em atas de registro de preços, avaliação de contratos recentes ou vigentes, compras e contratações realizadas por corporações privadas em condições idênticas ou semelhantes (acórdãos nºs 2.170/2007 – Plenário, 819/2009 – Plenário, 2.637/2015 – Plenário, entre outros).

Nesse cenário, para atender ao recomendado pela Corte de Contas, o Governo federal editou inicialmente a IN nº 5/2014, dispondo sobre os procedimentos administrativos básicos para a realização de pesquisa de preços para a aquisição de bens e contratação de serviços em geral, tendo, posteriormente, aperfeiçoando as medidas, publicado a Instrução Normativa nº 73, de 5.8.2020, com o mesmo escopo.

§2º do art. 7º

> *§2º Na licitação para registro de preços não é necessário indicar a dotação orçamentária, que somente será exigida para a formalização do contrato ou outro instrumento hábil.*

Apesar de inexistirem referências à indicação de dotação orçamentária no decreto anterior, já se sustentava que a

---

[153] LEÃO, Eliana Goulart. *O sistema de registro de preços*: uma revolução nas licitações. Campinas: Bookseller, 1997. p. 229.

§2º DO ART. 7º | 133

exigência dessa comprovação para as aquisições oriundas de ARP deveria ser demonstrada antes da assinatura do contrato.

Essa, inclusive, é informação da Orientação Normativa nº 20/2009 da AGU: "Na licitação para registro de preços, a indicação da dotação orçamentária é exigível apenas antes da assinatura do contrato".

A previsão expressa no decreto pôs um fim à efêmera discussão, porquanto, apesar de o inc. III, §2º, do art. 7º e o art. 14 da Lei nº 8.666/93 preconizarem como condição para a instauração da licitação a obrigatória indicação da dotação orçamentária, é certo que seria imprópria à exigência para o registro de preços, pois nele não há certeza quanto às futuras contratações.

A lógica do dispositivo é cristalina: como não há obrigatoriedade de contratação nas licitações de registro de preços, não há nenhum sentido na necessidade de existência de dotação orçamentária para ampará-las.

Como observam Edgar Guimarães e Joel Niebuhr,[154] não se pode perder de vista que a licitação para registrar preços, como o nome indica, possui finalidade específica e peculiar: registrar preços para determinados objetos. Da mesma forma não se pode olvidar que a Administração, ainda que a ata esteja válida e em plena vigência, está desobrigada de contratar com o fornecedor que teve o seu preço registrado por ocasião da respectiva licitação.

Dessa forma, elogia-se o texto do dispositivo, que é claro a respeito da questão, já que a exigência de reserva orçamentária na licitação, como bem obtemperou Niebuhr, frustraria a vantagem do uso do registro de preços para objetos de difícil previsibilidade.[155]

---

[154] GUIMARÃES, Edgar; NIEBUHR, Joel de Menezes. *Registro de preços*: aspectos práticos e jurídicos. 2. ed. Belo Horizonte: Fórum, 2013. p. 59.

[155] NIEBUHR, Joel de Menezes. *Licitação pública e contrato administrativo*. 4. ed. Belo Horizonte: Fórum, 2015. p. 676.

Anote-se que o TCU já havia decidido nesse sentido:

[...] o registro de preços não é uma modalidade de licitação, e sim, um mecanismo que a Administração dispõe para formar um banco de preços de fornecedores, cujo procedimento de coleta ocorre por concorrência ou pregão. Em razão de ser um mecanismo de obtenção de preços junto aos fornecedores para um período estabelecido, sem um compromisso efetivo de aquisição, entendemos ser desnecessário, por ocasião do edital, o estabelecimento de dotação orçamentária. Todavia, por ocasião de uma futura contratação, torna-se imprescindível a dotação orçamentária para custeio da despesa correspondente, na forma do art. 11 do Decreto 3931/2001. Assim, acolhemos a justificativa. [...]. (Acórdão nº 1.279/2008)

Insta arrolar, contudo, que há críticas a tal procedimento na doutrina, como exemplo, a de Antônio Militão:

Este parágrafo afronta as condições estabelecidas na Lei nº 8.666, de 21 de junho de 1993, em seu art. 7º, II, c para as licitações de serviços, bem como no art. 14 para as licitações de compras. Desse modo, em face da hierarquia das leis, entendemos ser o mesmo ilegal. Havendo a desobrigação da indicação de dotação orçamentária para realização de licitação para obtenção de Registro de Preços, esta circunstância desmotivará o licitante que irá registrar um preço, porquanto o mesmo não teria conhecimento acerca da fonte de recursos. Desse modo, a cláusula de obrigação de pagamento que deve existir no processo de licitação, por exigência do inciso XXI, do art. 37 da Constituição Federal ficaria desvalida, gerando insegurança no oferecimento do preço a ser registrado.[156]

Art. 8º

Art. 8º *O órgão gerenciador poderá dividir a quantidade total do item em lotes, quando técnica e economicamente viável, para possibilitar*

---

[156] MILITÃO, Antônio. *Registro de preços*: considerações acerca das modificações introduzidas no Sistema de Registro de Preços pelo Decreto nº 7.892, de 23 de janeiro de 2013. [s.l.]: [s.n.], [s.d.].

ART. 8º | 135

maior competitividade, observada a quantidade mínima, o prazo e o
local de entrega ou de prestação dos serviços.

O dispositivo buscou forma no §7º do art. 23 da Lei nº 8.666/93,[157] com as adaptações devidas, em face das características peculiares do SRP. O mencionado parágrafo surgiu de inovação trazida pela Lei nº 9.648/98, que permitiu a propositura de preços para quantidades inferiores à estabelecida na licitação, no caso de o certame envolver bens de natureza divisível, possibilitando, em consequência, que uma pessoa (física ou jurídica) com produção insuficiente do bem pretendido pela Administração para atendimento a toda a demanda solicitada possa apresentar proposta em quantidade inferior, consentânea a sua condição de produzir.

No caso do SRP, admitiu-se ao Poder Público, quando da aquisição de bens ou contratação de serviços, a subdivisão da quantidade total do objeto pretendido em lotes, se, como no §7º do art. 23 citado, existir real viabilidade técnica e econômica, devidamente comprovada, buscando com isso a competitividade, não deixando de observar uma quantidade mínima adequada, o prazo e o local de entrega ou de prestação dos serviços, e outros requisitos julgados pertinentes.

Registre-se que, sempre que houver viabilidade técnica e econômica, a regra do parcelamento é obrigatória, embora a redação do dispositivo induza a entendimento contrário. É o que, inclusive, sumulou o TCU:

> Súmula nº 247 – É obrigatória a admissão da adjudicação por item e não por preço global, nos editais das licitações para a contratação de obras, serviços, compras e alienações, cujo objeto seja divisível, desde que não haja prejuízo para o conjunto ou complexo ou perda

---

[157] Lei nº 8.666/93: "Art. 23 [...] §7º Na compra de bens de natureza divisível e desde que não haja prejuízo para o conjunto ou complexo, é permitida a cotação de quantidade inferior à demandada na licitação, com vistas a ampliação da competitividade, podendo o edital fixar quantitativo mínimo para preservar a economia de escala".

de economia de escala, tendo em vista o objetivo de propiciar a ampla participação de licitantes que, embora não dispondo de capacidade para a execução, fornecimento ou aquisição da totalidade do objeto, possam fazê-lo com relação a itens ou unidades autônomas, devendo as exigências de habilitação adequar-se a essa divisibilidade.

E não poderia ser de outra forma, haja vista que a lei regedora (Lei nº 8.666/93) aponta categoricamente para essa solução no §1º do art. 23:

> Art. 23. [...] §1º As obras, serviços e compras efetuadas pela Administração serão divididas em tantas parcelas quantas se comprovarem técnica e economicamente viáveis, procedendo-se à licitação com vistas ao melhor aproveitamento dos recursos disponíveis no mercado e à ampliação da competitividade sem perda da economia de escala.[158]

Na verdade, apesar de estabelecer procedimento que pode ser considerado interessante, vislumbramos, em se tratando de registro de preços, dificuldade operacional na aplicação prática da ideia, não só pela essência da sistemática,

---

[158] Não se deve confundir parcelamento com fracionamento da despesa. Os dicionários da língua portuguesa trazem as definições de fracionamento e parcelamento, quase sempre no seguinte sentido: "Fracionamento – Fragmentação; estilhaçamento; divisão. Parcelamento – Divisão em parcelas, em prestações". Conclui-se, por conseguinte, que parcelar significa dividir o todo em parcelas, enquanto fracionar significa dividir o todo em frações. No entanto, quando a situação adentra o âmbito das contratações públicas, os institutos adquirem significados diametralmente opostos em função de construção doutrinária e jurisprudencial. De plano, verifica-se que o inc. IV do art. 15 da Lei nº 8.666/93 determina que as compras, sempre que possível, deverão ser subdivididas em tantas parcelas quantas necessárias para aproveitar as peculiaridades do mercado, visando à economicidade. Nesse mesmo diapasão, o §1º do art. 23 determina que obras, serviços e compras efetuadas pela Administração sejam divididos em tantas parcelas quantas se comprovarem técnica e economicamente viáveis, procedendo-se à licitação com vistas ao melhor aproveitamento dos recursos disponíveis no mercado e à ampliação da competitividade sem perda da economia de escala. É importante ressaltar, ainda que determine o parcelamento, que a lei impõe que, na execução das contratações parceladas, a cada etapa ou conjunto de etapas da obra, serviço ou compra corresponda uma licitação distinta, preservada a modalidade pertinente para a execução do objeto em licitação (§2º do art. 23). Apesar de não mencionar a expressão "fracionamento", é nesse momento que a lei veda esse procedimento, pois determina que a Administração preserve a modalidade do todo, ou seja, a cada parcela ou conjunto de parcelas há de corresponder licitação distinta, desde que haja a preservação da modalidade pertinente para execução total do objeto pretendido.

ART. 8º | 137

mas também em função da dificuldade de dimensionamento dos lotes, o qual deverá considerar as necessidades de cada órgão participante que, certamente, serão díspares. Com a mesma ótica, Ana Carolina Machado e Julieta Vareschini:

> A necessidade de parcelamento do objeto em itens se mostra ainda mais relevante nas licitações voltadas ao registro de preços, já que tal sistema comumente é adotado naquelas situações em que a Administração Púbica, apesar de presumir a utilização de um bem e/ou serviço, não tem como estipular, de antemão, o momento e/ou a quantidade exata de sua aquisição, sendo correto então, até mesmo em vista da finalidade e da operacionalidade do SRP, que seja registrado o custo unitário de cada um dos itens pretendidos, de modo a viabilizar, durante o período de vigência da ata, aquisições isoladas dos produtos/serviços que efetivamente a Administração necessita, sem precisar contratar o lote como um todo, podendo ainda os adquirir por valores unitários realmente vantajosos. De qualquer maneira, tem-se que é possível a realização da licitação com a adjudicação do objeto de forma global (lote único) ou agrupado em grupos ou lotes, desde que existente justificativa plausível e amparada por estudos e pesquisas realizados na fase interna da licitação, que demonstrem que essa é a opção mais vantajosa, do ponto de vista técnico e econômico.[159]

Registramos noutro trabalho:

> Tendo em vista a não obrigatoriedade de compra e contratação, a Administração não tem obrigação de adquirir os quantitativos máximos previstos na Ata de Registro de Preços, sequer parcialmente. Esta peculiaridade da licitação por SRP, por si só, não se adapta à ideia da licitação por "lote", uma vez que as solicitações efetuadas [...] podem ser realizadas isoladamente, apenas de um ou dois itens, por exemplo, (e não do lote completo), não estando a Administração obrigada a adquirir a composição do grupo em cada solicitação.[160]

---

[159] MACHADO, Ana Carolina Coura Vicente; VARESCHINI, Julieta Mendes Lopes. Registro de preços. Objeto dividido em lotes. Aquisição de itens isolados. Considerações. *Coluna Jurídica JML*. Disponível em: https://www.jmleventos.com.br/pagina.php?area=coluna-juridica&acao=download&dp_id=171.

[160] BITTENCOURT, Sidney; VIANNA, Flavia Daniel. O sistema de registro de preços. *In*: TORRES, Ronny Charles L. de (Coord.). *Licitações públicas – Homenagem ao jurista Jorge Ulisses Jacoby Fernandes*. Curitiba: Negócios Jurídicos, 2016.

Sobre o tema, inclusive, já se manifestou reiteradamente o TCU:

A adoção de critério de adjudicação pelo menor preço global por lote em registro de preços é, em regra, incompatível com a aquisição futura por itens, tendo em vista que alguns itens podem ser ofertados pelo vencedor do lote a preços superiores aos propostos por outros competidores. [...] Em modelagens dessa natureza, é preciso demonstrar as razões técnicas, logísticas, econômicas ou de outra natureza que tornam necessário promover o agrupamento como medida tendente a propiciar contratações mais vantajosas, comparativamente à adjudicação por item. É preciso demonstrar que não há incoerência entre adjudicar pelo menor preço global por grupo e promover aquisições por itens, em sistema de registro de preços. A Administração não irá adquirir grupos, mas itens. Repisando, na licitação por grupos/lotes, a vantajosidade para a Administração apenas se concretizaria se fosse adquirido do licitante o grupo/lote integral, pois o menor preço é resultante da multiplicação de preços de diversos itens pelas quantidades estimadas. Em registro de preços, a realização de licitação utilizando-se como critério de julgamento o menor preço global por grupo/lote leva, vis à vis a adjudicação por item, a flagrantes contratações antieconômicas e dano ao erário, potencializado pelas possibilidades de adesões, uma vez que, como reiteradamente se observa, itens são ofertados pelo vencedor do grupo a preços superiores aos propostos por outros competidores. (Acórdão nº 2.695/2013 – Plenário)

Em licitação para registro de preços, é irregular a adoção de adjudicação por menor preço global por grupo/lote, concomitantemente com disputa por itens, sem que estejam demonstradas as razões pelas quais tal critério, conjuntamente com os que presidiram a formação dos grupos, é o que conduzirá à contratação mais vantajosa, comparativamente ao critério usualmente requerido de adjudicação por menor preço por item. (Acórdão nº 4.505/2014 – Primeira Câmara)

É indevida a utilização da ata de registro de preços por quaisquer interessados – incluindo o próprio gerenciador, os órgãos participantes e eventuais caronas, caso tenha sido prevista a adesão para órgãos não participantes – para aquisição separada de itens de objeto adjudicado por preço global de lote ou grupo para os quais o fornecedor convocado para assinar a ata não tenha apresentado o menor preço na licitação. (Acórdão nº 1.893/2017 – Plenário)

Comentando a questão, Eliana Goulart Leão criticou severamente a medida. Primeiro, por considerar inadequada a expressão "total do item", porque, "mesmo que a licitação para registro de preços seja, no mais das vezes, por itens, este procedimento não é obrigatório por lei, podendo haver certames para o registro de preços de apenas um objeto". Depois, por ser desfavorável à subdivisão em lotes e quantidade mínima:

> Outra medida totalmente inconveniente permitida [...] é a subdivisão da quantidade total em lotes, providência impossível em função da essência do sistema de registro de preços. Como já foi comentado, o edital da concorrência exige comprovação da capacidade dos licitantes para fornecimento de quantidades aproximadas do objeto, o que já demonstra a inviabilidade de divisão desse total em números fixos, exatos. Além do mais, em cada fornecimento geralmente são exigidos números diferentes do objeto, que, no caso da existência de 'lotes', poderão não coincidir com a quantidade compreendida nestes.[161]

§§1º e 2º do art. 8º

> *§1º No caso de serviços, a divisão considerará a unidade de medida adotada para aferição dos produtos e resultados, e será observada a demanda específica de cada órgão ou entidade participante do certame. (Redação dada pelo Decreto nº 8.250, de 2014)*
>
> *§2º Na situação prevista no §1º, deverá ser evitada a contratação, em um mesmo órgão ou entidade, de mais de uma empresa para a execução de um mesmo serviço, em uma mesma localidade, para assegurar a responsabilidade contratual e o princípio da padronização.*

A divisão será ainda mais complicada quando se pensa em contratar serviços. Segundo o dispositivo, observar-se-á, preliminarmente, a unidade de medida adotada para aferição dos resultados esperados, ou seja, deverá ser considerada, de

---

[161] LEÃO, Eliana Goulart. *O sistema de registro de preços*: uma revolução nas licitações. 2. ed. rev. e atual. Brasília: Brasília Jurídica, 2001. p. 101.

plano, a maneira de aferição qualitativa da execução contratual, para depois se avaliar a demanda específica de cada ente participante do SRP.

Interessante e prudentemente, o §2º aconselha à não contratação, numa mesma unidade, de mais de uma empresa para execução de um serviço idêntico num mesmo local, visando a assegurar a responsabilidade contratual, em face da natureza personalíssima da execução. A recomendação tem sentido, pois, diferentemente do que ocorre com o fornecimento de bens, normalmente produzidos em processo industrial com as mesmas características, nos serviços predominam, de regra, peculiaridades individuais.

Nesse sentido, observou Paulo Sérgio de Monteiro Reis:

> Assim, a contratação de um único prestador do serviço é recomendada para que se consiga obter a necessária padronização dos resultados. Em se tratando, no entanto, do mesmo serviço, porém, a ser realizado em localidades diversas, nada impede que mais de um fornecedor seja contratado, pois desaparecem os argumentos acima relacionados.[162]

Do mesmo modo, José Carlos Baroni:

> No tocante aos serviços, a questão é mais complexa em razão das obrigações de fazer decorrentes dos ajustes, exigindo um melhor detalhamento dos encargos que recaem sobre o contratado. Deverá se estabelecer unidade de medida semelhante àquelas utilizadas no setor privado, cujo projeto básico deverá observar as prescrições gerais, inclusive vedações [...], de observância obrigatória. A unidade de medida adotada (metro quadrado, quilometro percorrido, exame realizado, refeições preparadas, etc.) deverá estar devidamente fundamentada em razão de questões técnicas científicas, mas também adequada aos resultados esperados pelos órgãos e entidades. [...] pelas características das obrigações, deverão ser levadas em consideração também questões relacionadas com a padronização (atendendo aos pressupostos do art. 15, inciso I, da Lei nº 8.666/93),

---

[162] REIS, Paulo Sérgio de Monteiro. A nova regulamentação do sistema de registro de preços federal. *ILC – Informativo de Licitações e Contratos*, v. 8, n. 92, p. 846-850, out. 2001.

como também da individualização do contratado, para efeito de assegurar-se a responsabilidade contratual, consistente em questões técnico-profissionais. Assim, deverão ser evitados vários executores (detentores da ARP) para um mesmo serviço num mesmo órgão ou entidade. Isto não significa, entretanto, vedação absoluta.[163]

Contudo, caso a contratação nesses moldes seja considerada necessária, é de vital importância delimitar precisamente as áreas ou âmbitos de atuação.

Art. 9º, incs. I a XI e §3º

Art. 9º *O edital de licitação para registro de preços observará o disposto nas Leis nº 8.666, de 1993, e nº 10.520, de 2002, e contemplará, no mínimo:*

I – a especificação ou descrição do objeto, que explicitará o conjunto de elementos necessários e suficientes, com nível de precisão adequado para a caracterização do bem ou serviço, inclusive definindo as respectivas unidades de medida usualmente adotadas;

II – estimativa de quantidades a serem adquiridas pelo órgão gerenciador e órgãos participantes;

III – estimativa de quantidades a serem adquiridas por órgãos não participantes, observado o disposto no §4º do art. 22, no caso de o órgão gerenciador admitir adesões;

IV – quantidade mínima de unidades a ser cotada, por item, no caso de bens;

V – condições quanto ao local, prazo de entrega, forma de pagamento, e nos casos de serviços, quando cabível, frequência, periodicidade, características do pessoal, materiais e equipamentos a serem utilizados, procedimentos, cuidados, deveres, disciplina e controles a serem adotados;

---

[163] BARONI, José Carlos. *O sistema de registro de preços.* Ribeirão Preto: Ed. Ibrap, 2008. p. 69.

VI – prazo de validade do registro de preço, observado o disposto no caput do art. 12;

VII – órgãos e entidades participantes do registro de preço;

VIII – modelos de planilhas de custo e minutas de contratos, quando cabível;

IX – penalidades por descumprimento das condições;

X – minuta da ata de registro de preços como anexo; e

XI – realização periódica de pesquisa de mercado para comprovação da vantajosidade. [...]

§3º A estimativa a que se refere o inciso III do caput não será considerada para fins de qualificação técnica e qualificação econômico-financeira na habilitação do licitante.

Em função das características especiais do SRP, o redator da norma regulamentar percebeu a necessidade de indicar elementos próprios para elaboração do edital da licitação, além daqueles já estabelecidos nas leis n⁰ 8.666/93 (art. 40) e n⁰ 10.520/02 (art. 4º, inc. III).

A tarefa de elaboração de editais licitatórios é, incontestavelmente, das mais difíceis. O edital é o instrumento oficial por intermédio do qual a Administração leva ao conhecimento público a abertura de um procedimento licitatório. Sua elaboração deve ser extremamente cuidadosa, uma vez que se constitui na peça básica para a formalização do contrato a ser celebrado com adjudicatário.

O art. 40 da Lei n⁰ 8.666/93 prescreve todos os itens obrigatórios do edital.[164] O inc. III do art. 4º da Lei n⁰ 10.520/02

---

[164] Lei n⁰ 8.666/93: "Art. 40. O edital conterá no preâmbulo o número de ordem em série anual, o nome da repartição interessada e de seu setor, a modalidade, o regime de execução e o tipo da licitação, a menção de que será regida por esta Lei, o local, dia e hora para recebimento da documentação e proposta, bem como para início da abertura dos envelopes, e indicará, obrigatoriamente, o seguinte: I – objeto da licitação, em descrição sucinta e clara; II – prazo e condições para assinatura do contrato ou retirada dos instrumentos, como previsto no artigo 64 desta Lei, para execução do contrato e para entrega do objeto da licitação; III – sanções para o caso de inadimplemento;

ART. 9º, INCS. I A XI E §3º | 143

apenas reafirma que do edital deverão constar todos os elementos definidos na forma do inc. I do art. 3º,[165] as normas que disciplinarem o procedimento e a minuta do contrato, quando for o caso.

Apesar de não constar expressamente, evidencia-se, da análise de todos os artigos que compõem o Capítulo III, que trata das competências do órgão gerenciador, que a ele compete a elaboração do edital licitatório. Contudo, parece lógico, para

---

IV – local onde poderá ser examinado e adquirido o projeto básico; V – se há projeto executivo disponível na data da publicação do edital de licitação e o local onde possa ser examinado e adquirido; VI – condições para participação na licitação, em conformidade com os artigos 27 a 31 desta Lei, e forma de apresentação das propostas; VII – critério para julgamento, com disposições claras e parâmetros objetivos; VIII – locais, horários e códigos de acesso dos meios de comunicação à distância em que serão fornecidos elementos, informações e esclarecimentos relativos à licitação e às condições para atendimento das obrigações necessárias ao cumprimento de seu objeto; IX – condições equivalentes de pagamento entre empresas brasileiras e estrangeiras, no caso de licitações internacionais; X – o critério de aceitabilidade dos preços unitário e global, conforme o caso, permitida a fixação de preços máximos e vedados a fixação de preços mínimos, critérios estatísticos ou faixas de variação em relação a preços de referência, ressalvado o disposto nos parágrafos 1º e 2º do artigo 48; (Redação dada pela Lei nº 9.648, DOU, 28 maio 1998) XI – critério de reajuste, que deverá retratar a variação efetiva do custo de produção, admitida a adoção de índices específicos ou setoriais, desde a data prevista para apresentação da proposta, ou do orçamento a que essa proposta se referir, até a data do adimplemento de cada parcela; (Redação dada pela Lei nº 8.883, DOU, 09 jun. 1994) XII – (Vetado) (Redação dada pela Lei nº 8.883, DOU, 09 jun. 1994) XIII – limites para pagamento de instalação e mobilização para execução de obras ou serviços que serão obrigatoriamente previstos em separado das demais parcelas, etapas ou tarefas; XIV – condições de pagamento, prevendo: a) prazo de pagamento, não superior a trinta dias, contado a partir da data final do período de adimplemento de cada parcela; (Redação dada pela Lei nº 8.883, DOU, 09 jun. 1994) b) cronograma de desembolso máximo por período, em conformidade com a disponibilidade de recursos financeiros; c) critério de atualização financeira dos valores a serem pagos, desde a data final do período de adimplemento de cada parcela até a data do efetivo pagamento; (Redação dada pela Lei nº 8.883, DOU, 09 jun. 1994) d) compensações financeiras e penalizações, por eventuais atrasos, e descontos, por eventuais antecipações de pagamentos; e) exigência de seguros, quando for o caso; XV – instruções e normas para os recursos previstos nesta Lei; XVI – condições de recebimento do objeto da licitação; XVII – outras indicações específicas ou peculiares da licitação".

[165] Lei nº 10.520/02: "Art. 3º A fase preparatória do pregão observará o seguinte: I – a autoridade competente justificará a necessidade de contratação e definirá o objeto do certame, as exigências de habilitação, os critérios de aceitação das propostas, as sanções por inadimplemento e as cláusulas do contrato, inclusive com fixação dos prazos para fornecimento".

a completeza do edital, que os órgãos participantes também façam parte dessa tarefa.

É o que também sugere Paulo Sérgio de Monteiro Reis:

> A minuta elaborada pelo gerenciador deverá ser submetida à apreciação dos participantes, que darão conformidade ou solicitarão ajustes, especialmente em relação à definição do objeto, aos seus quantitativos e a todas as demais condições indicadas fundamentalmente no edital e no termo de referência.[166]

Este art. 9º do decreto regulamentar procura detalhar os itens que compõem o edital, adaptando-os, quando necessário, às características e nuances do registro de preços.

O inc. I indica a natural necessidade de definição do objeto (com descrição detalhada e especificações), calcando-se nas observações previstas nos incs. I e II do §7º do art. 15 da Lei nº 8.666/93 (que está voltado somente para compras), impondo, para a sua caracterização, a explicitação do conjunto de elementos, com bom nível de precisão, mediante técnicas quantitativas de estimação, com a definição das respectivas unidades de medida usualmente adotadas (comprimento, capacidade, massa, tempo e volume).

Pelas peculiaridades do SRP, a definição de quantidades, no caso de compras, é de fundamental importância. Assim, nessa tarefa, são curiais a indicação de expectativa de consumo, a definição de lotes (se for o caso)[167] [168] e a quantidade mínima de unidades.

---

[166] REIS, Paulo Sérgio de Monteiro. *Sistema de registro de preços*: uma forma inteligente de contratar – Teoria e prática. Belo Horizonte: Fórum, 2020. p. 85.

[167] *Vide* que o art. 8º registra que o órgão gerenciador poderá dividir a quantidade total do item em lotes, quando técnica e economicamente viável, para possibilitar maior competitividade, observada a quantidade mínima, o prazo e o local de entrega ou de prestação dos serviços.

[168] Definindo como o produto deve estar acondicionado, como exemplo: caixa com 24 latas, pacote com 12 rolos etc.

No que concerne aos serviços, essa descrição far-se-á por intermédio do projeto básico, no caso de concorrência, ou do termo de referência, na hipótese de pregão.

Nessa contextura, preocupado com as especificidades do SRP, o elaborador do decreto dispôs, no que se refere à estimativa de quantidade no edital, que:

a) deverão ser consideradas as possíveis aquisições do órgão gerenciador e órgãos participantes (inc. II), elencando-se as quantidades mínimas de unidades a serem cotadas, por itens, no caso de bens (inc. VI); e

b) na hipótese de o órgão gerenciador admitir adesões, hão de ser levadas em conta também as quantidades a serem adquiridas pelos órgãos não participantes, observando-se o disposto no §4º do art. 22 (que impõe que a previsão desse quantitativo não poderá exceder, na totalidade, ao dobro do quantitativo de cada item registrado na ARP para o órgão gerenciador e para os órgãos participantes, independentemente do número de órgãos não participantes que aderirem) (inc. III).

Apropriadamente, Jacoby Fernandes recomenda, nesse caso, que seja apenas indicado o limite máximo estabelecido no próprio decreto (art. 22, §4º), diante da natural inexistência de qualquer estimativa, já que as adesões de não participantes são supervenientes:

A propósito, somente o desconhecimento da prática do sistema é que leva a prever-se que o gerenciador ou o participante devem prever estimativa de consumo de caronas. É conveniente lembrar que quanto mais adesões ocorrerem melhor para o fornecedor, mas, sobretudo, melhor para a Administração que reduz os custos das licitações e aumenta a oportunidade de vantagens dos fornecedores pelas expectativas dos fornecedores. Note-se: na ausência de informações seguras o que se recomenda é informar ao órgão gerenciador que não existem estimativas sobre a adesão dos órgãos não participantes, ficando desde já estabelecido que o limite é o previsto no art. 22, §4º.[169]

Sobre a matéria, assente-se que o TCU firmou posição no sentido de que, além dos quantitativos, os órgãos (participantes e não participantes) também deverão inserir no processo de licitação a justificativa da pertinência das restrições, especificações e requisitos às suas necessidades e peculiaridades:

> Na condição de participante, bem como de adquirente não participante (mediante adesão), em licitações pelo Sistema de Registro de Preços, os órgãos e entidades da Administração Pública Federal devem fazer constar do processo administrativo de contratação, além de justificativa sobre os quantitativos solicitados, justificativa acerca da pertinência das restrições, das especificações e dos requisitos dispostos no edital às suas necessidades e peculiaridades, em obediência ao art. 6º, caput, do Decreto nº 7.892/2013 c/c artigos 3º, caput, e 15, §7º, incisos I e II, da Lei nº 8.666/1993. (Acórdão nº 248/2017 – Plenário)

Convém observar, consoante preconiza o §3º, que as estimativas não deverão ser consideradas para fins de qualificação técnica e qualificação econômico-financeira na habilitação do licitante.

A análise do inc. III – que, ao indicar a necessidade de previsão no instrumento convocatório de quantidades a serem adquiridas por órgãos não participantes, determina a observação do disposto no §4º do art. 22, mencionando expressamente "no caso de o órgão gerenciador admitir adesões" – impõe ainda que se infira que o órgão gerenciador poderá estabelecer de plano no edital a impossibilidade de adesões às suas atas.

Além dos elementos anteriormente listados, o edital deverá ainda contemplar obrigatoriamente:

---

[169] FERNANDES, Jorge Ulisses Jacoby. *Sistema de registro de preços e pregão presencial e eletrônico*. 6. ed. Belo Horizonte: Fórum, 2015. p. 316.

ART. 9º, INCS. I A XI E §3º | 147

1. Condições quanto ao local, prazo de entrega, forma de pagamento, e, nos casos de serviços, quando cabível, frequência, periodicidade, características do pessoal, materiais e equipamentos a serem utilizados, procedimentos, cuidados, deveres, disciplina e controles a serem adotados (inc. V).

Os incs. XIV e XVI do art. 40 da Lei nº 8.666/93 já davam curso ao assunto, bem como os incs. III e IV do art. 55 do mesmo diploma. Nesse caso, viu-se o redator do decreto na obrigatoriedade de adaptá-los ao SRP, além de reuni-los num único local.

2. Prazo de validade do registro de preço, observado o disposto no *caput* do art. 12, que dispõe que o período de validade da ARP não poderá ser superior a doze meses, incluídas as eventuais prorrogações[170] (inc. VI) (remete-se aos comentários ao art. 12).
3. Os órgãos e entidades participantes do registro de preço (inc. VII).

Na licitação de registro de preços há três espécies de atores: órgão gerenciador, órgãos participantes e órgãos não participantes ("caronas").

No edital, contudo, só deverão constar como atores, obviamente, o órgão gerenciador e os possíveis órgãos participantes, haja vista que os não participantes não integram os procedimentos iniciais, pois só "entrarão no jogo" ao se tornarem usuários da futura ata de registro de preços. São os denominados "caronas", descritos no decreto como "órgãos ou entidades da administração pública que, não tendo participado dos procedimentos iniciais da licitação, atendidos os requisitos

---

[170] Como determinado pelo inc. III do §3º do art. 15 da Lei nº 8.666/93: "§3º O sistema de registro de preços será regulamentado por decreto, atendidas as peculiaridades regionais, observadas as seguintes condições: [...] III – validade do registro não superior a um ano".

desta norma, fazem adesão à ata de registro de preços" (art. 2º, V).

4. Os modelos de planilhas de custo e minutas de contratos, quando cabíveis (inc. VIII).

A determinação positiva do ato já largamente adotado em licitações: o oferecimento de modelo de planilha para preenchimento por parte dos licitantes (que poderá ser disponibilizado em meio magnético, CDs, *pendrives* ou até por intermédio da internet), que facilita sobremaneira não só os trabalhos dos participantes das competições como os da comissão de licitação ou do pregoeiro.[171]

5. As penalidades a serem aplicadas por descumprimento dos compromissos assumidos (inc. IX).

Se a modalidade de licitação escolhida for a concorrência, as penalidades serão as elencadas no art. 87 da Lei nº 8.666/93, a saber: advertência; multa; suspensão temporária de participação em licitação e impedimento de contratar com a Administração, por prazo não superior a 2 (dois) anos; e declaração de inidoneidade para licitar ou contratar com a Administração Pública enquanto perdurarem os motivos determinantes da punição ou até que seja promovida a reabilitação perante a própria autoridade que aplicou a penalidade, que será concedida sempre que o contratado ressarcir a Administração pelos prejuízos resultantes e após decorrido o prazo da sanção aplicada com base no inciso anterior.

Caso a modalidade licitatória seja o pregão, as sanções são as previstas no art. 7º da Lei nº 10.520/02: multa; impedimento de licitar e contratar com a Administração; e descredenciamento no Sicaf, ou nos sistemas de cadastramento de fornecedores,

---

[171] No pregão eletrônico, regulamentado pelo Decreto nº 3.697/00, a planilha é disponibilizada no portal (sistema eletrônico).

pelo prazo de até 5 (cinco) anos, devendo ajustar-se a cada caso concreto.

Evidentemente, o edital deverá também apontar as regras de interposição de recurso administrativo, local, prazos, autoridades a quem deve ser dirigido e prazos de decisão, além dos efeitos dos recursos.

6. A minuta da ata de registro de preços, que deverá constar obrigatoriamente como anexo (inc. X).

Com o intuito de dar transparência ao procedimento, já na fase inicial, compondo o edital, deverão existir informações completas sobre como será o texto da ata de registro de preços (que o redator do decreto, na falta de outro nome, resolveu chamar de "minuta"), de modo que os interessados tenham um panorama completo de como o registro ocorrerá.

7. A realização periódica de pesquisa de mercado para comprovação das vantagens de contratar através dos preços registrados na ARP (inc. XI).

Conforme já visto, o inc. IV do art. 5º indigita como tarefas do órgão gerenciador a realização de pesquisa de mercado para identificação do valor estimado da licitação e a consolidação dos dados das pesquisas de mercado realizadas pelos órgãos e entidades participantes.

Como observamos, as expressões "pesquisa de mercado" e "pesquisa de preços" se confundem na busca de um único objetivo, evidenciando-se que a meta é o atingimento de um espelho real do preço que o mercado está oferecendo para o produto pretendido, de modo que não sejam registrados preços superiores aos usualmente praticados.

Nesse sentido, com a intenção de diferenciar as expressões, o TCU anota que a *pesquisa de preços* é o procedimento prévio para a verificação de existência de recursos suficientes para cobrir despesas decorrentes de contratação pública, servindo de base também para confronto e exame de propostas em licitação; e a *pesquisa de mercado* é o procedimento para verificação das exigências e condições do mercado fornecedor do objeto a licitar, como especificação, qualidade, desempenho, prazos de entrega, prestação, execução e garantia.[172]

Sobre a matéria, conforme já expomos, o TCU tem reiteradamente apontado que as estimativas de preços prévias às licitações devem estar baseadas em *cesta de preços aceitáveis*, como os preços oriundos de pesquisas diretas com fornecedores ou em seus catálogos, valores adjudicados em licitações de órgãos públicos, sistemas de compras oficiais, valores registrados em atas de registro de preços, avaliação de contratos recentes ou vigentes, compras e contratações realizadas por corporações privadas em condições idênticas ou semelhantes (acórdãos nºs 2.170/2007 – Plenário, 819/2009 – Plenário, 2.637/2015 – Plenário, entre outros).

Nesse cenário, para atender ao recomendado pela Corte de Contas, o Governo federal editou inicialmente a IN nº 5/2014, dispondo sobre os procedimentos administrativos básicos para a realização de pesquisa de preços para a aquisição de bens e contratação de serviços em geral, tendo, posteriormente, aperfeiçoando as medidas, publicado a Instrução Normativa nº 73, de 5.8.2020, com o mesmo escopo (remete-se aos comentários ao inc. IV do art. 5º).

Por fim, registre-se que o decreto anterior ainda indicava como item obrigatório do edital a fixação do preço unitário máximo que a Administração se disporia a pagar por contratação, consideradas as regiões e as estimativas de quantidades a serem adquiridas, mas tal exigência foi suprimida no decreto em análise. Assim, como a Lei nº 8.666/93 a prescreve como alternativa possível, mas não obrigatória, conforme preconizado no inc. X do art. 40, a indicação no edital ficará ao alvedrio da Administração.

---

[172] TCU. *Licitações e contratos* – Orientações e jurisprudência do TCU. 4. ed. Brasília: TCU, 2010.

§1º do art. 9º

> *§1º O edital poderá admitir, como critério de julgamento, o menor preço aferido pela oferta de desconto sobre tabela de preços praticados no mercado, desde que tecnicamente justificado.*

O dispositivo busca o acolhimento à posição já solidificada na doutrina quanto ao oferecimento de preços em licitações baseado em desconto sobre as tabelas de preços praticados no mercado. A prática, a nosso ver, é válida para qualquer licitação, independentemente de modalidade, tipo ou maneira. O que a Lei nº 8.666/93 não permite é a proposição com descontos sobre preços de outros licitantes em certames licitatórios regulares. Exemplo clássico seria a licitação para fornecimento de passagens aéreas, em que a oferta de desconto sobre preços de mercado cai como uma luva.

Flávia Daniel Vianna registra que o dispositivo corrige falha técnica do decreto anterior, que fazia menção a "critério de adjudicação", passando agora a mencionar "critério de julgamento", já que não há adjudicação em licitação de registro de preços.

No entanto, a atenta jurista observa:

> No caso do pregão eletrônico, não há como "pular" a fase de adjudicação – tanto o sistema COMPRASNET quanto o do Banco do Brasil, se não for adjudicado, não passa para a próxima fase. Assim a adjudicação terá que ser efetuada nos sistemas eletrônicos em vista da falha do próprio sistema.[173]

---

[173] VIANNA, Flavia Daniel. O novo Sistema de Registro de Preços. *Vianna & Consultores Associados*. Disponível em: http://www.viannaconsultores.com.br/novo-sistema-de-registro-de-pre%C3%A7os. Acesso: em 12 jun. 2014.

§2º do art. 9º

> *§2º Quando o edital prever o fornecimento de bens ou prestação de serviços em locais diferentes, é facultada a exigência de apresentação de proposta diferenciada por região, de modo que aos preços sejam acrescidos custos variáveis por região.*

O art. 8º do decreto admite a divisão da quantidade total do item em lotes, quando técnica e economicamente viável, com o intuito de maximizar a competitividade, observada a quantidade mínima, o prazo e o local de entrega ou de prestação dos serviços.

Portanto, quando o edital estiver voltado para contratações subdivididas e, logicamente, estabelecer a entrega dos bens ou a prestação dos serviços em vários locais, poderá autorizar a apresentação de propostas diferenciadas por locais, atendendo, assim, às demandas e às características das regiões.

§4º do art. 9º

> *§4º O exame e a aprovação das minutas do instrumento convocatório e do contrato serão efetuados exclusivamente pela assessoria jurídica do órgão gerenciador. (Incluído pelo Decreto nº 8.250, de 2014)*

Com fundamento no parágrafo único do art. 38 da Lei nº 8.666/93,[174] que prevê que as minutas de editais, contratos, acordos, convênios ou ajustes devem ser previamente examinadas e aprovadas por assessoria jurídica da Administração,

---

[174] Art. 38 da Lei nº 8.666/93: "Parágrafo único. As minutas de editais de licitação, bem como as dos contratos, acordos, convênios ou ajustes devem ser previamente examinadas e aprovadas por assessoria jurídica da Administração".

este §4º determina a apreciação das minutas dos instrumentos convocatórios e dos contratos concernentes às licitações de registro de preços.

Pela contextualização do instrumento regulamentar, evidenciava-se que tal tarefa seria de incumbência da assessoria jurídica do órgão gerenciador. Todavia, para afastar qualquer dúvida, o Decreto nº 8.250/14 incluiu o parágrafo prevendo o óbvio: a tarefa compete apenas à assessoria jurídica do órgão gerenciador.

Note-se que o decreto não fez nenhuma menção à apreciação e aprovação jurídica da ata de registro de preços. Contudo, por se tratar de um ajuste lavrado à feição de um pré-contrato e firmado pelos participantes com a Administração, sustentamos que se trata também de documento passível de análise e aprovação jurídica.[175]

Sobre a aprovação jurídica dos editais licitatórios, convém trazer à baila considerações que fizemos noutro trabalho:[176]

A questão da avaliação jurídica do edital licitatório tem causado discussões de toda a ordem. Trata-se de exigência da Lei nº 8.666/93, aplicável subsidiariamente ao pregão, consoante o preconizado no parágrafo único do artigo 38.

Dita a regra legal que as minutas de editais, bem como as dos contratos, acordos, convênios ou ajustes, deverão ser previamente examinadas e aprovadas por assessoria jurídica da Administração.

Impende o reconhecimento de que a regra tem como finalidade evitar a descoberta de defeitos *a posteriori*, situação que, não raro, demandaria a invalidação do documento.

Nesse diapasão, fundamentado na ideia de que a aprovação pela assessoria jurídica não se trata de formalidade que se exaure em

---

[175] Com o mesmo entendimento, Joel de Menezes Niebuhr, que observa que "não poderia ser outra a conclusão, sob pena de se compactuar com inconsistências no regramento do rito do registro de preços" (NIEBUHR, Joel de Menezes. *Licitação pública e contrato administrativo*. 4. ed. Belo Horizonte: Fórum, 2015. p. 609).

[176] BITTENCOURT, Sidney. *Licitação passo a passo*: comentando todos os artigos da Lei nº 8.666/93 totalmente atualizada, levando também em consideração a Lei Complementar nº 123/06, que estabelece tratamento diferenciado e favorecido às microempresas e empresas de pequeno porte nas licitações públicas. 10. ed. rev., ampl. e atual. Belo Horizonte: Fórum, 2019.

si mesma, afirma Marçal Justen, com razão, que o essencial é a regularidade do ato, não a aprovação da assessoria jurídica. Sustenta o jurista, aliás, que a ausência de observância do disposto no parágrafo único (apreciação e aprovação jurídica) não é causa autônoma de invalidade da licitação.[177]

A nosso ver, a apreciação jurídica é requisito obrigatório para validade jurídica do edital ou contrato. Nesse sentido, entre outras abalizadas palavras, as lições de Carlos Ari Sundfeld: *[...] o órgão jurídico deve aprovar as minutas, o que lhe confere um poder decisório pouco usual nas atividades consultivas. A medida, radical, visa a assegurar ao máximo a observância do princípio da legalidade, tão desprezado pela Administração brasileira.*[178]

Todavia, apesar de emissão obrigatória, o parecer não necessariamente deverá ser seguido pela Administração. Marçal Justen, da mesma forma, reputa que o descumprimento da regra não nulifica o procedimento se o edital ou o contrato não possuía vício, posto que se configuraria tão somente a responsabilidade funcional para os agentes que deixaram de atender a formalidade.

Aliás, parte preponderante da doutrina especializada considera que a falta de aprovação jurídica, em si, pode não caracterizar vício, uma vez que o edital e o contrato, mesmo sem o aval do setor jurídico, podem estar corretos, o que levaria ao entendimento de que a inobservância ao disposto no parágrafo não seria causa de invalidação.

É voz corrente na melhor doutrina que o parecer jurídico não vincula o administrador público, porque se trata de mera opinião a ser adotada ou não. Nesse ponto, inclusive, já se manifestou o STF: "*[...] o parecer não é ato administrativo, sendo, quando muito, ato de administração consultiva, que visa a informar, elucidar, sugerir providências administrativas a serem estabelecidas nos atos de administração ativa*".

Julgado do STF adentrou na seara dos pareceres jurídicos emitidos para orientação dos administradores públicos, tendo-os categorizado de acordo com sua obrigatoriedade em relação à observância pelo administrador público e pela necessidade de constarem no processo administrativo. O julgado fez distinção de pareceres, distinguindo-os entre facultativos, obrigatórios e vinculantes. De acordo com a decisão da Corte Suprema, quando a consulta for facultativa, a autoridade não se vincula ao parecer proferido, sendo que seu poder de decisão

---

[177] JUSTEN FILHO, Marçal. *Comentários à Lei de Licitações e Contratos Administrativos*. 11. ed. São Paulo: Dialética, 2007. p. 378.

[178] As decisões do TCU convergem nesse sentido, sempre indicando a observância da obrigatoriedade do exame e aprovação de minutas de editais e de acordos pela assessoria jurídica do órgão, ante o que dispõe o parágrafo em comento (exemplos: decisões nºs 107/95-2, 359/95-P, 319/96-P, 167/96-1, 91/97-P e 584/97-1).

§4º DO ART. 9º | 155

não se altera pela manifestação do órgão consultivo; na hipótese de consulta obrigatória, a autoridade administrativa se vincula a emitir o ato tal como submetido à consultoria, com parecer favorável ou contrário, e se pretender praticar ato de forma diversa da apresentada à consultoria, deverá submetê-lo a novo parecer; quando, por fim, a lei estabelece a obrigação de decidir à luz de parecer vinculante, essa manifestação de teor jurídico deixa de ser meramente opinativa e o administrador não poderá decidir senão nos termos da conclusão do parecer ou, então, não decidir.[179]

Consoante temos asseverado – com manutenção após o julgado da Corte Maior – os pareceres referentes aos editais e contratos se alojam nos casos de pareceres obrigatórios, tendo o agente público liberdade para não cumprir o opinamento do parecerista, podendo emitir o ato da forma que foi submetido à consultoria, sendo obrigado, entrementes, caso pretenda praticar o ato de maneira diversa da apresentada, a submetê-lo a novo parecer. Há, por conseguinte, total liberdade de ação da Administração para adotar o ato apresentado ao parecerista, não podendo, todavia, alterá-lo da forma em que foi submetido à análise jurídica, exceto se pedir novo parecer.[180]

É o que também colaciona Jair Santana, considerando o previsto no §2º do art. 42 da Lei nº 9.784/99, que estabelece que, se um parecer obrigatório e não vinculante deixar de ser emitido no prazo fixado (o *caput* do artigo determina o prazo máximo de 15 dias), o processo poderá ter prosseguimento e ser decidido com sua dispensa, sem prejuízo da responsabilidade de quem se omitiu no atendimento:

Seja como for, o parecer do assessor jurídico, entretanto, via de regra não tem caráter vinculativo, não estando a Administração Pública obrigada a segui-lo, desde que tenha respaldo legal. Tanto é verdade, que, se o assessor jurídico não respeitar o prazo fixado no caput do artigo 42, deve a autoridade superior valer-se do disposto no §2º do mesmo artigo, e dar prosseguimento ao certame. A não vinculação do parecer jurídico explica-se pelo fato de que o

---

[179] MS nº 24.631/DF. Rel. Min. Joaquim Barbosa. *DJe*, 31 jan. 2008.

[180] Diante dos termos da Lei nº 8.666/93, é certo que surgirão entendimentos no sentido de que a apreciação jurídica dos editais se enquadraria nos casos de pareceres vinculantes. Relembramos, todavia, que doutrina de peso entende não existir no ordenamento jurídico brasileiro hipóteses de pareceres dessa categoria, como exemplo, Maria Sylvia Di Pietro, "[...] dizer que a autoridade pede um parecer e é obrigada a curvar-se àquele parecer, eu confesso que não conheço exemplos aqui no Direito brasileiro" (DI PIETRO, Maria Sylvia Zanella. Responsabilidade dos procuradores e assessores jurídicos da Administração Pública. *Boletim de Direito Administrativo – BDA*, jan. 2008. p. 6).

mencionado documento é opinião técnica, que visa nortear o administrador público na escolha da melhor conduta.[181]

Realmente, como observa o jurista, a doutrina tem encontrado dificuldades para distinguir entre pareceres vinculantes e não vinculantes. Dallari e Ferraz, em trabalho minucioso, assentiram que é deveras complicado entender a distinção *"pois parecer vinculante não é parecer: é decisão".*[182]

Ainda sobre a matéria, continua o jurisconsulto: *Devemos lembrar, no entanto, que o parecer é peça obrigatória do procedimento. Embora sua ausência não gere a nulidade daquele, seu conteúdo tem papel relevante, pois orienta o administrador, conferindo base jurídica ao edital. A ausência ou deficiência de regras claras a propósito da atuação do assessor jurídico tem, não raro, repercussões negativas de toda ordem, [...].*

Como é cediço, o parecer constitui ato pelo qual os órgãos consultivos emitem opinião sobre assuntos de sua competência. Consubstanciam, portanto, pontos de vista, integrando o processo de formação do ato.

A não vinculação do parecer jurídico explica-se, portanto, pelo fato de que se constitui apenas em opinião especializada que objetiva nortear o agente público na escolha de conduta.

No caso do parecer referente a análise jurídica da minuta do edital/contrato, entendemos que o mesmo é peça processual, muito embora sua ausência não determine a nulidade.

Com idêntico entendimento, Ronny Charles: *Realmente, o parecer emitido pelo órgão de assessoria jurídica serve para a orientação da decisão adotada pelo consulente, sendo também instrumento de verificação da legalidade, legitimidade e economicidade dos atos relacionados à gestão de recursos públicos. Contudo, embora o legislador tenha inovado, em relação ao que era prescrito pelo Decreto-Lei nº 2.300/86, tratando de "aprovação" das minutas, não nos parece que o prévio exame se caracterize como ato-condição, sem o qual perca validade a relação contratual pactuada.*[183]

Afirmando, de forma taxativa, que os pareceres têm natureza opinativa, de caráter obrigatório, porém não vinculante, tratando exatamente da questão das apreciações das minutas de editais e contratos, é interessantíssima a observação do jurista: *Essa assertiva é confirmada pela prática administrativa, já que ocorrem contratações ou publicações de editais que desrespeitam a remessa prévia dos autos ao*

---

[181] SANTANA, Jair Eduardo. *Pregão presencial e eletrônico.* 2. ed. Belo Horizonte: Fórum, 2010. p. 311.

[182] FERRAZ, Sérgio; DALLARI, Adilson. *Processo administrativo.* São Paulo: Malheiros, 2001. p. 125.

[183] TORRES, Ronny Charles L. de. *Leis de Licitações Públicas comentadas.* 3. ed. Salvador: JusPodivm, 2010. p. 145.

§4º DO ART. 9º

órgão *competente pelo assessoramento jurídico, para emissão de parecer, sem que isso cause necessariamente a anulação ou invalidação dos atos administrativos, pelos órgãos de controle. Se admitíssemos o parecer jurídico como vinculante, seria inequívoca a constatação de que todas as licitações, contratações, aditamentos e alterações contratuais, que prescindiram de tal manifestação, seriam inválidas. Mais ainda, significaria, a teor do §1º acima transcrito, que todos esses procedimentos apenas poderiam ter continuidade após a emissão do parecer jurídico, imposição abundantemente desmentida pela realidade fática, sendo, infelizmente, comum a realização de aditamentos contratuais sem a prévia oitiva ao* órgão *de assessoramento jurídico.*

Em função do exposto, concluímos, trazendo à colação vetusto ensinamento do saudoso mestre Oswaldo Aranha Bandeira de Mello – mantido na íntegra na oportuna Decisão MS nº 24.631/DF, do STF, já mencionada –, que o parecer emitido pelas consultorias jurídicas referentes às minutas de editais licitatórios e acordos administrativos enquadram-se efetivamente na categoria de obrigatórios, e não na de vinculantes, devendo ser encarada como obrigatória apenas a solicitação: *O parecer é obrigatório quando a lei o exige como pressuposto para a prática do ato final. A obrigatoriedade diz respeito à solicitação do parecer (o que não lhe imprime caráter vinculante).*[184]

Outra matéria de grande importância, trazida à baila constantemente, diz respeito à responsabilidade do aprovador jurídico, no que tange à sua manifestação acerca da minuta de edital ou de contrato. A questão gira em torno da existência ou não de responsabilidade solidária.

Alguns doutrinadores se debruçaram sobre o tema, e todos, de uma forma ou de outra, concluíram pela solidariedade, com a consequente punição, quando o profissional tem postura que afronte o direito ou mesmo com a adoção de procedimentos não fundados em documentos ou outras provas.

No momento, a matéria encontra-se equacionada, em função do entendimento do STF que rejeitou a pretensão do TCU de responsabilizar solidariamente advogado de certa estatal com o agente público que, baseado em seu parecer,

---

[184] BANDEIRA DE MELLO, Oswaldo Aranha. *Princípios gerais de direito administrativo.* Rio de Janeiro: Forense, 1969. p. 575.

SIDNEY BITTENCOURT
LICITAÇÃO DE REGISTRO DE PREÇOS – COMENTÁRIOS AO DECRETO Nº 7.892, DE 23 DE JANEIRO DE 2013...

decidiu pela contratação direta, considerado posteriormente irregular. Na decisão, concluiu a Corte Superior pela:

> impossibilidade, dado que o parecer não é ato administrativo, sendo, quando muito, ato de administração consultiva, que visa informar, elucidar, sugerir providências administrativas a serem estabelecidas. O advogado somente será civilmente responsável pelos danos causados, se decorrentes de erro grave, inescusável, ou de ato ou omissão praticado com culpa [...]. (Decisão proferida no MS nº 24.073-3/DF)

Contudo, em que pese a posição do STF, no âmbito do TCU permanece o entendimento de que a responsabilidade do autor de um parecer jurídico se bifurca em dois campos: (a) no primeiro, voltado para a responsabilidade do advogado pelo exercício profissional da advocacia, cabendo ao Conselho Seccional da OAB, nos termos do art. 32 da Lei nº 8.906/94, decidir sobre a aplicação de eventuais sanções disciplinares, nas hipóteses especificadas no Estatuto da Advocacia; e (b) no segundo, voltado para a eventual responsabilidade do autor de parecer jurídico que esteja relacionado com a regularidade da gestão pública, considerando que o parecer, via de regra, é acatado pelo ordenador de despesas, fundamentando a decisão adotada, estando, por conseguinte, inserido no âmbito de verificação da legalidade, da legitimidade e da economicidade.

Ronny Charles anotou sobre a questão:

> Ignorando ou evitando a percepção do entendimento adotado pelo STF no MS 24.073-3/DF, o TCU, ainda em 2003, já havia cristalizado em suas manifestações o argumento de que era cabível sim a responsabilização do parecerista, embora esta devesse ocorrer apenas em situações de confecção de um "parecer desarrazoado, omisso ou tendencioso". Em outros julgados, identifica-se o entendimento de que a responsabilização do parecerista jurídico seria cabível, apenas, quando se comprovasse que, na emissão da opinião, houve erro grosseiro ou inescusável, com dolo ou culpa, em sentido largo. [...] Diante da leitura do artigo 32 da Lei nº 8.906/94, ao estatuir que o advogado é responsável pelos atos que, no exercício profissional, praticar com dolo ou culpa, parece evidente que eventual erro grosseiro pode caracterizar o ato doloso ou culposo gerador de responsabilidades,

motivo pelo qual é possível sim a responsabilização; contudo, esta deve sempre ser realizada perante o respectivo órgão competente.[185]

Art. 10

Art. 10. *Após o encerramento da etapa competitiva, os licitantes poderão reduzir seus preços ao valor da proposta do licitante mais bem classificado.*

Parágrafo único. A apresentação de novas propostas na forma do caput não prejudicará o resultado do certame em relação ao licitante mais bem classificado.

Este art. 10 deve ser apreciado em conjunto com o estabelecido no art. 11, apesar de os dispositivos estarem posicionados em capítulos diversos no decreto.

Vide que o inc. II do art. 11, ao ultimar detalhes sobre a prática do registro de preços após a homologação do resultado da licitação, informa que será incluído na respectiva ARP, na forma de anexo, o registro dos licitantes que aceitarem cotar os bens ou serviços com preços iguais aos do licitante vencedor. Depois, no §1º do mesmo art. 11, assinala que tal registro tem por objetivo a formação de cadastro de reserva, no caso de exclusão do primeiro colocado da ata.

É para a formação desse cadastro de reserva que o art. 10 em comento prevê que, após o encerramento da etapa competitiva, os licitantes poderão reduzir seus preços ao valor da proposta do licitante mais bem classificado.

Ressalta-se, no entanto, a necessária observação anterior dos procedimentos elencados na Lei Complementar nº 123/06, que dizem respeito às regras de preferência para microempresas, empresas de pequeno porte e cooperativas.

---

[185] TORRES, Ronny Charles L. de. *Leis de Licitações Públicas comentadas.* 10. ed. Salvador: JusPodivm, 2019. p. 540.

Destarte, após as providências referentes ao tratamento diferenciado, o condutor do certame permitirá a recepção de novas propostas de licitantes que tenham interesse em igualar o preço vencedor, com vistas à formação de um cadastro de reserva.

Que fique claro, contudo, que o vencedor do certame não verá prejudicado o seu registro na ARP, tampouco o seu direito subjetivo de prevalência nas contratações, pois a Administração só poderá valer-se desse cadastro de reserva caso, em algum momento de vigência da ARP, o registrado não tenha condições de cumprir suas obrigações, mormente nas hipóteses previstas nos arts. 20 e 21, que tratam do cancelamento do registro de preços,[186] quando então poderá convocar aqueles que estejam inscritos para fazê-lo, obedecida a ordem de classificação obtida na licitação (remete-se aos comentários ao art. 11).

Impende ressaltar que foi suprimida a viabilidade de registro de preços superiores ao do vencedor que vigorava no regramento revogado,[187] tendo o redator do regulamento sido bastante feliz nessa supressão, uma vez que, operacionalmente, o procedimento causava inúmeros problemas, não só porque

---

[186] "Art. 20. O registro do fornecedor será cancelado quando: I – descumprir as condições da ata de registro de preços; II – não retirar a nota de empenho ou instrumento equivalente no prazo estabelecido pela Administração, sem justificativa aceitável; III – não aceitar reduzir o seu preço registrado, na hipótese deste se tornar superior àqueles praticados no mercado; ou IV – sofrer sanção prevista nos incisos III ou IV do caput do art. 87 da Lei nº 8.666, de 1993, ou no art. 7º da Lei nº 10.520, de 2002. Parágrafo único. O cancelamento de registros nas hipóteses previstas nos incisos I, II e IV do *caput* será formalizado por despacho do órgão gerenciador, assegurado o contraditório e a ampla defesa. Art. 21. O cancelamento do registro de preços poderá ocorrer por fato superveniente, decorrente de caso fortuito ou força maior, que prejudique o cumprimento da ata, devidamente comprovados e justificados: I – por razão de interesse público; ou II – a pedido do fornecedor".

[187] Constava no decreto revogado: "Art. 6º [...] Parágrafo único. Excepcionalmente, a critério do órgão gerenciador, quando a quantidade do primeiro colocado não for suficiente para as demandas estimadas, desde que se trate de objetos de qualidade ou desempenho superior, devidamente justificada e comprovada a vantagem, e as ofertas sejam em valor inferior ao máximo admitido, poderão ser registrados outros preços".

permitia preços diversos para o mesmo objeto,[188] mas também em face do critério altamente subjetivo para a excepcionalidade: a demonstração de que se tratava de objeto de qualidade ou desempenho superior. Assim, com a nova regra, a ARP só comportará pluralidade de registros de preços iguais aos do vencedor da licitação.

Art. 11

CAPÍTULO VI – DO REGISTRO DE PREÇOS E DA VALIDADE DA ATA

Art. 11. *Após a homologação da licitação, o registro de preços observará, entre outras, as seguintes condições:*

I – serão registrados na ata de registro de preços os preços e quantitativos do licitante mais bem classificado durante a fase competitiva; (Redação dada pelo Decreto n° 8.250, de 2014)

II – será incluído, na respectiva ata na forma de anexo, o registro dos licitantes que aceitarem cotar os bens ou serviços com preços iguais aos do licitante vencedor na sequência da classificação do certame, excluído o percentual referente à margem de preferência, quando o objeto não atender aos requisitos previstos no art. 3° da Lei n° 8.666, de 1993; (Redação dada pelo Decreto n° 8.250, de 2014)

III – o preço registrado com indicação dos fornecedores será divulgado no Portal de Compras do Governo Federal e ficará disponibilizado durante a vigência da ata de registro de preços; e (Redação dada pelo Decreto n° 8.250, de 2014)

---

[188] Cristina Fortini e Fernanda Romanelli possuem ótica diferente, sustentando que a regra anterior melhor condizia com a ideia de registro de preços. Nesse viés, sugerem, inclusive, que estados e municípios a insiram em seus regulamentos: "É possível e salutar aos demais entes federados a regulamentação da possibilidade de inscrição de outros preços, ordenados de forma crescente, a serem usados ou não, a depender da conveniência e da adequação do valor" (FORTINI, Cristiana; ROMANELLI, Fernanda Piaginni. Aspectos gerais, a intenção para registro de preços (IRP) e considerações sobre os órgãos envolvidos. *In*: FORTINI, Cristiana. *Registro de preços*: análise da Lei n° 8.666/93, do Decreto Federal n° 7.892/13 e de outros atos normativos. 2. ed. Belo Horizonte: Fórum, 2014).

IV – a ordem de classificação dos licitantes registrados na ata deverá ser respeitada nas contratações. (Redação dada pelo Decreto nº 8.250, de 2014)

§1º O registro a que se refere o inciso II do caput tem por objetivo a formação de cadastro de reserva no caso de impossibilidade de atendimento pelo primeiro colocado da ata, nas hipóteses previstas nos arts. 20 e 21. (Redação dada pelo Decreto nº 8.250, de 2014)

§2º Se houver mais de um licitante na situação de que trata o inciso II do caput, serão classificados segundo a ordem da última proposta apresentada durante a fase competitiva. (Redação dada pelo Decreto nº 8.250, de 2014)

§3º A habilitação dos fornecedores que comporão o cadastro de reserva a que se refere o inciso II do caput será efetuada, na hipótese prevista no parágrafo único do art. 13 e quando houver necessidade de contratação de fornecedor remanescente, nas hipóteses previstas nos arts. 20 e 21. (Redação dada pelo Decreto nº 8.250, de 2014)

§4º O anexo que trata o inciso II do caput consiste na ata de realização da sessão pública do pregão ou da concorrência, que conterá a informação dos licitantes que aceitarem cotar os bens ou serviços com preços iguais ao do licitante vencedor do certame. (Incluído pelo Decreto nº 8.250, de 2014)

O dispositivo estabelece as condições para a formalização da ata de registro de preços (ARP), após a homologação da licitação.

Todo o preceptivo sofreu alterações ou inclusões por parte do Decreto nº 8.520/14.

Como preceitua inc. II do art. 2º do decreto em comento, a ARP configura documento vinculativo, obrigacional, com características de compromisso para futura contratação, no qual são registrados preços, fornecedores, órgãos participantes e condições a serem praticadas, conforme as disposições contidas no edital e propostas apresentadas.

ART. 11 | 163

Assim, concluída a licitação, com o ato de homologação, o licitante declarado vencedor firmará com o órgão gerenciador a ARP.

Após a assinatura da ARP, para cada compra ou serviço, o órgão licitador formalizará a contratação (por meio de um contrato administrativo ou de instrumento substitutivo equivalente, nos termos do art. 62 da Lei nº 8.666/93).

Os quatro incisos que compõem este art. 11 detalham alguns procedimentos a ocorrerem após o ato de homologação.

O inc. I prevê que serão registrados na ARP os preços e quantitativos do licitante vencedor do certame (ou seja, do mais bem classificado, como denominado no art. 13, e habilitado).

Por sua vez, o inc. II determina a inclusão "na respectiva ata, na forma de anexo" do registro dos licitantes que aceitarem cotar os bens ou serviços com preços iguais aos do licitante vencedor, na sequência da classificação do certame, excluído o percentual referente à margem de preferência,[189] quando o

---

[189] A Lei nº 12.349/10 alterou a Lei nº 8.666/93, fazendo constar preferências voltadas para produtos manufaturados e para serviços nacionais que venham a atender a normas técnicas brasileiras. Nesse curso, a Lei nº 8.666 passou a autorizar a preterição de produtos manufaturados e serviços estrangeiros oferecidos por preços menores, em benefício de nacionais de custo mais elevado, fundando-se na necessidade de desenvolvimento da indústria nacional. Assim, o §5º dispôs que, nos processos licitatórios, poderá a Administração estabelecer uma margem de preferência para produtos manufaturados e para serviços nacionais que atendam a normas técnicas brasileiras, devendo tal margem ser estabelecida, como impõe o §6º, em função de estudos revistos periodicamente, em prazo não superior a 5 (cinco) anos, que levem em consideração: a) geração de emprego e renda; b) efeito na arrecadação de tributos federais, estaduais e municipais; c) desenvolvimento e inovação tecnológica realizados no Brasil; d) custo adicional dos produtos e serviços; e f) em suas revisões, análise retrospectiva de resultados. O §7º preconiza que a Administração poderá estabelecer margem de preferência adicional para os produtos manufaturados e serviços nacionais resultantes de desenvolvimento e inovação tecnológica realizados no Brasil, ou seja, poderá o Poder Público estatuir uma margem de preferência cumulativa com a margem de preferência normal (consoante o Decreto nº 7.546/11, entendida como o diferencial de preços entre produtos manufaturados nacionais e serviços nacionais, resultantes de desenvolvimento e inovação tecnológica realizados no país, e produtos manufaturados estrangeiros e serviços estrangeiros, que permite assegurar preferência à contratação de produtos manufaturados nacionais e serviços nacionais). A margem de preferência para produtos manufaturados e serviços nacionais que atendam a normas técnicas brasileiras (§5º) e a margem adicional para os produtos manufaturados e serviços nacionais resultantes de desenvolvimento e inovação tecnológica realizados no país

objeto não atender aos requisitos previstos no art. 3º da Lei nº 8.666/93.

O texto, que confunde o aplicador da regra, fazendo crer que se trata de um anexo à ARP, relaciona-se, na verdade, à ata da sessão pública de encerramento da licitação, como expressamente dispõe o §4º, que informa que "o anexo que trata o inc. II do *caput* consiste na ata de realização da sessão pública do pregão ou da concorrência, que conterá a informação dos licitantes que aceitarem cotar os bens ou serviços com preços iguais ao do licitante vencedor do certame".

Tal registro, segundo o previsto no §1º, tem o intuito de formar um cadastro de reserva, na hipótese de impossibilidade de atendimento pelo primeiro colocado da ARP nos casos previstos nos arts. 20 e 21, isto é, quando ocorrer o cancelamento do registro por motivos causados pela empresa[190] ou em função de fato superveniente, decorrente de caso fortuito ou força maior, que prejudique o cumprimento do compromisso, devidamente comprovado e justificado (devido a razões de interesse público ou a pedido do fornecedor).

As modificações no dispositivo se impuseram em face dos inúmeros contratempos ocorridos quando da aplicação das regras do texto anterior na elaboração da ARP.

(§7º) não se aplicam aos bens e serviços cuja capacidade de produção ou prestação no país seja inferior à quantidade a ser adquirida ou contratada ou ao quantitativo fixado com fundamento no §7º do art. 23, quando for o caso (§9º). Consoante o previsto no §8º, a definição das margens de preferência – por produto, serviço, grupo de produtos ou grupo de serviços – ficará a cargo do Poder Executivo federal, não sendo permitido que a soma ultrapasse o montante de 25% sobre o preço dos produtos manufaturados e serviços estrangeiros. Com ótica na globalização dos mercados – fenômeno econômico ditado pelas forças mercadológicas e por impressionantes transformações tecnológicas –, o §10 permite que a Administração estenda a margem de preferência, total ou parcialmente, aos bens e serviços originários dos Estados-Partes do Mercado Comum do Sul (Mercosul).

[190] Em face de: descumprimento de condições da ARP; não retirada da nota de empenho ou instrumento equivalente no prazo estabelecido pela Administração, sem justificativa aceitável; não aceitação de redução de preço registrado, no caso de este se tornar superior àqueles praticados no mercado; ou incursão nas sanções previstas nos incs. III ou IV do *caput* do art. 87 da Lei nº 8.666/93 ou no art. 7º da Lei nº 10.520/02.

Flavia Daniel Vianna comenta a questão com desenvoltura:

> Essa alteração pode ter sido efetuada em vista das dificuldades encontradas pelo gerenciador, quando, na confecção da Ata de Registro de Preços, tinha que convocar para assinatura tanto o fornecedor vencedor, quanto todos os demais licitantes que aceitassem compor o cadastro reserva, o que acabava gerando atrasos para a publicação da ARP, em vista da requisição de assinatura de todos esses fornecedores. Da forma atualmente estipulada, fica claro que a ata de registro de preços é assinada pelo licitante vencedor somente, tendo seu extrato publicado e início de seus efeitos. Isto fica ainda mais evidente, pela nova redação do art. 13, *caput*, que previu que apenas o fornecedor mais bem classificado será convocado para assinar a ata de registro de preços (e não "os fornecedores classificados, observado o disposto no art. 11", que remetia ao cadastro-reserva, como era a redação anterior, o que fez nascer a tese de que todos deveriam assinar a ARP, fornecedor vencedor e integrantes do cadastro-reserva e, também, no inc. I do art. 11, que ressalta que será registrado na Ata de Registro de Preços o licitante melhor classificado (vencedor).[191]

Existindo mais de um licitante que aceite cotar os bens ou serviços com preços iguais aos do licitante vencedor, preceitua o §2º que a classificação se fará segundo a ordem da última proposta apresentada durante a fase competitiva.

A nosso ver, tal regra só é cabível no pregão eletrônico, posto que, como oportunamente observou Luiz Cláudio Chaves, na modalidade concorrência todos os licitantes apresentam a proposta ao mesmo tempo e não admite flexibilização da mesma; e, no pregão presencial, os lances são ofertados em ordem decrescente de acordo com os preços iniciais ofertados, só admitindo válidos lances vencedores. Já no pregão eletrônico, os lances são aleatórios, isto é, não guardam ordem fixa entre

---

[191] VIANNA, Flavia Daniel. O que muda no registro de preços pelo novo decreto 9.488, de 30 de agosto de 2018. *Revista Zênite – Informativo de Licitações e Contratos – ILC*, Curitiba, n. 245, p. 674-678, jul. 2018.

os proponentes e já são considerados válidos mesmo que não batam o menor até aquele momento ofertado.[192] Apreciando o que afirmamos, Thiago Riccio e Mariana Avelar concordam, no que tange à concorrência, "diante da concomitância de apresentação das propostas, e, consequentemente, da inexistência de uma que, dentre elas, tenha sido a última apresentada [...] porque a única interpretação da expressão última *proposta apresentada durante a fase competitiva* que seja compatível com a finalidade do dispositivo é a no seu sentido temporal, isto é, que leve em conta o momento de apresentação no curso do procedimento licitatório": "Não faria sentido compreender a expressão no sentido classificatório, ou seja, como se a última proposta correspondesse ao maior preço ofertado, sob pena de beneficiá-lo em detrimento do menor, invertendo completamente a finalidade do registro de preços".[193]

Entrementes, têm posição diversa quanto ao pregão presencial, pois, também conferindo o sentido temporal à expressão "última proposta apresentada durante a fase competitiva", sustentam a possibilidade da aplicação "porque, assim interpretada, a última proposta do pregão presencial sempre corresponderá necessariamente à de menor preço, o que lhe permitirá servir de parâmetro para a ordem subsequente de classificação dos demais licitantes".[194]

---

[192] CHAVES, Luiz Cláudio de Azevedo. O que muda no Sistema de Registro de Preços para os órgãos federais e quais os impactos provocados nos demais entes: breves comentários ao Decreto Federal nº 7.892/2013. *Coluna Jurídica da Administração Pública*. Disponível em: http://www.jmlevento.com.br/arquivos/coluna_juridica/coluna_juridica_12.pdf. Acesso em: 28 maio 2013.

[193] RICCIO, Thiago Quintão; AVELAR, Mariana Magalhães. Comentários aos capítulos VI e VII do Decreto Federal nº 7.892/13. *In*: FORTINI, Cristiana. *Registro de preços*: análise da Lei nº 8.666/93, do Decreto Federal nº 7.892/13 e de outros atos normativos. 2. ed. Belo Horizonte: Fórum, 2014.

[194] RICCIO, Thiago Quintão; AVELAR, Mariana Magalhães. Comentários aos capítulos VI e VII do Decreto Federal nº 7.892/13. *In*: FORTINI, Cristiana. *Registro de preços*: análise da Lei nº 8.666/93, do Decreto Federal nº 7.892/13 e de outros atos normativos. 2. ed. Belo Horizonte: Fórum, 2014.

ART. 11 | 167

Consoante o §3º, a habilitação daqueles que comporão o cadastro de reserva só deverá ocorrer quando a Administração os convocar, na ordem de classificação, para fazê-lo em igual prazo e nas mesmas condições propostas pelo primeiro classificado da licitação, devido a:

a) cancelamento do registro do fornecedor, quando incorrerem nas situações expostas no art. 20 (descumprimento das condições da ARP; não retirada da nota de empenho ou instrumento equivalente no prazo estabelecido pela Administração, sem justificativa aceitável; não aceitar reduzir o seu preço registrado, na hipótese deste se tornar superior àqueles praticados no mercado; ou sofrimento de sanções); e

b) cancelamento do registro de preços, que poderá ocorrer por fato superveniente, decorrente de caso fortuito ou força maior, que prejudique o cumprimento da ARP, devidamente comprovado e justificado, por razão de interesse público ou a pedido do fornecedor (art. 21).

Fica claro, portanto, que a habilitação dos componentes do cadastro de reserva não deverá ser efetuada no momento da licitação, mas tão somente quando da efetiva utilização do cadastro e apenas do fornecedor subsequente (seguindo a ordem de classificação). Como anota Ulisses Jacoby, "a norma difere a análise da habilitação do licitante integrante do cadastro reserva para o momento futuro, quando e se for necessária a contratação".[195]

Vide que o inc. II é taxativo ao estabelecer que "será incluído, na respectiva ata, o registro dos licitantes que aceitarem cotar os bens ou serviços com preços iguais ao do licitante vencedor na sequência da classificação do certame".

---

[195] FERNANDES, Jorge Ulisses Jacoby. *Sistema de registro de preços e pregão presencial e eletrônico.* 6. ed. Belo Horizonte: Fórum, 2015.

Logo, a formação do cadastro de reserva é um dever da Administração. Como assevera Ricardo Alexandre Sampaio, o regulamento assegura um direito aos "licitantes perdedores": o de fazer parte do cadastro de reserva, se atendido o preço do primeiro colocado e, com base nisso, vir a contratar com a Administração na hipótese de o beneficiário ter seu registro cancelado.[196]

Para fins de publicidade, o inc. III prevê que o preço registrado, com a lógica indicação dos fornecedores, será divulgado no Portal de Compras do Governo Federal (Comprasnet), com disponibilização durante a vigência da ARP.

Art. 12 e §1º

> **Art. 12.** *O prazo de validade da ata de registro de preços não será superior a doze meses, incluídas eventuais prorrogações, conforme o inciso III do §3º do art. 15 da Lei nº 8.666, de 1993.*
>
> *§1º É vedado efetuar acréscimos nos quantitativos fixados pela ata de registro de preços, inclusive o acréscimo de que trata o §1º do art. 65 da Lei nº 8.666, de 1993.*

O inc. III do §3º do art. 15 da Lei nº 8.666/93 estabelece que o prazo de validade do registro de preços, no âmbito federal, não poderá ultrapassar um ano. A regulamentação do SRP, portanto, não poderia ser diferente.

O redator do decreto acertou uma falha existente no ato revogado, dissipando de vez a dúvida que causava o texto irregular anterior. Destarte, como não poderia deixar de ser, o prazo de validade da ARP não poderá ultrapassar doze meses, incluídas eventuais prorrogações, ou seja, a ata poderá

---

[196] SAMPAIO, Ricardo Alexandre. SRP: Cadastro de reserva – Dever ou faculdade? *Blog Zênite*, 25 abr. 2013. Disponível em: https://www.zenite.blog.br/srp-cadastro-de-reserva-dever-ou-faculdade. Acesso em: 3 jul. 2020.

ART. 12 E §1º | 169

ser prorrogada, desde que essas prorrogações não conduzam a prazo de validade superior ao período máximo previsto.

Jacoby Fernandes bem delineia a questão:

> Imagine-se uma hipótese em que é possível definir uma provável demanda, em larga escala, para ocorrer em breve período [...]. Caberia, então, proceder ao SRP para essa aquisição e, com vistas a obter condições mais vantajosas, poderia a Administração declarar que a validade do SRP é de apenas sessenta dias.[197] [198]

Se não poderá ultrapassar o prazo de um ano, poderá, por outro lado, ter vigência inferior. Nesse caso, admitir-se-á a prorrogação da ata desde que respeitado o prazo máximo e, é claro, não tenha ocorrido consumo de todo o quantitativo inicialmente previsto.

É importante salientar que tal prorrogação não possibilita o restabelecimento dos quantitativos inicialmente previstos, como já dispôs, inclusive, o TCU:

> 1. O prazo de vigência da ata de registro de preços não poderá ser superior a um ano, admitindo-se prorrogações, desde que ocorram dentro desse prazo. 2. No caso de eventual prorrogação da ata de registro de preços, dentro do prazo de vigência não superior a um ano, não se restabelecem os quantitativos inicialmente fixados na licitação, sob pena de se infringirem os princípios que regem o procedimento licitatório, indicados no art. 3º da Lei nº 8.666/93. (Acórdão nº 991/2009)

Sobre o assunto, observam Cristiana Fortini, Maria Fernanda Pirese e Tatiana Camarão:

---

[197] FERNANDES, Jorge Ulisses Jacoby. Comentários ao Decreto nº 3.931/01. *Informativo de Licitações e Contratos – ILC*, Curitiba, v. 9, n. 98, p. 242-268, abr. 2002.

[198] Eliana Goulart Leão também aponta nessa direção: "A duração do registro, portanto, pode ser de um ano ou prazo inferior, a critério da Administração. Quando inferior a doze meses, poderá até comportar prorrogações, desde que estas, somadas, não ultrapassem o período permitido por lei" (LEÃO, Eliana Goulart. *O sistema de registro de preços*: uma revolução nas licitações. 2. ed. rev. e atual. Brasília: Brasília Jurídica, 2001. p. 67).

Em que pese à impossibilidade de prorrogação da Ata de Registro de Preços no prazo de 12 meses, questão que se coloca diz respeito à possibilidade de se admitir o restabelecimento dos quantitativos iniciais. O TCU, no Acórdão nº 991/2009, deixou assentado que não é possível restabelecer os quantitativos. Se alcançado o termo final da Ata de Registro de Preços no prazo de menos de um ano com consumo total dos quantitativos inicialmente previstos, não há que se falar em prorrogação e restabelecimento de novos quantitativos. Mas, próximo o prazo final da ata sem o consumo total dos quantitativos, é possível prorrogá-la, desde que dentro do período de um ano, prevendo o quantitativo remanescente para ser contratado.[199]

O decreto revogado permitia alterações na ARP, nos mesmos termos do art. 65 da Lei nº 8.666/1993, que trata das alterações contratuais. A matéria, contudo, era de difícil enfrentamento. Na análise ao dispositivo, anotamos que se deveria ter em mente que o então elaborador do texto regulamentar tomou a ARP como se contrato fosse, de vez que admitia alterações se obedecidas as disposições de artigo da Lei nº 8.666 que disciplina as modificações dos contratos. Entendia-se, portanto, que a ata poderia sofrer alterações nas formas admitidas na citada lei para o contrato administrativo. Essa operacionalização, contudo, era bastante complicada.

O fato é que agora as dúvidas foram afastadas, pois o atual ato regulamentar não reiterou a condição de que a ARP poderia sofrer as alterações previstas para os contratos, deixando expressamente consignada a vedação a aditamentos quantitativos, registrando, inclusive, a proibição ao acréscimo de que trata o §1º do art. 65 da Lei nº 8.666/93 (que diz respeito à obrigação de o contratado aceitar, nas mesmas condições contratuais, os acréscimos ou supressões que se fizerem nas obras, serviços ou compras, até 25% do valor inicial atualizado do contrato, e, no caso particular de reforma de edifício ou de equipamento, até o limite de 50% para os seus acréscimos).

---

[199] FORTINI, Cristiana; PEREIRA, Maria Fernanda Pires de Carvalho; CAMARÃO, Tatiana Martins da Costa. Dos aspectos polêmicos da adesão tardia a atas de registros de preços. *Interesse Público – IP*, Belo Horizonte, ano 15, n. 80, p. 51-64, jul./ago. 2013.

§2º do art. 12

> *§2º A vigência dos contratos decorrentes do Sistema de Registro de Preços será definida nos instrumentos convocatórios, observado o disposto no art. 57 da Lei nº 8.666, de 1993.*

O parágrafo informa que a vigência dos contratos decorrentes do SRP deverá ser definida nos instrumentos convocatórios das licitações, observando-se as regras dispostas no art. 57 da Lei nº 8.666/93.

Conforme o instituído no supracitado art. 57, os contratos, de maneira geral, vigorarão durante o prazo de vigência do crédito orçamentário, ou seja, um ano. A regra, entretanto, comporta exceções: a) aos projetos cujos produtos estejam contemplados nas metas estabelecidas no plano plurianual, os quais poderão ser prorrogados se houver interesse da Administração e desde que isso tenha sido previsto no ato convocatório; b) à prestação de serviços a serem executados de forma contínua, que poderão ter a sua duração prorrogada por iguais e sucessivos períodos com vistas à obtenção de preços e condições mais vantajosas para a Administração, limitada a sessenta meses; e c) ao aluguel de equipamentos e à utilização de programas de informática, podendo a duração estender-se pelo prazo de até 48 (quarenta e oito) meses após o início da vigência do contrato.

Assim, a rigor, em face do que preconiza o parágrafo em análise, os contratos decorrentes do SRP também poderiam incorrer nas exceções. A questão, entrementes, merece reflexão. Como é cediço, as características do SRP – notadamente a de não exigir da Administração a promoção das contratações imediatas – dirigem o uso da sistemática para as compras. A utilização do instituto na contratação de serviços somente se dará, portanto, nas hipóteses em que o interesse da Administração não estiver voltado para uma execução continuada, dado que tais serviços – que, por sua essencialidade, jamais poderão deixar de ser prestados, não lhes sendo permitida a solução de continuidade – são incompatíveis com a filosofia do registro de preços. Ademais, se os serviços dessa natureza são atendidos por intermédio da prorrogação contratual, como disciplina o inc. II do art. 57 da Lei nº 8.666/93, não há sentido algum na contratação via SRP. As necessidades permanentes e contínuas devem ser satisfeitas por meio de prorrogação de contratos licitados por licitações convencionais.

Com o mesmo raciocínio, Alexandre Sarquis e Rosemeire Cardoso Ramos:

> O caráter de imprevisibilidade emprestado ao SRP evidencia que a regra geral, instituída pela Lei 8.666/93, está direcionada às compras. Desta forma, a jurisprudência do TCE/SP, por interpretação extensiva e sistemática, reconhece a utilização do instituto para serviços somente nos casos em que não se apresente a demanda por execução continuada ou a complexidade geralmente atribuída às contratações de engenharia. Nesses moldes, o SRP se torna aceito somente para serviços de pequenos reparos e de pouca monta, desde que caracterizados pela condição de imprevisíveis, mas passíveis de mensuração. Atividades de fácil manejo e execução, não destacadas pelas especificidades das obras e serviços de engenharia. [...]
> No mesmo sentido, os entendimentos do TCE/SP caminham para a inviabilidade de adoção do SRP quando o objeto pretendido recai sobre a consecução de serviços a serem prestados continuamente à população, como se percebe nos casos de conservação e higiene de escolas, hospitais, ou asseio e manutenção de logradouros públicos, onde não há como conceber que a manutenção de adequadas condições de limpeza esteja submetida a regime que se caracteriza pela eventualidade, pela impossibilidade de mensuração objetiva dos quantitativos e pela não obrigatoriedade da contratação.[200]

Esse foi o posicionamento do Conselho Nacional de Justiça (CNJ), conforme registrado no item 1.1.45 do Auto Circunstanciado de Inspeção na Justiça Estadual do Paraná,

---

[200] SARQUIS, Alexandre Manir Figueiredo; RAMOS, Rosemeire da Silva Cardoso. *Controvérsias do Sistema de Registro de Preços*. Disponível em: http://www4.tce.sp.gov. br/sites/default/files/controversias-SRP-versao-c_0.pdf. Acesso em: 3 jun. 2013. p. 6-7.

ainda na época da vigência do decreto anterior: "A contratação de serviços previstos no Decreto 2.271/1997, que são de natureza continuada, com vigência que dura até cinco anos, constitui antítese da previsão contida no Decreto 3.931/2001". Como consequência, o CNJ determinou ao Tribunal de Justiça do Paraná que se abstivesse de utilizar o SRP para contratar a prestação de mão de obra de natureza continuada.[201]

§§3º e 4º do art. 12

§3º Os contratos decorrentes do Sistema de Registro de Preços poderão ser alterados, observado o disposto no art. 65 da Lei nº 8.666, de 1993.

§4º O contrato decorrente do Sistema de Registro de Preços deverá ser assinado no prazo de validade da ata de registro de preços.

---

[201] Da mesma forma, em decisão aprovada por unanimidade pela 1ª Câmara, o Tribunal de Contas do Estado de Rondônia (TCE-RO) determinou a vedação do uso de Sistema de Registro de Preços para contratação de serviços continuados. A medida foi aprovada durante apreciação e deliberação do edital de pregão eletrônico realizado pela Coordenadoria-Geral de Apoio à Governadoria (CGAG) para a contratação de serviços de reprografia e impressão, entre outros, visando atender às necessidades dos órgãos que se instalarão no futuro Complexo Rio Madeira (também conhecido como CPA). Em sua decisão, o Tribunal considerou ilegal o edital de pregão eletrônico em virtude de o estado ter utilizado o registro de preços na licitação. Por meio de vasta jurisprudência versando sobre o tema, o TCE ratificou a inviabilidade da adoção do SRP quando o objeto pretendido recai sobre a consecução de serviços a serem prestados continuamente à Administração Pública. No caso concreto, segundo a Corte de Contas, a prestação de serviço de reprografia e impressão do Executivo estadual continuará na mesma intensidade e seguirá a mesma previsão de consumo para todos os órgãos que integrarão o Complexo Rio Madeira, não sofrendo influência com a iminente mudança de endereço. Desse modo, ficou caracterizado que a contratação pretendida pelo Estado se destina a serviços contínuos e presumíveis da Administração, tornando, portanto, a utilização do Sistema de Registro de Preços legalmente impossível. A decisão destacou que o SRP é destinado a contratações futuras e eventuais e não, como pretendia o estado, a contratações certas e imediatas. Além de determinar à Administração estadual que não mais utilize o SRP quando o objeto de contratação for a contratação de serviços continuados, o TCE considerou ilegal o edital de licitação deflagrado pela CGAG, determinando ainda sua imediata anulação (Decisão – Processo nº 92/2012/TCE-RO). De forma diversa, o TCU, no Acórdão nº 1.737/2012 – Plenário, deliberou: "É lícita a utilização do sistema de registro de preços para contratação de serviços contínuos, desde que configurada uma das hipóteses delineadas nos incisos I a IV do art. 2º do Decreto 3.931/2001".

174 SIDNEY BITTENCOURT
LICITAÇÃO DE REGISTRO DE PREÇOS – COMENTÁRIOS AO DECRETO Nº 7.892, DE 23 DE JANEIRO DE 2013...

A regulamentação concernente às alterações contratuais nos acordos decorrentes do SRP é novidade trazida pelo decreto. Dita o dispositivo que essas alterações se farão com observação ao previsto no art. 65 da Lei nº 8.666/93.

> Art. 65. Os contratos regidos por esta Lei poderão ser alterados, com as devidas justificativas, nos seguintes casos:
>
> I – unilateralmente pela Administração:
>
> a) quando houver modificação do projeto ou das especificações, para melhor adequação técnica aos seus objetivos;
>
> b) quando necessária a modificação do valor contratual em decorrência de acréscimo ou diminuição quantitativa de seu objeto, nos limites permitidos por esta Lei;
>
> II – por acordo das partes:
>
> a) quando conveniente a substituição da garantia de execução;
>
> b) quando necessária a modificação do regime de execução da obra ou serviço, bem como do modo de fornecimento, em face de verificação técnica da inaplicabilidade dos termos contratuais originários;
>
> c) quando necessária a modificação da forma de pagamento, por imposição de circunstâncias supervenientes, mantido o valor inicial atualizado, vedada a antecipação do pagamento, com relação ao cronograma financeiro fixado, sem a correspondente contraprestação de fornecimento de bens ou execução de obra ou serviço;
>
> d) para restabelecer a relação que as partes pactuaram inicialmente entre os encargos do contratado e a retribuição da administração para a justa remuneração da obra, serviço ou fornecimento, objetivando a manutenção do equilíbrio econômico-financeiro inicial do contrato, na hipótese de sobrevirem fatos imprevisíveis, ou previsíveis porém de conseqüências incalculáveis, retardadores ou impeditivos da execução do ajustado, ou, ainda, em caso de força maior, caso fortuito ou fato do príncipe, configurando álea econômica extraordinária e extracontratual.
>
> §1º O contratado fica obrigado a aceitar, nas mesmas condições contratuais, os acréscimos ou supressões que se fizerem nas obras, serviços ou compras, até 25% (vinte e cinco por cento) do valor inicial atualizado do contrato, e, no caso particular de reforma de edifício ou de equipamento, até o limite de 50% (cinqüenta por cento) para os seus acréscimos.
>
> §2º Nenhum acréscimo ou supressão poderá exceder os limites estabelecidos no parágrafo anterior, salvo:
>
> I – (Vetado)
>
> II – as supressões resultantes de acordo celebrado entre os contratantes.

§§3º E 4º DO ART. 12 | 175

§3º Se no contrato não houverem sido contemplados preços unitários para obras ou serviços, esses serão fixados mediante acordo entre as partes, respeitados os limites estabelecidos no §1º deste artigo.

§4º No caso de supressão de obras, bens ou serviços, se o contratado já houver adquirido os materiais e posto no local dos trabalhos, estes deverão ser pagos pela Administração pelos custos de aquisição regularmente comprovados e monetariamente corrigidos, podendo caber indenização por outros danos eventualmente decorrentes da supressão, desde que regularmente comprovados.

§5º Quaisquer tributos ou encargos legais criados, alterados ou extintos, bem como a superveniência de disposições legais, quando ocorridas após a data da apresentação da proposta, de comprovada repercussão nos preços contratados, implicarão a revisão destes para mais ou para menos, conforme o caso.

§6º Em havendo alteração unilateral do contrato que aumente os encargos do contratado, a Administração deverá restabelecer, por aditamento, o equilíbrio econômico-financeiro inicial.

§7º (Vetado)

§8º A variação do valor contratual para fazer face ao reajuste de preços previsto no próprio contrato, as atualizações, compensações ou penalizações financeiras decorrentes das condições de pagamento nele previstas, bem como o empenho de dotações orçamentárias suplementares até o limite do seu valor corrigido, não caracterizam alteração do mesmo, podendo ser registrados por simples apostila, dispensando a celebração de aditamento.

A questão das alterações dos contratos oriundos do SRP merece cautelosa abordagem. A rigor, qualquer contrato oriundo de uma licitação deverá atender às regras previstas na Lei nº 8.666/93 (Capítulo III – Dos Contratos – Seção I – Disposições Preliminares). A princípio, portanto, nem se teria que aventar procedimentos para as contratações advindas de registros de preços através de normas regulamentares. Entretanto, para compreensão dos contratos decorrentes do SRP, faz-se necessária a comparação com as contratações oriundas de licitações tradicionais, nas quais a Administração as realiza precedidas de certame licitatório com objeto específico. Em tais hipóteses, a competição possui objeto específico e bem determinado, obrigando-se o contrato a respeitá-lo, podendo, no máximo, sofrer as modificações autorizadas pelo diploma legal, nos termos do art. 65 da Lei nº 8.666/93. Por conseguinte, vê-se que essas contratações possuem como característica o objeto unitário.

Já numa licitação de registro de preços, em função de particularidades especiais, inexiste a contratação unitária, na medida em que as quantidades são inexatas. As quantidades a serem adquiridas e os momentos das contratações dependerão exclusivamente de conveniências administrativas. Destarte, há de se avaliar a aplicação de todo o supracitado art. 65 com base nessa circunstância.

Desse modo, é recomendável cautela no uso de todas as hipóteses do comando legal, uma vez que nem sempre as regras de alteração contratual serão compatíveis com o SRP. Exemplifica-se: quando houver necessidade de modificações de características essenciais do objeto, a princípio não será possível o uso do registro de preços para outro órgão.

No entanto, uma antiga dúvida foi extirpada: os contratos originados do SRP poderão adotar o permissivo legal de acréscimos ou supressões que se fizerem nos objetos de até 25% do valor inicial atualizado, conforme previsto no §1º do supracitado art. 65. Como o §3º em comento preceitua que os contratos decorrentes do SRP poderão ser alterados, observado o disposto no art. 65 da Lei nº 8.666/93, convém transcrevermos os comentários que fizemos a tal dispositivo em obra específica:[202]

> Artigo 65
> 1 Alteração do contrato administrativo
> No direito comum, o contrato funda-se no princípio da autonomia da vontade, no consenso. Dessa forma, as alterações só ocorrem através do consentimento das partes, isto é, são sempre bilaterais. Tal, todavia, não ocorre nos contratos administrativos, em função de serem acertados para o atendimento do interesse da coletividade.

---

[202] BITTENCOURT, Sidney. *Licitação passo a passo*: comentando todos os artigos da Lei nº 8.666/93, atualizada. 11. ed. Belo Horizonte: Fórum, 2020.

§§3º E 4º DO ART. 12 | 177

Destarte, institucionalizou-se no âmbito desses contratos a alteração contratual, de modo a permitir que a Administração faça valer o interesse público de maneira proativa.

Duas são as hipóteses de alteração contratual: a) a unilateral, realizada pela Administração; e b) a bilateral, por acordo entre as partes.

2 Alteração unilateral (inc. I)

Os contratos administrativos caracterizam-se por possuírem as chamadas "cláusulas exorbitantes", que conferem à Administração privilégios, posicionando-a com supremacia de poder em relação ao contratado. Entre essas cláusulas, encontra-se a que permite a alteração unilateral do contrato.

Contudo, tal possibilidade só está autorizada para alteração das chamadas "cláusulas de serviço" (ou "regulamentares"), que dizem respeito ao objeto e sua execução, e nunca das "cláusulas econômicas", que se referem à remuneração do contratado.

Essa supremacia funda-se na ideia de que a Administração, mesmo quando contrata com terceiros, a eles não se nivela, considerando a prevalência do interesse geral (interesse do povo, do qual a Administração é o representante) sobre o interesse individual (interesse dos particulares).

Dessa forma, o Estatuto assegura ao Poder Público a prerrogativa de alterar unilateralmente as "cláusulas de serviço" do contrato administrativo quando: a) houver modificação de projeto ou de especificações, para melhor adequação técnica; ou

b) quando for necessária a modificação do valor de contrato em função de acréscimo ou diminuição quantitativa de seu objeto, nos limites legais permitidos.

2.1 Alteração do projeto ou especificações

É possível a alteração unilateral por parte da Administração quando houver necessidade de modificação do projeto ou das especificações, para melhor adequação técnica aos seus objetivos.

Trata-se de alteração qualitativa que objetiva adequar tecnicamente o objeto a uma nova realidade.

Registre-se que o Estatuto impõe limites para essa modificação quando, no §2º deste artigo 65, veda acréscimos que excedam os limites estabelecidos no §1º para qualquer situação (25% do valor inicial atualizado do contrato para qualquer tipo de objeto, exceto reformas de edifícios ou equipamentos, que alcançar o patamar de 50%), não se revestindo a hipótese, por conseguinte, de total liberdade para a Administração.

As alterações, motivadas e justificadas, deverão ser coerentes e razoáveis, atendendo às condições preestabelecidas na proposta vencedora da licitação.

Ocorrendo a alteração, e, como isso, comprovado o aumento dos encargos do contratado, impõe-se o restabelecimento do equilíbrio econômico-financeiro inicial do contrato, conforme determina o §6º, o qual se consumará através de termo aditivo.

2.2 Alteração para acréscimo ou diminuição quantitativa

Outra alteração contratual unilateral autorizada pelo Estatuto ocorrerá quando houver necessidade de modificação do valor contratual em decorrência de acréscimo ou diminuição quantitativa de seu objeto, nos limites permitidos.

O texto do inciso é de má técnica, originando problemas de interpretação, apesar de, na prática, ter sido adotado sem maiores percalços.

Inexplicavelmente, o legislador atrelou a possibilidade de acréscimo ou redução quantitativa ao valor do contrato, quando, de maneira até bastante simples, deveria interligar as alterações ao objeto em si.

O dispositivo tem íntima relação com o §1º, que determina a aceitação por parte do contratado, nas mesmas condições contratuais, de acréscimos ou supressões de obras, serviços ou compras, no percentual máximo de 25% do valor inicial atualizado (mantendo coerência com a má técnica redacional do inciso), e, no caso particular de reforma de edifício ou de equipamento, de até 50% para os seus acréscimos.

Também na hipótese, é óbvio que o reequilíbrio econômico-financeiro deve ser restabelecido, para cima ou para baixo.

A apuração da alteração é, a nosso ver, muito dificultosa, a não ser nos casos de bens divisíveis. Como apurar, por exemplo, 25% de uma obra? É evidente que raramente tal percentual de uma obra corresponderá exatamente ao mesmo percentual do preço oferecido.

O procedimento referente aos acréscimos quantitativos deverá ser realizado não só com atenção ao disposto no §1º, como também aos §§2º, 3º, 4º (no caso de supressão) e 6º.

3 Alteração por acordo das partes (inc. II)

A alteração consensual do contrato administrativo vincula-se a quatro hipóteses muito heterogêneas, elencadas nas respectivas alíneas. Há situações de alterações facultativas e outras obrigatórias.

Assente-se que o texto legal é bastante irregular, pois chega a tratar de situações que a alteração do contrato impõe-se como obrigatória, independentemente da vontade das partes.

É importante frisar que todas as hipóteses devem ocorrer através de aditamento.

3.1 Substituição da garantia de execução contratual (alínea "a")

Sendo a garantia contratual uma escolha do contratado (conforme dispõe o §1º do art. 56), é mais do que coerente que a sua substituição se realize por acordo entre as partes. É possível, todavia, que ocorra a obrigatória necessidade de substituição da garantia, como, por

§§3º E 4º DO ART. 12 | 179

exemplo, na intervenção ou liquidação extrajudicial da entidade financeira afiançadora da contratada. Nesse caso, a Administração deverá, evidentemente, solicitar nova garantia efetiva, por insuficiência da inicialmente apresentada.

3.2 Modificação do regime de execução ou fornecimento (alínea "b")
Verificada a inadequação do regime originário em função de uma eventualidade, o mesmo poderá e deverá ser alterado.[203] De forma idêntica, na maneira estabelecida para um fornecimento.

Pode acontecer, entrementes, que a contratada, em face de razões diversas, não aceite a modificação, o que determinará a rescisão contratual, com possíveis ressarcimentos por perdas e danos.

É cediço que, com as alterações, faz-se mister a celebração de termo aditivo e, se necessário, o reequilíbrio econômico-financeiro do acordo.

3.3 Modificação da forma de pagamento (alínea "c")
A alínea aponta para a necessidade de acordo entre as partes quando houver necessidade de modificação da forma de pagamento, por imposição de circunstâncias supervenientes, mantido o valor inicial atualizado, vedada a antecipação do pagamento, com relação ao cronograma financeiro fixado, sem a correspondente contraprestação de fornecimento de bens ou execução de obra ou serviço.

Esclarece-se, de plano, que a modificação da forma de pagamento não constitui alteração de preço, não obstante o texto do preceptivo dê margem a esse errôneo entendimento, uma vez que determina a manutenção do "valor inicial atualizado".

Também causa profunda estranheza a indicação de que está "vedada a antecipação de pagamento", fazendo crer ao desavisado que há conexão com a autorização dessas antecipações constantes no art. 40, XIV, "d".[204] Não nos parece ter uma coisa a ver com a outra, apesar de ambas tratarem de "pagamento antecipado", porquanto trata uma da forma possível de modificação da maneira de pagamento e a outra, dos descontos por antecipações de pagamentos.

---

[203] Os regimes de execução estão listados no art. 10: "Art. 10. As obras e serviços poderão ser executados nas seguintes formas: I – execução direta; II – execução indireta, nos seguintes regimes: a) empreitada por preço global; b) empreitada por preço unitário; c) (Vetado). d) tarefa; e) empreitada integral".

[204] "Art. 40. O edital conterá no preâmbulo o número de ordem em série anual, o nome da repartição interessada e de seu setor, a modalidade, o regime de execução e o tipo da licitação, a menção de que será regida por esta Lei, o local, dia e hora para recebimento da documentação e proposta, bem como para início da abertura dos envelopes, e indicará, obrigatoriamente, o seguinte: [...] XIV – condições de pagamento, prevendo: [...] d) compensações financeiras e penalizações, por eventuais atrasos, e descontos, por eventuais antecipações de pagamentos".

O que busca o dispositivo é o atendimento a ocorrência, não rara, nos contratos de vulto (notadamente de obras ou serviços de engenharia), permitindo que se adapte o contrato a circunstâncias posteriores à celebração do contrato que obriguem a alteração do cronograma de pagamento inicialmente estabelecido (como, por exemplo, atrasos justificados e aceitos pela Administração, em função de caso fortuito ocorrido).

3.4 Restabelecimento do equilíbrio econômico-financeiro (alínea "d")

A equação econômico-financeira constitui-se na relação que as partes inicialmente estabelecem no contrato, visando à justa remuneração de seu objeto.

Tal correlação encargo/remuneração deve ser conservada, independentemente de qualquer fator, durante execução do acordo.

Assim, atendendo à chamada "Teoria da Imprevisão", sempre que comprovadamente ocorrer um desequilíbrio na relação inicialmente estabelecida entre os encargos do contratado e a retribuição financeira para a justa remuneração pela execução contratual, é necessária a devida recomposição.

Registre-se, por oportuno, que não é qualquer desequilíbrio que determinará tal revisão, dado que o contratado deve suportar alguns riscos inerentes à atividade econômica a que se entregou. Somente a denominada "álea econômica extraordinária" (fatos imprevisíveis ou, ainda que previsíveis, de consequências incalculáveis, retardadores ou impeditivos da execução do objeto) autorizará o reequilíbrio – e não a "álea ordinária" (riscos comuns).

Não se deve confundir o "reequilíbrio" com o "reajuste". No reajuste, devido à inflação, busca-se a revitalização do poder aquisitivo do dinheiro, alterando-se o preço da contraprestação devida pela Administração; no reequilíbrio, persegue-se o resgate do equilíbrio contratual, rompido em decorrência de encargos ou desencargos supervenientes, independentemente da natureza, os quais prejudicam uma das partes, criando-lhe uma onerosidade excessiva.

A AGU expediu orientação sobre a matéria:

Orientação Normativa AGU Nº 22, de 01 de abril de 2009 – O reequilíbrio econômico-financeiro pode ser concedido a qualquer tempo, independentemente de previsão contratual, desde que verificadas as circunstâncias elencadas na letra "d" do inc. II do art. 65, da Lei nº 8.666, de 1993.

Sobre o assunto, a AGU exarou o Despacho nº 00123/2020/CJACM/CGU/AGU, no qual explicitou que o contratado não tem direito ao reequilíbrio econômico-financeiro nas hipóteses em que a proposta do licitante subdimensionou os encargos tributários incidentes e a referida discrepância só foi identificada após a contratação e, nos casos em que os encargos tributários previstos na proposta se apresentarem superiores aos efetivamente incidentes, não há respaldo jurídico para redução unilateral de percentuais de tributos pela Administração, cabendo negociação consensual, sob pena de eventual rescisão contratual ou não prorrogação do contrato Anote-se, também, a existência, no âmbito dos contratos administrativos, do instituto da repactuação, que consubstancia uma espécie de reajustamento.

Por fim, o §4º define que os contratos decorrentes da sistemática de registro de preços deverão ser assinados no prazo de validade da ARP.

Como já frisado, a ARP precede o contrato, sendo possível advirem diversos contratos de uma única ata. Contudo, os contratos somente serão válidos se tiverem sido assinados até o último dia de vigência da ARP, pois, com a expiração do prazo da ata, esvai-se a base para a celebração de ajustes.

Anote-se, todavia, que o prazo de validade da ARP não pode ser confundido com o prazo do contrato dela decorrente, sendo bastante comum ter-se um contrato decorrente de ata vigendo após a sua extinção.

Art. 13

CAPÍTULO VII – DA ASSINATURA DA ATA E DA CONTRATAÇÃO COM FORNECEDORES REGISTRADOS

Art. 13. *Homologado o resultado da licitação, o fornecedor mais bem classificado será convocado para assinar a ata de registro de preços, no prazo e nas condições estabelecidos no instrumento convocatório, podendo o prazo ser prorrogado uma vez, por igual período, quando solicitado pelo fornecedor e desde que ocorra motivo justificado aceito pela administração. (Redação dada pelo Decreto nº 8.250, de 2014)*

Cabe à autoridade competente do órgão gerenciador, ou seja, aquela que detém poderes para representar a entidade promotora da licitação, promover a apreciação de todo o procedimento e, exercendo a sua autoridade e competência, concordar ou não com o ocorrido, deliberando sobre ele. Trata-se de ato de verificação de legalidade.

Caso considere correto o procedimento, promoverá a homologação.[205]

Homologado o resultado do certame, o mais bem classificado será convocado para assinatura da ata de registro de preços – ARP, fincando-se definitivamente o comprometimento quanto ao atendimento à Administração, de acordo com as condições estabelecidas, relembrando-se que, nos termos do art. 2º, inc. II, a ARP é um documento vinculativo, obrigacional, com características de compromisso para futura contratação, no qual se registram preços, fornecedores, órgãos participantes e condições a serem praticadas, conforme as disposições contidas no edital licitatório e propostas apresentadas.

A ARP passa a produzir efeitos jurídicos a partir da data de assinatura, pelo que, tanto o órgão gerenciador como os órgãos participantes poderão demandá-la para o atendimento de suas necessidades.

Sempre que precisar utilizar a ARP para adquirir um bem ou para auferir a prestação de um serviço nela registrado, a Administração deverá formalizar um acordo, pois, como já esposado, com a ata se tem apenas um documento que cria expectativa de contratação.

Nesse contexto, realça Monteiro Reis: "Assim, quando realmente vier a necessitar do objeto registrado, há necessidade de formalização da avença. Até porque, lembremos, a Lei nº 8.666/93 veda peremptoriamente o contrato verbal com a

---

[205] Marcos Juruena Villela Souto tem a seguinte dicção sobre o assunto: "Após o julgamento, os autos do procedimento são remetidos à autoridade superior para, exercendo função inerente ao controle hierárquico, verificar se o feito teve tramitação adequada, como vistas à oposição de sua chancela" (SOUTO, Marcos Juruena Villela. *Licitações e contratos administrativos*: doutrina: Lei nº 8.666, de 21.06.93, comentada. 3. ed. rev., ampl. e atual. pela EC nº 19/98 e pela Lei nº 9.648, de 27.5.98 e Lei nº 9.854, de 27.10.99. Rio de Janeiro: Esplanada, 2000. p. 138-139).

Administração, com uma única exceção"[206] (que é a delineada no parágrafo único do art. 60 da Lei nº 8.666: pequenas compras de pronto pagamento, assim entendidas aquelas de valor não superior a 5% do limite estabelecido no art. 23, inc. II, alínea "a" desta lei, feitas em regime de adiantamento).[207]

Evidentemente, a convocação deverá ocorrer dentro do prazo e condições estabelecidos no edital, sendo permitida a prorrogação desse prazo apenas uma única vez, desde que atendidas as seguintes condições: a) período idêntico; b) dependência de solicitação do fornecedor; c) motivo justo; e d) aceitação pela Administração.

Insta relembrar que tanto para a classificação quanto para a homologação há de se abrir espaço para o recurso administrativo, nos termos do art. 109 da Lei nº 8.666/93.[208]

O recurso administrativo é uma ferramenta oferecida ao licitante que o autoriza, caso se sinta prejudicado, a provocar a Administração no sentido de rever seus próprios atos.

No âmbito das licitações e contratos administrativos, o recurso administrativo assume três espécies, a saber: recurso hierárquico (também chamado de recurso administrativo propriamente dito), representação e reconsideração.

Importante ressaltar que o direito de petição deve ser concretizado no prazo assinalado para tal. O não exercício desse direito de lapso temporal estabelecido importa a sua perda (decadência).

A perda do prazo, entretanto, não veda a via judicial, uma vez que a Constituição Federal assegura a provocação do Judiciário na hipótese de lesão ou ameaça a direito.[209]

---

[206] REIS, Paulo Sérgio de Monteiro. *Sistema de registro de preços*: uma forma inteligente de contratar – Teoria e prática. Belo Horizonte: Fórum, 2020. p. 122.

[207] Exceção que, como bem anota o analista, não é aplicável ao SRP, pois se direciona expressamente às compras feitas em regime de adiantamento: o suprimento de fundos.

[208] No caso de pregão, a adoção do art. 109 da Lei nº 8.666/93 deve guardar conexão com o estabelecido nos incs. XVIII a XXI da Lei nº 10.520/02.

[209] Art. 5º, inc. XXXV, da Constituição Federal: "A lei não excluirá da apreciação do Poder Judiciário lesão ou ameaça a direito".

Não obstante o direito fundamental à ampla defesa, máxima garantida no art. 5º, inc. LV, da Constituição Federal, nem todo ato, em sede de licitação e contratação pública, é passível de recurso.[210] A lei elencou exaustivamente as situações permissivas: habilitação ou inabilitação; julgamento das propostas; anulação ou revogação; indeferimento de pedido de inscrição em registro cadastral, sua alteração ou cancelamento; rescisão unilateral do contrato; e aplicação das sanções de advertência, suspensão temporária e multa.

O recurso é notadamente hierárquico, uma vez que o §4º do art. 109 da Lei nº 8.666/1993 prevê que ele deva ser dirigido à autoridade superior, de modo que esta possa examinar a decisão proferida, considerada pelo recorrente irregular, devendo, todavia, "passar" pela autoridade que praticou o ato, a qual poderá reconsiderar a sua decisão no prazo de cinco dias úteis.

Esse mandamento, devido a texto legal bastante infeliz, tem causado transtornos aos aplicadores em momento crucial do procedimento.

O prazo para a interposição de recurso hierárquico é de cinco dias, a contar da intimação do ato, devendo, como já

---

[210] Nesse mesmo sentido, Roberto Ribeiro Bazilli e Sandra Julien Miranda (*Licitação à luz do direito positivo*: atualizado conforme a Emenda Constitucional 19, de 4.6.1998, e a Lei nº 9.648, de 27.5.1998. São Paulo: Malheiros, 1999. p. 293); Jessé Torres Pereira Júnior (*Comentários à Lei das Licitações e Contratações da Administração Pública*. 5. ed. rev., atual. e ampl. de acordo com as Emendas Constitucionais de nº 06/95 e 19/98, com a Lei Complementar nº 101/2000, com as Leis de nº 9.648/98 e 9.854/99, e com a Medida Provisória nº 2.108/2001 e seus regulamentos, incluindo: modelos de editais e contratos, legislação e normas federais correlatas. Rio de Janeiro: Renovar, 2002. p. 593) e Hely Lopes Meirelles (Licitação e contrato administrativo, p. 144), entre outros. Benedicto de Tolosa Filho tem entendimento diverso: "A Lei nº 8.666/93 [...] alberga algumas hipóteses em que cabe o chamado recurso hierárquico como se não houvesse a possibilidade de manifestação de inconformismo em outros atos administrativos decorrentes do procedimento licitatório além da previsão legal. No entanto, esse bloqueio é perfeitamente removível pelo inciso IV do art. 5º da CF, que estende esse direito a qualquer ato administrativo. Portanto, o rol trazido pelo art. 109 [...] deve ser tomado como exemplificativo, sem embargo de recursos contra atos não albergados expressamente, aproveitando-se os prazos consignados para estes" (TOLOSA FILHO, Benedicto de. *Licitações*: comentários, teoria e prática: Lei nº 8.666/93. Rio de Janeiro: Forense, 1997. p. 188).

esposado, ser dirigida a petição à autoridade hierarquicamente superior, por intermédio daquela que praticou o ato recorrido, a qual poderá reconsiderar sua decisão, no prazo máximo de cinco dias úteis, ou, em igual lapso de tempo, encaminhar o recurso devidamente instruído à decisão da autoridade a quem foi endereçado o recurso, que deverá proferir a decisão também no prazo de cinco dias úteis, a contar da data do recebimento.

De regra, a intimação do ato suscetível de recurso far-se-á por meio da publicação na imprensa oficial, conforme determina o §1º do art. 109. Todavia, nas hipóteses de habilitação ou inabilitação e no julgamento das propostas, se todos os representantes legais dos licitantes estiverem presentes no ato de adoção da decisão, a intimação far-se-á por meio de comunicação direta, lavrando-se a ata respectiva.

Qualquer ato da Administração relacionado com o objeto de licitação ou com o contrato, no qual não caiba recurso hierárquico, é cabível de representação.

Aparentemente, nos termos literais da regulação legal, a representação só é pertinente aos participantes de uma licitação ou aos contratados. Entretanto, a boa doutrina e o bom direito sustentam que este tipo de petição pode ser adotado por qualquer pessoa, buscando afastar irregularidade manifesta. É o que pondera Cretella Júnior:

> De qualquer ato da Administração, decorrente da aplicação da lei vigente que, no momento, regule o certame, poderá o licitante ou qualquer outra pessoa discordar, por lhe ser prejudicial, mediante recurso de representação, que consiste em denúncia formal, expressa e assinada do interessado, contra atos internos arbitrários e ilegais, a fim de que cesse a irregularidade denunciada.[211]

---

[211] CRETELLA JÚNIOR, José. *Das licitações públicas*: comentários à nova Lei Federal nº 8.666, de 21 de junho de 1993. 4. ed. Rio de Janeiro: Forense, 1994. p. 367. Da mesma forma, MEIRELLES, Hely Lopes. *Direito administrativo brasileiro*. 14. ed. atual. pela Constituição de 1988. São Paulo: Revista dos Tribunais, 1989. p. 232; e SOUTO, Marcos Juruena Villela. *Licitações e contratos administrativos*: doutrina: Lei nº 8.666, de 21.06.93, comentada. 3. ed. rev., ampl. e atual. pela EC nº 19/98 e pela Lei nº 9.648, de 27.5.98 e Lei nº 9.854, de 27.10.99. Rio de Janeiro: Esplanada, 2000. p. 232.

186 | SIDNEY BITTENCOURT
LICITAÇÃO DE REGISTRO DE PREÇOS – COMENTÁRIOS AO DECRETO Nº 7.892, DE 23 DE JANEIRO DE 2013...

A representação é cabível no prazo de cinco dias úteis da intimação da decisão, devendo, nesse cômputo, ser sempre considerado o disposto no art. 110 da Lei nº 8.666/1993.

Por fim, há o pedido de reconsideração, que é a forma de petição que tem como objetivo levar à mesma autoridade que praticou o ato a solicitação de reexame da decisão tomada.

No âmbito das licitações, tal pedido é cabível para questionar decisão de ministro de estado ou de secretário estadual ou municipal, concernente à penalização de declaração de inidoneidade para licitar ou contratar com a Administração Pública.[212]

Na verdade, em nosso ordenamento jurídico, o pedido de reconsideração não se cinge apenas ao fato indicado na lei, mas sim a qualquer decisão administrativa com a qual não se conformou o recorrente. Por essa razão é que parte da doutrina contesta o uso restritivo imposto. Marcos Juruena, batendo nessa tecla, leciona:

> O fato de o Estatuto só ter mencionado como fato motivador a aplicação de pena de declaração de inidoneidade não significa que não caiba tal pedido de outras decisões. No Estado do Rio de Janeiro, por exemplo, cabe aos Secretários de Estado a homologação das licitações da Administração Direta (fiscalização hierárquica) e, também, da Administração Indireta vinculadas à sua pasta (supervisão ou tutela, também chamado controle finalístico).[213]

Calha obtemperar que, no rito processual, dois efeitos advêm da interposição de um recurso: o devolutivo, comum a todos os recursos, e o suspensivo, em situações especiais.

O efeito devolutivo é inerente à natureza recursal, oferecendo a possibilidade de reexame do ato decisório

---

[212] Não confundir com o pedido de reabilitação, solicitado também à autoridade sancionadora, com delineamento próprio, conforme prescreve o inc. IV, art. 87, do Estatuto.

[213] SOUTO, Marcos Juruena Villela. *Licitações e contratos administrativos*: doutrina: Lei nº 8.666, de 21.06.93, comentada. 3. ed. rev., ampl. e atual. pela EC nº 19/98 e pela Lei nº 9.648, de 27.5.98 e Lei nº 9.854, de 27.10.99. Rio de Janeiro: Esplanada, 2000. p. 232.

ART. 13 | 187

pela autoridade que praticou o ato, ou mesmo por outra hierarquicamente superior.

O efeito suspensivo, por sua vez, somente ocorre quando a paralisação do procedimento é necessária, a partir do momento da interposição do recurso, perdurando a paralisação até que haja a decisão concernente ao pleiteado.

Em sede de licitações públicas, tanto o recurso contestando o resultado habilitatório como contra o resultado do julgamento das propostas têm efeito suspensivo. Nessas fases, o procedimento licitatório restará suspenso até que haja a decisão referente à petição interposta.

Se presentes razões de interesse público, a autoridade competente poderá, motivadamente, atribuir efeito suspensivo aos demais recursos.

Interposto o recurso, está obrigada a Administração a abrir vista aos demais licitantes (com, evidentemente, uma comunicação formal) para que, em idêntico prazo de cinco dias úteis, se manifestem, caso entendam necessário (impugnando-o).

Emerge daí uma indagação importante: o licitante que não interpôs a impugnação no prazo concedido poderá recorrer, caso a comissão de licitação, acatando o recurso interposto, reconsidere sua decisão, modificando-a? Não temos dúvidas de que sim, considerando que a comissão divulgou novo julgamento, atacável através de recurso. Além disso, como bem ponderou Fernando Normando, há o fato de que o licitante não está obrigado a impugnar, mesmo porque a interposição de recurso não implica, por si só, uma situação concreta de prejuízo.[214]

Como já informado, diante do efeito devolutivo inerente à natureza recursal, o recurso deve ser dirigido à autoridade superior, por intermédio daquela que praticou o ato recorrido.

---

[214] NORMANDO, Fernando. O recurso. *BLC – Boletim de Licitações e Contratos*, v. 12, n. 10, p. 492-495, out. 1999. p. 494.

A autoridade que decidirá em última instância deve estar em condições para julgar. Daí a necessidade de o recurso "tramitar" pelo agente que proferiu o ato, de modo que tenha oportunidade de revê-lo, ou encaminhá-lo, devidamente informado, isto é, instruído com os elementos necessários e justificadores de sua decisão, à autoridade superior.

O prazo para avaliação e decisão do agente que praticou o ato é de cinco dias úteis. Nesse prazo, impreterivelmente, duas decisões poderão ser tomadas: a reconsideração, findando-se, assim, a tramitação recursal; ou, mantido o ato, o envio à autoridade superior.

Recebido o recurso (devidamente informado) pela autoridade superior competente, terá ela prazo idêntico de cinco dias úteis, contado do dia em que o recebeu, para proferir sua decisão, sob pena de responsabilidade.[215]

A severa e literal observação dessa prescrição legal tem demandado erro de procedimento em diversas licitações, não só quanto ao procedimento em si, como também no que diz respeito aos prazos a serem computados. Nessa contagem, não se deve descurar do prazo, voltado para a possibilidade de os demais licitantes apresentarem impugnações (as chamadas, por alguns, de "contrarrazões").

Também se faz mister o perfeito atendimento ao preconizado no §5º do mesmo art. 109 da Lei nº 8.666/93, que determina a franquia prévia dos autos do processo ao interessado, além do seguimento irrestrito ao disposto no art. 110, que aponta os dias corretos para início e fim de cada prazo.

Assim, o cômputo do prazo se perfaz percorrendo-se os seguintes passos:

---

[215] Marcos Juruena, após relembrar que o preceito visa a agilizar o controle da Administração, informa que não se tem notícia de que alguma autoridade tenha sido punida por tal atraso (SOUTO, Marcos Juruena Villela. *Licitações e contratos administrativos*: doutrina: Lei nº 8.666, de 21.06.93, comentada. 3. ed. rev., ampl. e atual. pela EC nº 19/98 e pela Lei nº 9.648, de 27.5.98 e Lei nº 9.854, de 27.10.99. Rio de Janeiro: Esplanada, 2000. p. 224). No caso de não cumprimento dos prazos, é cabível o mandato de segurança, em face de caracterizar-se abuso de poder, com fulcro na conduta irregular, denominada por Hely Lopes Meirelles "conduta omissiva".

ART. 13 | 189

1. intimação do ato (publicação na imprensa oficial ou lavratura da ata);
2. franquia do processo aos interessados;
3. início da contagem do prazo recursal de 5 dias (obedecendo ao disposto no art. 110);
4. havendo recurso, comunicação aos demais licitantes;
5. observância do prazo de 5 (cinco) dias úteis para a impugnação;
6. término dos 5 (cinco) dias úteis abertos para impugnação;
7. início do prazo de 5 (cinco) dias úteis para avaliação, o que demandará a manutenção ou reconsideração da autoridade que praticou o ato recorrido (quase sempre, a comissão de licitação);
8. tendo reconsiderado, término da tramitação recursal;
9. caso a decisão tenha sido mantida, envio, devidamente informado, à autoridade superior (no prazo máximo de até 5 dias úteis);
10. recebimento pela autoridade superior e início do prazo de 5 (cinco) dias úteis para a sua decisão; e
11. resposta formal ao interessado e comunicação aos demais licitantes (divulgação).

Uma questão sobressai neste confuso delineamento da fase recursal. Afirmamos que, tendo a autoridade que praticou o ato recorrido dado provimento ao recurso, findada estaria a tramitação recursal.[216] Indaga-se, entretanto, se, seguindo o trâmite normal do recurso hierárquico, nos moldes do agravo de instrumento do processo judicial civil, deveria o recurso "subir" para que a autoridade superior deliberasse.

---

[216] Da mesma forma, Carlos Ari Sundfeld: "Se o agente recorrido reconsiderar o seu ato, estará encerrada a tramitação do recurso" (SUNDFELD, Carlos Ari. *Licitação e contrato administrativo*: de acordo com as leis 8.666/93 e 8.883/94. 2. ed. São Paulo: Malheiros, 1995. p. 191).

190 | SIDNEY BITTENCOURT
LICITAÇÃO DE REGISTRO DE PREÇOS – COMENTÁRIOS AO DECRETO Nº 7.892, DE 23 DE JANEIRO DE 2013...

Jessé Torres Pereira Júnior defende a hipótese com certa hesitação:

> Parece que sim, posto que a matéria continuaria controvertida na primeira instância administrativa [...] Daí concluir-se que a autoridade *a quo*, qualquer que seja sua posição em face do recurso, deve remetê-lo à instância superior, a menos que nenhum outro licitante houvesse oferecido impugnação ao recurso, caso em que a retratação poria fim ao reexame da questão.[217]

Em que pese a sempre abalizada opinião do ilustre magistrado, sua indecisão, ao iniciar o texto, demonstra a fragilidade da construção interpretativa. Ora, primeiro, por não existir esse comando na lei. Depois, por não ter o dispositivo que trata o assunto vestes completas de recurso hierárquico, tal como ocorre no Judiciário. Na verdade, trata-se de recurso hierárquico administrativo, em que, diferentemente do trato processual do Poder Judiciário, há limites para a decisão da autoridade superior.

Sobeja relembrar, portanto, sorvendo as lições de Hely Lopes Meirelles, que, considerando ser o julgamento ato de exclusiva competência da comissão de licitação (ou do responsável pelo convite, ou, ainda, pelo pregoeiro, em face da nova modalidade de licitação soerguida), descabe modificação do resultado por parte da autoridade superior,[218] sendo a esta

---

[217] PEREIRA JÚNIOR, Jessé Torres. *Comentários à Lei das Licitações e Contratações da Administração Pública*. 5. ed. rev., atual. e ampl. de acordo com as Emendas Constitucionais de nº 06/95 e 19/98, com a Lei Complementar nº 101/2000, com as Leis de nº 9.648/98 e 9.854/99, e com a Medida Provisória nº 2.108/2001 e seus regulamentos, incluindo: modelos de editais e contratos, legislação e normas federais correlatas. Rio de Janeiro: Renovar, 2002. p. 608.

[218] A doutrina em peso agasalha tal procedimento. Toshio Mukai, por exemplo, assevera: "Anote-se que o julgamento da concorrência e da tomada de preços é de competência exclusiva da comissão de licitação (art. 51), razão por que a autoridade superior, ao apreciar o recurso, não poderá substituir o julgamento recorrido por outro seu, somente podendo, na decisão recursal, ou confirmar o julgamento efetuado pela comissão, ou anulá-lo, ou invalidar a própria licitação, conforme o caso" (MUKAI, Toshio. *Licitações e contratos públicos*: comentários à Lei nº 8.666/93, com as alterações da Lei nº 9.648/98 e análise das licitações e contratos na EC nº 19/98, reforma administrativa. 5. ed. rev. e ampl. São Paulo: Saraiva, 1999. p. 144).

reservado tão somente, caso não ratifique a decisão, seguir um dos seguintes passos:

a) concluindo por vício sanável, devolver todo o processo à comissão (ou ao agente responsável) para nova apreciação;[219]
b) concluindo por vício insanável, anular a licitação;
c) tendo ocorrido fato superveniente, revogar a licitação, com fulcro no interesse público, conforme dispõe o art. 49 da lei.[220]

Como já abordado, assegurando-se o perfeito atendimento ao contraditório e ampla defesa, nenhum prazo de recurso, representação ou pedido de reconsideração poderá ter início sem que os autos do processo estejam com vista franqueada ao interessado.

Parágrafo único do art. 13

Parágrafo único. É facultado à administração, quando o convocado não assinar a ata de registro de preços no prazo e condições estabelecidos, convocar os licitantes remanescentes, na ordem de classificação, para fazê-lo em igual prazo e nas mesmas condições propostas pelo primeiro classificado.

A regulamentação busca seguir, com as adaptações devidas, a regra estabelecida no §2º do art. 64 da Lei nº 8.666/93, a qual, ao facultar à Administração convocar licitantes remanescentes na ordem de classificação, na hipótese de o

---

[219] Apesar da devolução, a Comissão (ou o agente responsável), após reapreciar a questão, poderá manter sua decisão.
[220] Na verdade, como sustenta a boa doutrina, a revogação é ato ínsito do administrador público competente, independentemente da ocorrência de fato superveniente.

adjudicatário se recusar a assinar o contrato, impõe o atendimento nas mesmas condições de preço propostas pelo faltoso. No caso, faculta-se a convocação dos remanescentes na hipótese de recusa de assinatura da ARP por parte do convocado.

Contudo, a situação, na prática, não é muito simples. Relembrando-se que a sistemática de registro de preços admite a adoção de concorrência, com fulcro nas regras estipuladas pela Lei nº 8.666/93, e pregão, com regulagem estabelecida pela Lei nº 10.520/02, há de se avaliar a questão sob dois focos.

Se a opção for a concorrência, a linha a ser adotada é a exposta no §2º do art. 64 da Lei nº 8.666:

> Art. 64. A Administração convocará regularmente o interessado para assinar o termo de contrato, aceitar ou retirar o instrumento equivalente, dentro do prazo e condições estabelecidos, sob pena de decair o direito à contratação, sem prejuízo das sanções previstas no art. 81 desta Lei. [...]
>
> §2º É facultado à Administração, quando o convocado não assinar o termo de contrato ou não aceitar ou retirar o instrumento equivalente no prazo e condições estabelecidos, convocar os licitantes remanescentes, na ordem de classificação, para fazê-lo em igual prazo e nas mesmas condições propostas pelo primeiro classificado, inclusive quanto aos preços atualizados de conformidade com o ato convocatório, ou revogar a licitação independentemente da cominação prevista no art. 81 desta Lei.

Caso se opte pelo pregão, conduzir-se-á a Administração pelo contido nos incs. XVI e XXIII do art. 4º da Lei nº 10.520:

> Art. 4º A fase externa do pregão será iniciada com a convocação dos interessados e observará as seguintes regras: [...]
>
> XVI – se a oferta não for aceitável ou se o licitante desatender às exigências habilitatórias, o pregoeiro examinará as ofertas subsequentes e a qualificação dos licitantes, na ordem de classificação, e assim sucessivamente, até a apuração de uma que atenda ao edital, sendo o respectivo licitante declarado vencedor; [...]

XXIII – se o licitante vencedor, convocado dentro do prazo de validade da sua proposta, não celebrar o contrato, aplicar-se-á o disposto no inciso XVI.

Assim, em se tratando de concorrência, a comissão de licitação teria duas opções: convocar os remanescentes ou revogar a licitação. Como registramos noutro trabalho:[221]

> O não atendimento do adjudicatário à convocação para celebração do contrato autoriza a Administração a convocar os demais classificados na licitação, na estrita ordem de classificação, para assinatura do acordo no mesmo prazo e em idênticas condições propostas pelo primeiro colocado no certame, inclusive de preços – devidamente atualizados, caso isso seja necessário.[222] [...] o Estatuto determina que é lícito à Administração revogar a licitação, mesmo após a adjudicação, quando o convocado (adjudicatário) não comparecer para assinar o contrato ou não aceitar retirar o instrumento equivalente, numa alusão aos documentos substitutivos do acordo, conforme previsto no art. 62.

Diversamente, na hipótese de o certame ser o pregão, o pregoeiro deverá apreciar as ofertas subsequentes e a qualificação dos licitantes, na ordem de classificação, e assim sucessivamente, até a apuração de uma que atenda ao edital. Somente no caso de não encontrar nenhuma oferta nessas condições é que poderá revogar a licitação.

---

[221] BITTENCOURT. Licitação Passo a Passo, 11. ed., 2020.

[222] Anotamos que, nesse caso, o legislador cometeu um erro crasso: "Determina como possibilidade alternativa, na hipótese de 'adjudicatário faltoso', a revogação da licitação, com a consequente promoção de outro certame. Não é correta essa determinação. Ora, a licitação, como procedimento administrativo com atos subsequentes e vinculados, tem, logicamente, começo, meio e fim. Começa com a denominada 'fase interna', transcorre com a 'fase externa' e termina com um resultado procurado. A adjudicação, após a devida homologação, é último ato do procedimento. A adjudicação pressupõe que todos os atos transcorreram sem vícios. Com esse ato, conclui-se o procedimento, descabendo a revogação. O não comparecimento do adjudicatário para a celebração do contrato não autoriza a 'reabertura' da licitação. Daí entendermos que não cabe a revogação, mas, sim, o mero arquivamento do processo, que transitou normalmente e teve seu fim natural".

Sobre a matéria, observamos:[223]

O inciso XXIII indica, sem muitos rodeios, a aplicação do prescrito no inciso XVI, na hipótese do licitante vencedor (na verdade, adjudicatário, em função da adjudicação realizada) convocado regularmente, se negar a celebrar o contrato. Uma leitura apressada faz crer que o inciso trata da punição ao adjudicatário faltoso. Entretanto, numa apreciação com mais vagar verificar-se-á que a regra está voltada somente para a busca de uma oferta que atenda as exigências editalícias. [...] Destarte, por linhas tortas, o inciso determina a desclassificação do adjudicatário faltoso, com a retroação e o reinício dos trabalhos licitatórios a partir do exame de ofertas subsequentes e a qualificação dos licitantes na ordem de classificação, ato que, se necessário, repetir-se-á sucessivamente até o alcance de outro licitante vencedor (é o que se pode inferir da expressão *aplicar-se-á o disposto no inciso XVI*, porquanto, atendendo ao princípio da finalidade, é, sem dúvida, o mais lógico, apesar de péssima técnica redacional).

Conclui-se que:

- se for concorrência, e o primeiro colocado se recusar a assinar a ARP no prazo e condições previstos, a Administração poderá revogar o certame ou convocar os licitantes remanescentes, na ordem de classificação, para a assinatura da ata, nas mesmas condições ofertadas pelo primeiro colocado, inclusive de preço;
- se for pregão, a Administração deverá apreciar as ofertas dos licitantes subsequentes, na ordem de classificação, até a apuração de uma que atenda ao edital, que deverá ser declarada a vencedora; estando ou não nas mesmas condições e no mesmo preço propostos pelo primeiro colocado.

É nesse contexto que Edgar Guimarães e Joel Niebuhr, ao considerarem a existência de contradição entre o parágrafo único do art. 13 do Decreto nº 7.892/13 e os incs. XVI e XXIII

---

[223] BITTENCOURT, Sidney. *Licitação passo a passo*: comentando todos os artigos da Lei nº 8.666/93, atualizada. 5. ed. Belo Horizonte: Fórum, 2016.

do art. 4º da Lei nº 10.520/02, indagam se seria aplicável a solução do decreto ou dos incs. XVI e XXIII do art. 4º da Lei nº 10.520/02.

Observando que, a rigor, tais questões não guardam complexidade, tendo em vista que, em decorrência do princípio da legalidade, as normas contidas em decreto não podem prevalecer sobre as prescritas em lei, concluem que a contradição se resolve em benefício da norma legal, que está em grau hierárquico superior (restando ilegal a norma do decreto que lhe é contrária).

Nesse passo, obtemperam:

> Por conclusão, a parte final do parágrafo único do artigo 13 do Decreto Federal nº 7.892/13 é aplicável somente nos registros de preços cujas licitações que lhe foram precedentes seguiram as modalidades da Lei nº 8.666/93, em harmonia com o §2º do artigo 64 da Lei nº 8.666/93. Nesses casos, se o primeiro colocado recusar-se a assinar a ata, o segundo, para assinar, é obrigado a aceitar todas as condições oferecidas pelo primeiro, inclusive quanto ao preço. Dessa sorte, a solução prevista no final do parágrafo único do artigo 13 do Decreto Federal nº 7.892/13 não se aplica às situações em que a licitação precedente foi realizada na modalidade pregão, uma vez que os incisos XXIII e XVI do artigo 4º da Lei nº 10.520/02, mais fortes do que qualquer norma contida em decreto, preconizam que o segundo colocado pode ser contratado com o seu próprio preço.[224]

Art. 14

Art. 14. *A ata de registro de preços implicará compromisso de fornecimento nas condições estabelecidas, após cumpridos os requisitos de publicidade.*

Parágrafo único. A recusa injustificada de fornecedor classificado em assinar a ata, dentro do prazo estabelecido neste artigo, ensejará a aplicação das penalidades legalmente estabelecidas.

---

[224] GUIMARÃES, Edgar; NIEBUHR, Joel de Menezes. *Registro de preços*: aspectos práticos e jurídicos. 2. ed. Belo Horizonte: Fórum, 2013. p. 92.

Segundo o inc. II do art. 2º, a ARP é um documento vinculativo, obrigacional, com característica de compromisso para futura contratação, em que se registram os preços, fornecedores, órgãos participantes e condições a serem praticadas, conforme as disposições contidas no instrumento convocatório e propostas apresentadas. Deste modo, o artigo faz constar que a recusa injustificada em a assinar, dentro do prazo estabelecido, demandará a aplicação das penalidades.

Ainda que a ARP não constitua um contrato, os naturais contornos compromissais determinam, para a segurança de sua adoção, que se estabeleça uma forma efetiva de penalização nas recusas de assinatura.

O dispositivo calca-se na regra instituída no art. 81 da Lei nº 8.666/93, *in verbis*:

> Art. 81. A recusa injustificada do adjudicatário em assinar o contrato, aceitar ou retirar o instrumento equivalente, dentro do prazo estabelecido pela Administração, caracteriza o descumprimento total da obrigação assumida, sujeitando-o às penalidades legalmente estabelecidas.

Vide que antes a Lei nº 8.666/93 dispõe no art. 64:

> Art. 64. A Administração convocará regularmente o interessado para assinar o termo de contrato, aceitar ou retirar o instrumento equivalente, dentro do prazo e condições estabelecidos, sob pena de decair o direito à contratação, sem prejuízo das sanções previstas no art. 81 desta Lei.

Portanto, com o término da licitação, adentra-se na fase de convocação do licitante para a assinatura da ARP. A recusa injustificada de assinatura sujeita o fornecedor registrado às sanções administrativas.

Pelo dispositivo, dá-se ao fornecedor que se recusar a assinar a ata o mesmo tratamento determinado ao contratado inadimplente.

Ao revés, não se faz necessário não confundir os institutos jurídicos que envolvem a hipótese. No caso de fornecedor que

ART. 14 | 197

se recusa a assinar a ARP, a punição se dá em função do descumprimento total da obrigação assumida. Com a propositura de preço, participando efetivamente do certame licitatório, o licitante assume um compromisso perante a Administração: o de vir a celebrar contrato(s) na forma proposta. Não atendendo ao chamado para assinar a ata, frustra o objetivo da licitação e origina situação danosa para a Administração. À semelhança do "adjudicatário faltoso", a proposta apresentada caracteriza-se como uma responsabilidade pré-contratual, passível de sanção por descumprimento.

Dois aspectos são de vital importância: a) a sanção pecuniária (multa) só poderá ser aplicada se no instrumento convocatório constar, de forma explícita, essa possibilidade, com indicação precisa do percentual sobre o valor proposto; e b) a Administração não pode relevar aplicação da penalização, por não ser lícito ao administrador público abrir mão de direito do Estado.

As penalidades possíveis são as previstas no art. 87 da Lei nº 8.666/93:

> Art. 87. Pela inexecução total ou parcial do contrato a Administração poderá, garantida a prévia defesa, aplicar ao contratado as seguintes sanções:
>
> I – advertência;
>
> II – multa, na forma prevista no instrumento convocatório ou no contrato;
>
> III – suspensão temporária de participação em licitação e impedimento de contratar com a Administração, por prazo não superior a 2 (dois) anos;
>
> IV – declaração de inidoneidade para licitar ou contratar com a Administração Pública enquanto perdurarem os motivos determinantes da punição ou até que seja promovida a reabilitação perante a própria autoridade que aplicou a penalidade, que será concedida sempre que o contratado ressarcir a Administração pelos prejuízos resultantes e após decorrido o prazo da sanção aplicada com base no inciso anterior.

Art. 15

> **Art. 15.** *A contratação com os fornecedores registrados será formalizada pelo órgão interessado por intermédio de instrumento contratual, emissão de nota de empenho de despesa, autorização de compra ou outro instrumento hábil, conforme o art. 62 da Lei nº 8.666, de 1993.*

Tendo os vencedores da licitação assumido o compromisso do fornecimento ou da prestação dos serviços nas condições estabelecidas, conforme as propostas apresentadas, os órgãos interessados formalizarão o instrumento contratual respectivo.

As regras dispostas no art. 62 da Lei nº 8.666/93 informam que o documento contratual decorrente de licitação instaurada na modalidade concorrência é o contrato, facultada a sua substituição quando a Administração puder substituí-lo por outros instrumentos hábeis, como exemplo, a carta-contrato, a nota de empenho de despesa, a autorização de compra ou a ordem de execução de serviço.

Tal substituição poderá ocorrer quando a modalidade licitatória for o convite ou nos casos de compra com entrega imediata e integral dos bens adquiridos, dos quais não resultem obrigações futuras, inclusive assistência técnica, conforme preceituado no §4º do mesmo dispositivo.

Dessa forma, tendo sido a concorrência a modalidade licitatória escolhida para o SRP, obrigar-se-á a Administração a celebrar sempre contratos, a não ser nas prontas entregas, sob as condições estabelecidas (não resultar obrigação futura), quando poderá adotar instrumentos substitutivos (nota de empenho de despesa, autorização de compra, carta-contrato, ordem de execução de serviço etc.).

Como, entretanto, deveria ser encarada a regra da "pronta-entrega" no SRP? A Lei nº 8.666/93, no §4º do art. 40, informa que, como pronta-entrega, deve ser entendida a compra cuja entrega ocorra no prazo de até 30 (trinta) dias da data de apresentação da proposta. É evidente que o legislador, ao apontar o marco inicial desse cômputo temporal, não estava, em momento algum, pensando na licitação *sui generis* realizada sob o regime de registro de preços. Voltou-se, certamente, para os atos procedimentais comuns. A expressão "pronta-entrega" (do latim *promptus*: à disposição) é empregada na acepção jurídica, principalmente no âmbito do direito comercial, para designar o que já se mostra acabado, feito e realizado, pronto, portanto, para ser entregue. Entenda-se, assim, como a entrega imediata do objeto contratual, o que, em outras palavras, designa que o objeto está à disposição do comprador no momento em que o negócio se ultimou.

Logo, no caso das concorrências através de SRP, é de se entender que esse prazo não pode ser contado a partir da data da proposta, uma vez que as proposições são efetuadas somente para fins de registro, visando a futuras contratações, que poderão ocorrer ou não, e em épocas das mais distintas.

Portanto, outra não poderá ser a interpretação que não seja a de que, para os contratos oriundos do SRP, a pronta-entrega, para fins de substituição do contrato por documentos substitutivos, será definida por contratação, computando-se o lapso temporal a partir das celebrações de cada um dos acordos.

Com relação ao uso do pregão, é de se ater que a modalidade não está atrelada a valores.

Em face do estabelecido no art. 9º da Lei nº 10.520/02, que determina a aplicação subsidiária das normas da Lei nº 8.666/93 para o pregão, além da expressa indicação de que nessa modalidade licitatória também há a possibilidade da utilização de documentos substitutivos do contrato (art. 21, IX, do regulamento aprovado pelo Decreto nº 3.555/00), é de se entender de forma um pouco diferenciada a situação: não sendo a modalidade concorrência, em princípio, poder-se-ia avaliar que, em qualquer circunstância, independentemente do valor do objeto, o contrato poderia ser substituído por outros documentos equivalentes, já que o pregão pode ser adotado, desde que para bens e serviços comuns, sob qualquer valor. Cremos, entrementes, que, atendendo ao concebido pela Lei nº 8.666/93 para os casos de afastamentos licitatórios, a questão estaria atrelada a valores. Assim, se os preços estiverem compreendidos nos limites previstos para as modalidades "tomada de preços" e "concorrência", o instrumento obrigatório seria o contrato. Nos demais, seria facultativo, quando, então, a Administração poderia proceder à substituição por outros instrumentos hábeis.

O TCU confirmou esse entendimento ao indicar, no Acórdão nº 1.359/11 – Plenário, julgando representação atrelada a um pregão presencial, a necessidade de se "formular o instrumento de contrato quando os valores envolvidos se encaixarem nas hipóteses de concorrência e de tomada de preços, na forma estabelecida no art. 11 do Decreto Federal nº 3.931/01, c/c o art. 62 da Lei nº 8.666/93".

Art. 16

Art. 16. *A existência de preços registrados não obriga a administração a contratar, facultando-se a realização de licitação específica para a aquisição pretendida, assegurada preferência ao fornecedor registrado em igualdade de condições.*

O mandamento deste dispositivo repete, com pequena, mas significativa alteração, a regulação preconizada no §4º do art. 15 da Lei nº 8.666/93.

Repisa-se, para solidificação do entendimento, os termos desse parágrafo:

§4º A existência de preços registrados não obriga a Administração a firmar as contratações que deles poderão advir, ficando-lhe facultada a utilização de outros meios, respeitada a legislação relativa às licitações, sendo assegurado ao beneficiário do registro preferência em igualdade de condições.

Certamente buscando dar ao texto uma forma mais enxuta, vê-se que o redator do artigo se equivocou, de vez que restringiu, erradamente, a faculdade de adoção de outra maneira de aquisição, uma vez que se fixou apenas na possibilidade de instauração de outra licitação em contraponto ao registro de preços. Nesse particular, a lei é o mandamento a ser seguido, porquanto, acertadamente, indica a possibilidade de adoção de "outros meios", e não somente o regular procedimento licitatório, pois, é claro, dependendo do momento e do objeto, poderá valer-se a Administração dos afastamentos licitatórios por dispensa ou inexigibilidade.

De toda a sorte, o artigo apenas confirma o que a lei já dispunha, dispondo pela não obrigatoriedade da Administração de firmar contratos mesmo que exista o registro de preços, assegurando ao beneficiário do registro (pessoas, físicas ou jurídicas, com preços registrados) a preferência, quando em igualdade de condições com outros que foram alcançados por intermédio de outros meios (licitação ou competente afastamento).

Sobre a matéria, registramos noutro trabalho:[225]

> Considerando que o dispositivo em análise, em atendimento ao prescrito no §4º do art. 15 da Lei nº 8.666/93, assegura a preferência ao fornecedor registrado em igualdade de condições, importa anotar que o fornecedor ou o prestador de serviços registrados detêm o direito de demandar administrativa ou judicialmente o cumprimento desse direito, caso, durante o prazo de validade da ARP, a Administração venha a contratar o mesmo bem ou serviço com terceiros adotando preços idênticos ou superiores àqueles registrados.

---

[225] BITTENCOURT, Sidney. Registro de preços. *Revista Eletrônica de Licitações e Contratos Administrativos*, São Paulo, 2020.

Essa não obrigatoriedade de celebrar contrato é uma das destacáveis vantagens do SRP em relação a outros meios licitatórios.

Art. 17

CAPÍTULO VIII – DA REVISÃO E DO CANCELAMENTO DOS PREÇOS REGISTRADOS

Art. 17. *Os preços registrados poderão ser revistos em decorrência de eventual redução dos preços praticados no mercado ou de fato que eleve o custo dos serviços ou bens registrados, cabendo ao órgão gerenciador promover as negociações junto aos fornecedores, observadas as disposições contidas na alínea "d" do inciso II do caput do art. 65 da Lei nº 8.666, de 1993.*

O dispositivo informa que, no caso de fato superveniente e imprevisível que reduza os preços praticados no mercado ou de situação que eleve o custo dos serviços ou bens registrados, os preços da ARP poderão ser revistos, remetendo a matéria ao disposto na alínea "d", inc. II, do art. 65 da Lei nº 8.666/93. Reza o preceptivo remetido:

Art. 65. Os contratos regidos por esta Lei poderão ser alterados, com as devidas justificativas, nos seguintes casos: [...]

II – por acordo das partes: [...]

d) para restabelecer a relação que as partes pactuaram inicialmente entre os encargos do contratado e a retribuição da administração para a justa remuneração da obra, serviço ou fornecimento, objetivando a manutenção do equilíbrio econômico-financeiro inicial do contrato, na hipótese de sobrevirem fatos imprevisíveis, ou previsíveis porém de consequências incalculáveis, retardadores ou impeditivos da execução do ajustado, ou, ainda, em caso de força maior, caso fortuito ou fato do príncipe, configurando área econômica extraordinária e extracontratual.

ART. 17 | 203

Vê-se, portanto, que o decreto determina que a Administração dê à ata de registro de preços o mesmo tratamento que a Lei nº 8.666/93 oferece aos contratos administrativos em situações que sobrevierem fatos imprevisíveis ou previsíveis, mas de consequências incalculáveis, retardadoras ou impeditivas da execução do acordado, ou, ainda, na hipótese de força maior, caso fortuito ou fato do príncipe, configurando álea econômica extraordinária e extracontratual.

A análise do preceptivo conjugada com os artigos subsequentes (18 e 19) denota que o elaborador do decreto se perdeu na adoção da técnica legislativa.

O art. 18 indica, quando o preço registrado se tornar superior ao preço praticado no mercado por motivo superveniente, que o órgão gerenciador convoque os fornecedores para negociarem a redução dos preços aos novos valores mercadológicos.

Já o art. 19 informa, quando o preço de mercado se tornar superior aos preços registrados e o fornecedor não puder cumprir o compromisso, que o órgão gerenciador poderá liberar o fornecedor do compromisso assumido, caso a comunicação ocorra antes do pedido de fornecimento, se confirmada a veracidade dos motivos e comprovantes apresentados, e convocar os demais fornecedores para assegurar igual oportunidade de negociação.

Logo, o art. 18 dá a linha de ação para o caso de o preço registrado na ARP tornar-se superior ao do mercado, enquanto que o art. 19 dispõe sobre os procedimentos para a hipótese de o preço do mercado tornar-se superior ao registrado na ARP.

Ocorre, todavia, que as soluções do art. 19 – repisa-se, para o caso de o preço de mercado tornar-se superior ao preço registrado – não explicitam, a rigor, o reequilíbrio:

Art. 19. Quando o preço de mercado tornar-se superior aos preços registrados e o fornecedor não puder cumprir o compromisso, o órgão gerenciador poderá:

I – liberar o fornecedor do compromisso assumido, caso a comunicação ocorra antes do pedido de fornecimento, e sem aplicação da penalidade se confirmada a veracidade dos motivos e comprovantes apresentados; e

II – convocar os demais fornecedores para assegurar igual oportunidade de negociação.

Ou seja, segundo o dispositivo, se o preço de mercado superar o registrado na ARP, o órgão gerenciador poderá liberar o fornecedor do compromisso assumido e convocar os demais fornecedores para também a eles oportunizar uma negociação.

Evidencia-se, apesar da frágil construção do texto do dispositivo, que, antes "de liberar o fornecedor do compromisso assumido", o órgão gerenciador deverá convocar o fornecedor registrado para negociar a adequação de seu preço aos patamares praticados pelo mercado, ou seja, reequilibrá-lo. Tal se deduz não só pela lógica, mas pelos próprios termos do inc. II ("convocar os demais fornecedores para assegurar igual oportunidade de negociação"), que permitem inferir que, ao oferecer igual oportunidade de negociação aos demais fornecedores, a Administração já a teria oferecido ao fornecedor registrado.

Apesar da ausência de indicação legal, pois a Lei nº 8.666/93 não indica qualquer tipo de reequilíbrio de preços que não seja durante a vigência contratual, essa regulamentação atende à lógica, de vez que seria impensável a manutenção de um preço pelo período de um ano sem a sua devida atualização, notadamente de certos objetos cujos preços são influenciados por fatores de toda ordem.

Nesse curso, considerando a instabilidade do mercado, o art. 17 converge para o reequilíbrio econômico-financeiro dos preços registrados na ARP, fazendo um paralelo com a famosa equação econômico-financeira constituída na relação que as partes estabelecem quando da celebração de contratos, objetivando a justa remuneração de seu objeto.[226]

---

[226] Porquanto, para um bom andamento da contratação, faz-se necessário que essa correlação encargo/remuneração seja mantida, independentemente de qualquer fator, durante toda execução contratual. Sobre a matéria, cabe anotar que a referida equação

Atendendo à chamada teoria da imprevisão, a rigor, sempre que, comprovadamente, ocorrer um desequilíbrio na relação inicialmente estabelecida entre os encargos e a retribuição financeira para a justa remuneração pela execução do objeto pretendido, é necessária a devida recomposição. Sobre a questão, anotamos:[227]

> Impende frisar que o reequilíbrio econômico-financeiro dos contratos administrativos beneficia à própria Administração, pois, se os particulares tivessem que considerar, projetar e embutir em seus preços as diversas consequências de tudo que poderia advir na execução de um certo objeto, certamente teriam de formular propostas bem maiores das que normalmente oferecem.[228]

Sobre a matéria, a pena de Manoel de Oliveira Franco Sobrinho: "Constitui princípio fundamental, portanto, integrante dos contratos administrativos, a possível previsão de preços e custos, da adoção de meios, que entre as estipulações protejam a execução e a prestação, de cláusulas que autorizem, em termos sempre atuais, no equilíbrio econômico, uma justa ou equivalente remuneração".[229]

Adverte-se, entretanto, que não é qualquer desequilíbrio que determinará a revisão, pois o contratado deve suportar alguns riscos inerentes à atividade econômica a que se entregou. Somente a denominada álea *econômica extraordinária* (fatos imprevisíveis ou,

---

econômico-financeira tem expressa previsão constitucional. Confira-se o texto do inc. XXI do art. 37 da Constituição Federal: "Art. 37 A administração pública direta e indireta de qualquer dos Poderes da União, dos Estados, do Distrito Federal e dos Municípios obedecerá aos princípios de legalidade, impessoalidade, moralidade, publicidade e eficiência e, também, ao seguinte: [...] XXI – ressalvados os casos especificados na legislação, as obras, serviços, compras e alienações serão contratados mediante processo de licitação pública que assegure igualdade de condições a todos os concorrentes, com cláusulas que estabeleçam obrigações de pagamento, mantidas as condições efetivas da proposta, nos termos da lei, o qual somente permitirá as exigências de qualificação técnica e econômica indispensáveis à garantia do cumprimento das obrigações".

[227] BITTENCOURT. Licitação Passo a Passo, 11. ed., 2020.

[228] Até porque nem sempre o reequilíbrio econômico-financeiro do contrato administrativo beneficia o contratado. Além da elevação, também a diminuição dos encargos constitui fato motivador da redução da retribuição paga pela Administração. Consoante leciona Antônio Carlos Cintra do Amaral, "a teoria da imprevisão é uma via de duas mãos. O dever de reequilibrar o contrato administrativo impõe-se tanto para aumentar quanto para diminuir o preço contratual" (AMARAL, Antônio Carlos Cintra do. Inflação e reequilíbrio econômico-financeiro dos contratos administrativos. *Celc*. Disponível em: http://www.celc.com.br/comentarios/pdf/146.pdf. Acesso em: 3 jun. 2013).

[229] FRANCO SOBRINHO, Manoel de Oliveira. *Contratos administrativos*. São Paulo: Saraiva, 1981. p. 228.

ainda que previsíveis, de consequências incalculáveis, retardadores ou impeditivos da execução do objeto) autorizará o reequilíbrio, nunca a chamada álea *ordinária* (riscos comuns). Essa máxima também é válida para os reequilíbrios das ARPs.

Não se confunda, no entanto, "reequilíbrio" com "reajuste". No reajuste, banida a ilusão de moeda estável e o consagrado realismo monetário, busca-se, devido à inflação, a revitalização do poder aquisitivo do dinheiro, alterando-se o preço da contraprestação devida pela Administração. No reequilíbrio, persegue-se o resgate do equilíbrio contratual, rompido em decorrência de encargos supervenientes, independentemente da natureza, que prejudicam uma das partes, criando-lhe uma onerosidade excessiva.[230]

Em resumo, reza o art. 17 que os preços registrados na ARP são passíveis de revisão quando de fato resultem num desequilíbrio econômico-financeiro devidamente comprovado, advindo de situações imprevisíveis ou, mesmo que previsíveis, de consequências incalculáveis.

Com visão idêntica, diversas manifestações doutrinárias como, a seguir, Flavia Daniel Vianna, apreciando a matéria, dispôs:

A revisão é baseada na teoria da imprevisão e para que possa ocorrer, exige a comprovação real dos fatos, como, por exemplo, o aumento do petróleo, ou combustíveis, nos objetos compostos por tais elementos. Em primeira leitura ao inc. I do art. 19 poderia existir a interpretação de que o adjudicatário da ata de registro de preços, comprovando a não possibilidade de continuar honrando o compromisso pela ocorrência de fato gerador do desequilíbrio econômico-financeiro, o Órgão Gerenciador deveria apenas "liberá-lo" do compromisso assumido e não, na realidade, conceder a revisão de preços para sua majoração. Esta leitura é totalmente incorreta. É princípio básico da hermenêutica de que a norma deve ser examinada como um todo, e não somente por partes isoladas. Em vista disto, a leitura do art. 19 do Decreto nº 7892/13, deve ser efetuada em conjunto com o art. 17 do mesmo regulamento e com o artigo 65, II, "d" da Lei nº 8.666/93. Nesse ponto, o art. 17 demonstra de forma

---

[230] Não compartilhamos da opinião sustentada por alguns autores de que a expressão "reequilíbrio econômico-financeiro" indicaria o gênero do qual seriam espécies o reajuste, a atualização financeira, a correção monetária e a revisão.

ART. 17 | 207

cristalina que a revisão dos preços poderá ser efetuada sim na ata de registro de preços, seja para mais (majorar os preços registrados), seja para menos (diminuí-los). Além disso, o próprio inc. II do art. 19, ao determinar que a Administração poderá convocar os demais fornecedores "para assegurar igual *oportunidade de negociação*", implica que a negociação também será efetuada com o adjudicatário vencedor da Ata de Registro de Preços.[231]

No mesmo sentido, Joel Niebuhr e Edgar Guimarães:

> Constatado o desequilíbrio, tendo havido a majoração dos custos, o preço registrado na ata pode ser majorado, a fim de manter o equilíbrio econômico financeiro, tudo com fundamento no inc. XXI do art. 37 da Constituição Federal, no inc. II do §3º do artigo 15 da Lei nº 8.666/93 e no artigo 17 do próprio Decreto Federal nº 7.892/13. Caso não se acorde sobre o montante a ser majorado, porém constatado o desequilíbrio, daí a Administração está autorizada a liberar o fornecedor [...]. A liberação do fornecedor seria justificada pela ausência do consenso em relação ao valor a ser majorado [...].[232]

Gilberto de Oliveira Filho, apoiado em lições de Diogenes Gasparini e Marçal Justen – e sustentando que a ata de registro de preços se caracteriza como um pré-contrato ou contrato preliminar –, considera que:

> em tese, seria efetivamente possível a incidência de *revisão de valores*, nos termos do que dispõe o art. 65, inc. II, al. d, da Lei nº 8.666/93 c/c o art. 17 do Dec. nº 7.892/13 (aplicável no âmbito da União) ou, no caso de Administração Municipal, dispositivo correlato na legislação local, a fim de restabelecer a equação econômico-financeira, desde que atendidos os requisitos autorizadores:
> A revisão não será automática, devendo restar demonstrado eventual desequilíbrio econômico-financeiro, para mais ou para menos, tornando inviável a contratação pelos preços registrados. O pedido

---

[231] VIANNA, Flavia Daniel. Atualização de preços no SRP quando os preços de mercado tornarem-se superiores aos preços registrados (à luz do novo Decreto 7892/13). *Vianna & Consultores Associados*. Disponível em: https://www.viannaconsultores. com.br/atualiza%C3%A7%C3%A3o-de-pre%C3%A7os-no-sistema-de-registro-de-pre%C3%A7os. Acesso em: 21 out. 2020.

[232] GUIMARÃES, Edgar; NIEBUHR, Joel de Menezes. *Registro de preços*: aspectos práticos e jurídicos. 2. ed. Belo Horizonte: Fórum, 2013. p. 108.

revisional, a nosso ver, pode ser invocado a qualquer tempo, *desde que após a celebração da ata de registro de preços*, independentemente de previsão expressa, encontrando-se condicionado à demonstração de situação de desequilíbrio econômico-financeiro. Trata-se do cumprimento do art. 37, inc. XXI, da Constituição Federal de 1988, que determina que contratos devem primar *pela manutenção das condições efetivas das propostas*. A revisão de preços nada mais é do que a realização de um ajuste para que se retomem as condições iniciais da respectiva proposta, atingidas por um desequilíbrio na relação inicialmente pactuada, por fatores supervenientes e imprevisíveis ou, se previsíveis, de consequências incalculáveis. A revisão somente pode prosperar se comprovado que certo fator incidente no ajuste, de fato, ocasionou o seu desequilíbrio econômico-financeiro, de forma insustentável, *não sendo qualquer alteração que pode sustentar o pedido*. Assim sendo, cremos que tanto a ata de registro de preços quanto o contrato dela oriundo podem ser objeto de revisão de preços, desde que demonstrado o desequilíbrio econômico-financeiro.[233]

Nos mesmos moldes, opinião de Brenia dos Santos:

É possível, também a partir dos art. 17 e 19 do Decreto nº 7.892/13, formar o entendimento de que a revisão dos preços registrados ocorrerá na forma do art. 65, II, "d", da Lei nº 8.666/93, podendo ocorrer para majorá-los ou minorá-los.

Portanto, diante da ocorrência de fato imprevisível ou previsível, mas de consequências incalculáveis, que ocasione a quebra da equação econômico-financeira inicialmente estabelecida, surge ao particular beneficiário da ata o direito a solicitar a revisão dos valores registrados.

Para tanto, o beneficiário deve demonstrar exaustivamente, em seu pedido de revisão, que a elevação dos preços praticados no mercado superou a média esperada e que tal fato teve impacto direto nos custos referentes ao objeto registrado em ata, de modo que o valor originalmente avençado não se mostra mais condizente com os custos da manutenção do fornecimento, implicando prejuízo à margem de lucro esperada.

Não havendo acordo quanto ao valor a ser majorado, o Decreto nº 7.892/13 contempla solução alternativa à revisão para majoração dos preços registrados, consistente na negociação com os fornecedores e liberação do adjudicatário da ata diante da comprovada

---

[233] Arquivo pessoal.

impossibilidade de continuar honrando o compromisso pela ocorrência de fato gerador do desequilíbrio econômico-financeiro (art. 19, Decreto nº 7.892/13).[234]

Também o ponto de vista de Benedicto de Tolosa:

Entendo que a ata de registro de preços nada mais é que um contrato administrativo e, portanto, passível de ter seus preços corrigidos, quer por realinhamento ou por reequilíbrio econômico-financeiro. Há que se considerar que o disposto no art. 37, XXI, da Constituição, quando menciona a manutenção da proposta, tem sentido amplo, pois o objetivo é evitar que uma das partes se locuplete em detrimento da outra. Há ainda que se ponderar que o período é longo – normalmente doze meses – e sujeito a toda sorte de influências positivas e negativas que afetam seu cumprimento. Assim, cabível a correção, desde que, amplamente demonstrada.[235]

Evaldo Araújo Ramos censura o texto regulamentar:

Particularmente, considero a redação do decreto federal extremamente ruim, sobretudo porque contém uma contradição intrínseca. Por tal razão, defendo que o gestor possa em casos excepcionais conceder a revisão, desde que comprovado no processo que, por exemplo, o cancelamento do registro e a consequente necessidade de uma contratação emergencial, por exemplo, constitui medida mais danosa ao poder público.[236]

Em resumo, a nosso ver, conforme bem obtemperaram Monteiro Reis, Benedicto de Tolosa, Jair Eduardo Santana,[237] Clovis Boechat, entre tantos outros, o não detalhamento no regulamento do procedimento a ser adotado quando o fornecedor, em função de fatores comprovados que desequilibraram

---

[234] Arquivo pessoal.

[235] Arquivo pessoal.

[236] Arquivo pessoal.

[237] Sem pestanejar, Jair Eduardo Santana é taxativo: "Fica claro, assim, que a ata de registro de preços poderá ser alterada para equilibrar a equação que ora beneficiará o fornecedor, ora à própria Administração" (SANTANA, Jair Eduardo. *Pregão presencial e eletrônico* – Sistema de registro de preços – Manual de implantação, operacionalização e controle. 4. ed. Belo Horizonte: Fórum, 2014. p. 400).

os preços oferecidos e registrados, solicitar uma elevação no valor registrado, não deve ser entendido como impossibilidade.

> Não nos parece ser a melhor solução, especialmente levando em consideração que o sistema de registro de preços faz parte integrante do ordenamento jurídico vigente e que este prevê, formalmente, a possibilidade disso vir a ocorrer. Diríamos até que deve ser mais rotineira a situação em que o preço registrado acabe se mostrando inferior ao praticado no mercado do que a situação inversa. [...] Fatos imprevisíveis ou até previsíveis, mas de consequências incalculáveis, podem vir a ocorrer independentemente da vontade das partes. Ignorá-los seria ignorar a própria realidade.[238]

Nesse contexto, aliando teoria e prática, Monteiro Reis argumenta, trazendo à colação exemplo extremamente contemporâneo, concluindo pela admissibilidade da revisão:

> Imaginemos que órgãos/entidades da administração pública tivessem registrados preços para fornecimento de máscaras cirúrgicas, constantemente demandadas em função das atividades desenvolvidas. Pouco tempo depois, em plena vigência da ata, é decretada a pandemia gerada pelo novo coronavírus, que causa a doença denominada COVID-19, com índices de propagação e de letalidade bastante elevados. Situação absolutamente imprevisível no momento em que a ata foi formalizada. Como consequência da pandemia, os preços no mercado de comercialização de máscaras cirúrgicas sofreram consideráveis elevações, reação natural, considerando que, como regra, o aumento da demanda faz com que os valores correspondentes aumentem. Em uma situação como essa, seria natural que o gerenciador da ata, convencido pelo fornecedor da impossibilidade de manutenção do preço registrado – fato confirmado, em seguida, pelos eventuais integrantes do cadastro de reserva –, simplesmente o liberasse dos compromissos, declarando extinta a ata? O que fazer a partir de então? Nova licitação? Uma contratação sem licitação? Com certeza, e os fatos estão aí para comprovar, em qualquer dessas ou de outras hipóteses legais, a administração se veria diante de um fato concreto: preços no mercado muito superiores aos que estavam registrados na ata extinta. Valeria a pena, assim, extinguir a ata? Ou teria sido mais vantajoso,

---

[238] REIS, Paulo Sérgio de Monteiro. *Sistema de registro de preços*: uma forma inteligente de contratar – Teoria e prática. Belo Horizonte: Fórum, 2020. p. 148-150.

diante de uma situação absolutamente imprevisível, utilizar-se das disposições da Lei nº 8.666/1993, negociar com o detentor da ata um aumento no preço registrado e continuar com um fornecedor de produto tão essencial? Não podemos raciocinar com a hipótese de que o Decreto nº 7.892, de 2013, simplesmente veda qualquer elevação no preço registrado, pois estaríamos colocando esse regulamento em patamar hierárquico superior às leis que regem as contratações públicas. Melhor será considerar que o decreto foi, lamentavelmente, omisso e que, diante dessa omissão, devemos buscar outros meios, no ordenamento jurídico, para fazer esse ajuste de valor a maior. [...] Assim, ainda que o Decreto nº 7.892, de 2013, não traga, expressamente, a possibilidade de elevação dos preços registrados, tal condição deve ser obrigatoriamente observada para a efetiva aplicação das regras do ordenamento jurídico, cumprindo-se, assim, o comando constitucional. Desse modo: [...] se, no curso da vigência da ata, ocorrer um fato imprevisível, ou até previsível, mas de consequências incalculáveis, estranho à vontade das partes, a revisão do preço registrado poderá ser aplicada, elevando-o ou reduzindo-o, com a análise dos fatos concretos incidentes naquele processo especificamente.[239]

No mesmo mote, Victor Amorim e Fabrício Motta, ao se debruçarem sobre dúvida existente quanto à viabilidade da revisão dos preços registrados em ARP em face de comprovada elevação dos valores praticados no mercado em decorrência da crise humanitária, social e econômica provocada pela pandemia do novo coronavírus:

a) os atos normativos primários que dispõem sobre o SRP, em especial as Leis nº 8.666/1993 e nº 10.520/2002, não veiculam o impedimento, a priori, de revisão da ata de registro de preços no sentido de promover a elevação dos preços registrados em razão de fatos supervenientes e circunstâncias excepcionais que, comprovadamente, alterem profundamente os valores praticados em mercado; [...] c) a partir de uma análise sistêmica do Decreto Federal nº 7.892/2013 e à luz dos princípios da eficiência e economicidade, é juridicamente viável a revisão de ARP para aumento dos preços registrados em razão de fatos supervenientes e circunstâncias excepcionais que,

---

[239] REIS, Paulo Sérgio de Monteiro. *Sistema de registro de preços*: uma forma inteligente de contratar – Teoria e prática. Belo Horizonte: Fórum, 2020. p. 148-150.

comprovadamente, alterem os valores praticados em mercado, como o caso da crise decorrente do coronavírus.[240]

Registre-se também, conforme trabalho de pesquisa efetuado pela Professora Brenia dos Santos:

> embora não se possa afirmar que se trata do entendimento do TCU, pode-se verificar, pelo menos, uma tendência em permitir a revisão dos preços registrados desde que seja demonstrada, por estudo técnico, a superveniência de fato excepcional ou imprevisível que justificasse a alteração dos preços inicialmente propostos.[241]
>
> [...] Assim como em relação ao item anterior, *deixa-se de propor qualquer medida em relação a este ponto considerando a informação de que o novo edital conterá os critérios de possível revisão adequadamente estabelecidos*, eliminando-se a contradição inicialmente identificada. (Acórdão nº 7.122/2019 – 2ª Câmara)
>
> [...] 2. A irregularidade das contas do ex-Secretário se deu em decorrência de *revisões procedidas nas Atas de Registro de Preços* dos Pregões Eletrônicos 421/2007 e 545/2008, realizados pelo Governo do Estado de Sergipe, tendo como objeto a aquisição de produtos para o Programa Nacional de Alimentação Escolar (Pnae), *sem que houvesse demonstração da superveniência de fato excepcional ou imprevisível que justificasse a alteração dos preços inicialmente propostos* [...]. (Acórdão nº 6.917/2018 – 2ª Câmara)
>
> [...] 66. Ante o exposto, *vislumbra-se duas irregularidades* no âmbito do processo 2131: i) *aumento dos valores da Ata de Registro de Preços 20/2010 para reestabelecer o equilíbrio econômico-financeiro inicial do contrato sem a ocorrência de fatos imprevisíveis, ou previsíveis com consequências incalculáveis, inexistindo álea econômica extraordinária ou extracontratual.* (Acórdão nº 2.907/2017 – Plenário)

Cabe assentar que essa não é a opinião prevalente na AGU, a qual tem sustentado, como se observa em consultorias a órgãos consulentes, que, embora o decreto preveja a situação de revisão dos preços registrados em decorrência de eventual redução dos preços praticados no mercado ou de fato que

---

[240] AMORIM, Victor; MOTTA, Fabrício. Revisão de preços registrados em caso de elevação dos valores praticados em mercado no contexto da crise do coronavírus. *Fórum de Contratação e Gestão Pública – FCGP*, Belo Horizonte, ano 19, n. 221, p. 9-16, maio 2020.

[241] Arquivo pessoal.

eleve o custo dos serviços ou bens registrados, acaba por limitar essa revisão apenas assegurando a revisão quando os preços se tornarem menores no mercado, impedindo que haja revisão nos casos de elevação de custos dos bens registrados. No Parecer nº 00001/2016/CPLCA/CGU/AGU, a AGU firmou posição no sentido do não cabimento de reequilíbrio econômico em relação à ARP, no caso de o preço de mercado se tornar superior aos preços registrados, sob o argumento de que o instituto está relacionado à contratação (contrato administrativo em sentido amplo).

Como tal parecer teve aprovação da consultoria jurídica do órgão, tornou-se de orientação vinculante, devendo ser seguido por todos os seus membros, consoante o preceituado sobre a matéria na Lei Complementar nº 73, de 10.2.1993, que instituiu a Lei Orgânica da Advocacia-Geral da União.

Sobre a questão, assevera o retrocitado parecer: "Necessário perceber que, na hipótese do preço de mercado tornar-se superior aos preços registrados, a negociação não admite aumento dos valores registrados, mas apenas a liberação do compromisso, sem aplicação de penalidades".

Sublinhe-se, contudo, que no próprio âmbito da AGU há discordância, como se verifica, por exemplo, na ressalva do Procurador Federal Irineu Cláudio Gehrke, explicitada na Nota nº 125/2019/PFUFSM/PGF/AGU:

> Registro que o mencionado entendimento não é comungado por esta procuradoria jurídica, no entanto, a partir do momento que há orientação vinculante dos órgãos superiores, no caso aprovação pela Consultoria Jurídica da AGU, esta orientação deve ser seguida, até porque vinculante, nos termos da LC 73/93.

Na esteira da orientação da AGU, Ronny Charles observa que os fornecedores confundem a faculdade administrativa de negociação com o pleito de revisão econômica:

> Mesmo quando o preço de mercado é inferior, ele não obriga a redução, impondo apenas ao órgão público contratante a abertura da

negociação, que pode ou não ser aceita pelo contratado. Em suma, o procedimento de negociação se diferencia dos institutos de revisão econômica, entre outras coisas, porque, não sendo propriamente um direito patrimonial, não pode ser alcançado sem a concordância da outra parte. Esta nuance, *per si*, é suficiente para demonstrar que o procedimento de negociação dos preços registrados na Ata, previsto pelo regulamento federal, não se confunde com o aumento ou diminuição de valores da contratação, através dos institutos de manutenção do equilíbrio econômico.[242]

Em análise (Parecer nº 00001/2016/CPLC/CGU/AGU), demonstrando as diferenças de natureza jurídica entre a ARP e o contrato (em sentido amplo), bem como entre os institutos de manutenção do equilíbrio econômico e o procedimento negocial previsto pelo regulamento federal, o ilustre administrativista conclui:

a) O procedimento de negociação dos valores registrados na Ata, previsto nos artigos 17 a 19 do Decreto federal nº 7.892/2013, não se confunde com o reconhecimento do direito da parte contratante à alteração do valor contratual, para manutenção do equilíbrio econômico do contrato. b) O procedimento de negociação dos valores registrados na Ata, previsto nos artigos 17 a 19 do Decreto federal nº 7.892/2013, afeta o preço registrado na Ata e deve ser conduzido, a priori, pelo órgão gerenciador. c) Não cabe reajuste, repactuação ou reequilíbrio econômico (revisão econômica) em relação à Ata de registro de preços, uma vez que esses institutos estão relacionados à contratação (contrato administrativo em sentido amplo). d) Eventual ocorrência de fato gerador de algum dos institutos de manutenção do equilíbrio econômico (reajuste, repactuação ou reequilíbrio econômico) deve ser reconhecida no âmbito da relação contratual firmada, pela autoridade competente, sem necessária interferência na Ata de registro de preços.

Vide que, também na esfera da AGU, a Procuradora Sheila Carneiro Targino Lima, através do Parecer nº 070/2016/SCTL/ PF-IGF/AGU, emitiu opinião diversa, buscando, com coerência, a conexão do previsto na Lei nº 8.666/93 sobre o tema com os

---

[242] TORRES, Ronny Charles L. de. *Leis de Licitações Públicas comentadas*. 10. ed. Salvador: JusPodivm, 2019. p. 237.

dispositivos do Decreto nº 7.892/2013, concluindo que, para a concessão de reequilíbrio econômico-financeiro (previsto no art. 65, inc. 11, letra "d", da Lei nº 8.666) do preço fixado em ata de registro de preços, faz-se necessária a verificação das duas condições especiais preconizadas no Decreto nº 7.892/2013: a negociação prévia com os demais fornecedores, determinada pelo art. 17, a fim de verificar se há, observada a ordem de classificação da licitação, eventuais demais licitantes com preços registrados em relação ao mesmo produto objeto do pedido de reequilíbrio com interesse em fornecer o produto por preço inferior ao que atualmente está sendo reivindicado pela requerente; e a avaliação dos preços atuais do mercado, para fins da aplicação dos arts. 18 e 19:

> Somente se as duas condições legais especiais impostas pelo Decreto nº 7.892/2013 estiverem devidamente satisfeitas (e formalmente comprovadas no processo), e for o caso, será possível conceder o equilíbrio econômico-financeiro postulado pela empresa requerente em relação ao novo preço a ser praticado nas eventuais contratações futuras.[243]

Recentemente, a questão voltou à baila no âmbito da instituição – o que demonstra vacilação –, vindo à tona o Parecer nº 00003/2019/CPLC/PGF/AGU ratificando a posição anterior, sustentando que "não cabe reajuste, repactuação ou reequilíbrio econômico (revisão econômica) em relação à Ata de registro de preços, uma vez que esses institutos estão relacionados à contratação (contrato administrativo em sentido amplo)".

---

[243] No mesmo viés, o Acórdão TCU nº 2861/2009 – Primeira Câmara: "1. A revisão de preço registrado, prevista no art. 12, §1º, do Decreto 3.931/2001, decorrente da elevação anormal no custo de insumos, exige a apresentação de planilhas de composição do preço do produto, com todos os seus insumos, assim como dos critérios de apropriação dos custos indiretos, que comprovem o desequilíbrio da equação econômico-financeira da proposta. 2. É irregular a revisão de preço registrado quando sua evolução mostra-se compatível com o cenário existente à época da formulação da proposta. 3. É irregular a revisão de preço registrado que desconsidere o desconto oferecido por ocasião do certame licitatório. 4. Somente se admite a revisão de preço registrado após a comprovação do desequilíbrio da equação econômico-financeira da proposta e da efetiva negociação com os demais fornecedores".

Diante de tudo que foi exposto, em que pese o posicionamento da AGU, reafirma-se que, aliando-se o bom direito, a regra positivada na Lei nº 8.666/93, os dispositivos regulamentares e a realidade (não se pode aplicar o direito sem considerar a realidade),[244] na existência de razão superveniente, devidamente comprovada, imprevisível ou até mesmo previsível, mas de consequências incalculáveis, que demonstre a impraticabilidade do preço registrado, é possível a revisão do preço registrado tanto para cima quanto para baixo, ou seja, quando os preços se tornarem maiores ou menores no mercado.

Art. 18

Art. 18. *Quando o preço registrado tornar-se superior ao preço praticado no mercado por motivo superveniente, o órgão gerenciador convocará os fornecedores para negociarem a redução dos preços aos valores praticados pelo mercado.*

§1º Os fornecedores que não aceitarem reduzir seus preços aos valores praticados pelo mercado serão liberados do compromisso assumido, sem aplicação de penalidade.

§2º A ordem de classificação dos fornecedores que aceitarem reduzir seus preços aos valores de mercado observará a classificação original.

O art. 18 dá início aos procedimentos de reequilíbrio dos preços registrados na ARP.

Assim, quando, por motivo superveniente, o preço registrado tornar-se superior ao preço do mercado, caberá ao

---

[244] Luiz Roberto Barroso ensina que na dogmática contemporânea não há cisão entre interpretação e aplicação, pois a atribuição de sentidos se faz em conexão com os fatos relevantes e a realidade subjacente, de modo que a norma jurídica não é o objeto da interpretação, mas seu produto final (BARROSO, Luís Roberto. *Curso de direito constitucional contemporâneo*: os conceitos fundamentais e a construção do novo modelo. 8. ed. São Paulo: Saraiva, 2019).

órgão gerenciador convocar o fornecedor para negociação de redução ao valor praticado.

Dependendo da situação, caso a Administração avalie que os dispêndios com um novo procedimento licitatório seriam mais ruinosos do que manter o *status quo*, entende-se possível a manutenção do ajuste com o fornecedor mesmo que a redução por ele proposta na negociação não atinja os patamares do mercado. Com esse mesmo entendimento, Iúlian Miranda:

> Observa-se que é possível que o fornecedor aceite reduzir o preço sem atingir, no entanto, exatamente o preço médio praticado no mercado. Ainda assim defende-se a possibilidade de a Administração Pública contratar o fornecedor, caso se comprove a vantagem em contratá-lo, ao invés de cancelar os preços registrados e instaurar novo procedimento licitatório. Uma nova licitação pode ser danosa, seja pelos gastos com o procedimento, seja pelos riscos inerentes a novas contratações. Entretanto, a análise quanto à melhor opção a ser adotada – contratação do fornecedor que não atingiu o preço ideal ou abertura de novo procedimento licitatório – compete ao administrador público que, necessariamente, deverá motivar a sua decisão.[245]

E Jacoby Fernandes:

> O fornecedor aceita reduzir o preço, mas não iguala a oferta aos preços praticados no mercado. Nesse ponto, o assunto deve ficar ao prudente arbítrio do órgão gerenciador. É que muitas vezes é contraproducente, na busca desenfreada de uma rigorosa igualdade, perder um bom fornecedor, ficar sem o preço registrado e despender grande esforço em um novo processo licitatório com riscos inerentes a novas contratações. Muitas vezes, alguns gestores incorrem nesse equívoco, notadamente, quando trabalham com a média aritmética e o rigor formal de frações de moeda.[246]

---

[245] MIRANDA, Iúlian. Da revisão e do cancelamento dos preços registrados. *In*: FORTINI, Cristiana (Coord.). *Registro de preços*: análise crítica do Decreto Federal nº 7.892/13, com as alterações posteriores. 3. ed. Belo Horizonte: Fórum, 2020.

[246] FERNANDES, Jorge Ulisses Jacoby. *Sistema de registro de preços e pregão presencial e eletrônico*. 5. ed. Belo Horizonte: Fórum, [s.d]. p. 325.

O §1º apenas registra a impossibilidade de punição, no caso de os fornecedores não aceitarem reduzir seus preços.

O §2º meramente enfoca a natural necessidade de a Administração observar a classificação original ao estabelecer a ordem de classificação dos fornecedores que aceitarem reduzir seus preços.

Art. 19

Art. 19. *Quando o preço de mercado tornar-se superior aos preços registrados e o fornecedor não puder cumprir o compromisso, o órgão gerenciador poderá:*

I – liberar o fornecedor do compromisso assumido, caso a comunicação ocorra antes do pedido de fornecimento, e sem aplicação da penalidade se confirmada a veracidade dos motivos e comprovantes apresentados; e

II – convocar os demais fornecedores para assegurar igual oportunidade de negociação.

Parágrafo único. Não havendo êxito nas negociações, o órgão gerenciador deverá proceder à revogação da ata de registro de preços, adotando as medidas cabíveis para obtenção da contratação mais vantajosa.

Como informado nos comentários ao art. 17, as soluções do art. 19 para a hipótese de o preço de mercado tornar-se superior ao preço registrado não explicitam, a rigor, o reequilíbrio. Segundo o dispositivo, se o preço de mercado superar o registrado na ARP, o órgão gerenciador poderá liberar o fornecedor do compromisso assumido e convocar os demais fornecedores para também a eles oportunizar uma negociação.

Conforme anotamos, evidencia-se, apesar da frágil construção do texto do dispositivo, que, antes "de liberar o fornecedor do compromisso assumido", o órgão gerenciador deverá convocar o fornecedor registrado para negociar a adequação de seu preço aos patamares mercadológicos, ou seja, reequilibrá-lo. Essa dedução não só deriva da lógica, mas também pelos próprios termos do inc. II ("convocar os demais fornecedores para assegurar igual oportunidade de negociação"), que permitem inferir que, ao oferecer igual oportunidade de negociação aos demais fornecedores, a Administração já a teria oferecido ao fornecedor registrado.

Apesar da ausência de indicação legal (pois a Lei nº 8.666/93 só aponta o reequilíbrio de preços durante a vigência contratual), tal regulamentação atende à lógica, de vez que seria impensável a manutenção de um preço pelo período de um ano sem a devida atualização, notadamente de certos objetos cujos preços são influenciados por diversos fatores.

Destarte, a nosso ver, quando o preço de mercado se tornar superior aos preços registrados e o fornecedor não puder cumprir o compromisso, o órgão gerenciador deverá:

a) inicialmente negociar com o fornecedor buscando reequilibrar o preço;
b) se a negociação não surtir efeito, poderá liberar o fornecedor, caso a comunicação de desequilíbrio ocorra antes do pedido de fornecimento, sem aplicação da penalidade, caso confirmada a veracidade dos motivos e comprovantes apresentados;
c) convocar os demais fornecedores para igual oportunidade de negociação; e
d) se as negociações não lograrem êxito, revogar a ata de registro de preços, adotando as medidas cabíveis para obtenção da contratação mais vantajosa (providenciando nova licitação ou, em situações específicas, afastando o certame por dispensa ou inexigibilidade).

Arts. 20 e 21

Art. 20. *O registro do fornecedor será cancelado quando:*

I – descumprir as condições da ata de registro de preços;

II – não retirar a nota de empenho ou instrumento equivalente no prazo estabelecido pela Administração, sem justificativa aceitável;

III – não aceitar reduzir o seu preço registrado, na hipótese deste se tornar superior àqueles praticados no mercado; ou

IV – sofrer sanção prevista nos incisos III ou IV do caput do art. 87 da Lei nº 8.666, de 1993, ou no art. 7º da Lei nº 10.520, de 2002.

Parágrafo único. O cancelamento de registros nas hipóteses previstas nos incisos I, II e IV do caput será formalizado por despacho do órgão gerenciador, assegurado o contraditório e a ampla defesa.

Art. 21. *O cancelamento do registro de preços poderá ocorrer por fato superveniente, decorrente de caso fortuito ou força maior, que prejudique o cumprimento da ata, devidamente comprovados e justificados:*

I – por razão de interesse público; ou

II – a pedido do fornecedor.

O dispositivo enumera os motivos para o cancelamento do registro de preços:

a) descumprimento das condições da ARP;

b) não retirada da nota de empenho ou instrumento equivalente no prazo estabelecido pela Administração, sem justificativa aceitável;

c) não aceitação de redução de preço registrado, na hipótese de este se tornar superior àqueles praticados no mercado; e

d) ocorrência das sanções previstas nos incs. III ou IV do *caput* do art. 87 da Lei nº 8.666/93 (suspensão temporária de participação em licitação e impedimento de contratar com a Administração por prazo não superior a dois anos, e declaração de inidoneidade para licitar ou contratar com a Administração Pública enquanto perdurarem os motivos determinantes da punição ou até que seja promovida a reabilitação perante a própria autoridade que aplicou a penalidade) ou no art. 7º da Lei nº 10.520/02 (impedimento de licitar e contratar com União, estados, Distrito Federal ou municípios e descredenciamento no Sicaf ou nos sistemas de cadastramento de fornecedores a que se refere o inc. XIV do art. 4º desta lei, pelo prazo de até cinco anos).

O parágrafo único, que prevê o contraditório e a ampla defesa, dá conotação de punição ao cancelamento da ARP. Ocorre que o art. 87 da Lei nº 8.666/93 não lista este tipo de punição, o que dá ao dispositivo certo ar de ilegalidade. Deve-se entender, entretanto, que o redator do decreto buscou adaptar a situação às características especiais do SRP, com fulcro no ato de controle determinado pelo inc. II do §3º do art. 15 da Lei nº 8.666/93, pelo que, apesar da não caracterização do cancelamento como punição, resolveu permitir que aquele que venha a ter seu registro cancelado possa questionar o ato.

Soma-se a essas razões a ocorrência de fato superveniente, decorrente de caso fortuito ou de força maior, em face de interesse público (inc. I do art. 21) ou a pedido do fornecedor (inc. II do art. 21), desde que prejudicial ao cumprimento da ARP e devidamente comprovado e justificado.

Art. 22 e §§1º, 1º-A, 1º-B e 2º

CAPÍTULO IX – DA UTILIZAÇÃO DA ATA DE REGISTRO DE PREÇOS POR ÓRGÃO OU ENTIDADES NÃO PARTICIPANTES

Art. 22. *Desde que devidamente justificada a vantagem, a ata de registro de preços, durante sua vigência, poderá ser utilizada por qualquer órgão ou entidade da administração pública federal que não tenha participado do certame licitatório, mediante anuência do órgão gerenciador.*

§1º Os órgãos e entidades que não participaram do registro de preços, quando desejarem fazer uso da ata de registro de preços, deverão consultar o órgão gerenciador da ata para manifestação sobre a possibilidade de adesão.

§1º-A A manifestação do órgão gerenciador de que trata o §1º fica condicionada à realização de estudo, pelos órgãos e pelas entidades que não participaram do registro de preços, que demonstre o ganho de eficiência, a viabilidade e a economicidade para a administração pública federal da utilização da ata de registro de preços, conforme estabelecido em ato do Secretário de Gestão do Ministério do Planejamento, Desenvolvimento e Gestão. (Incluído pelo Decreto nº 9.488, de 2018).

§1º-B O estudo de que trata o §1º-A, após aprovação pelo órgão gerenciador, será divulgado no Portal de Compras do Governo federal. (Incluído pelo Decreto nº 9.488, de 2018).

§2º Caberá ao fornecedor beneficiário da ata de registro de preços, observadas as condições nela estabelecidas, optar pela aceitação ou não do fornecimento decorrente de adesão, desde que não prejudique as obrigações presentes e futuras decorrentes da ata, assumidas com o órgão gerenciador e órgãos participantes.

O Capítulo IX dedica-se a regulamentar as adesões externas à ARP, ou seja, a utilização da ata por órgãos ou entidades que não tenham participado da licitação, conhecida no meio licitatório como "carona".

O dispositivo assegura – desde que seja comprovada a vantagem – que a ARP poderá ser utilizada por qualquer órgão ou entidade da Administração Pública federal não participante do certame licitatório, mediante a aceitação do órgão gerenciador.

Em princípio, a regra está circunscrita aos entes federais.

A necessidade de anuência do órgão gerenciador não deixa dúvidas quanto ao poder discricionário. Ao receber a solicitação, o órgão gerenciador deverá apreciar e sopesar as circunstâncias para concordar ou não com o pedido. Anote-se que, com outras palavras, o §1º repete o *caput*.

Trata-se de dispositivo elogiável, diante da desburocratização e economicidade que proporciona – reduzindo, em

ART. 22 E §§1º, 1º-A, 1º-B E 2º | 223

muito, o trabalho, os gastos e o tempo –, mas criticável, em função da total falta de amparo legal.[247]

Impende frisar, para o bom entendimento do estabelecido, que o redator do texto regulamentar preocupou-se em fixar outros dois atores, além do órgão gerenciador: os órgãos participantes e os órgãos não participantes. Os primeiros,

---

[247] Com o mesmo entendimento, Joel de Menezes Niebuhr: "A figura do *carona* foi criada de forma independente e autônoma por meio de regulamento administrativo, do Decreto Federal nº 3.931/01. Nesse sentido, é forçoso afirmar que o Presidente da República, ao criar o *carona* sem qualquer amparo legal, excedeu as suas competências constitucionais (inciso IV do artigo 84 da Constituição Federal), violando abertamente o princípio da legalidade" (NIEBUHR, Joel de Menezes. "Carona" em ata de registro de preços: atentado veemente aos princípios de direito administrativo. *Revista Zênite – Informativo de Licitações e Contratos – ILC*, v. 13, n. 143, p. 13-19, jan. 2006). Paulo Sérgio de Monteiro Reis apresenta mais um motivo, em forma de indagação, para demonstrar a ilegalidade do *carona*: "O SRP foi criado para atender as contratações frequentes, para as necessidades rotineiras. Órgão ou entidade que tenha necessidades rotineiras pode deixar de realizar licitações para registro de preços e passar a aderir às Atas vigentes no mercado? Ou, inversamente, se para um determinado órgão/entidade a necessidade do bem ou do serviço não é frequente (trata-se de uma necessidade que, para esse órgão/entidade, só existe naquele momento), a contratação pode ser feita utilizando um Registro de Preços, por meio de adesão a uma Ata?" (REIS, Paulo Sérgio de Monteiro. Sistema de registro de preços: a panaceia nas contratações? *Revista Zênite – Informativo de Licitações e Contratos – ILC*, v. 14, n. 155, p. 42-47, jan. 2007). Ivan Barbosa Rigolin é veemente: "Agora, com o art. 22, o nível técnico do regulamento atinge o fundo do poço. E a tragédia piorou recentemente, com grandes acréscimos alfanuméricos a este *pavoroso* art. 22, pelo Decreto nº 9.488, de 30 de agosto de 2018, como se o artigo inteiro merecesse o mínimo respeito, como não merece. O novo decreto espraiou-se sobre matéria juridicamente putrefata, como se tivesse condão de melhorar aquela calamidade que é o *carona*. Trata-se, enfim, do *carona*, infelicíssima ideia do Executivo federal em um estertor de mandato, que se reveste de toda ilegalidade que se possa reunir em pouco espaço, e que de nós merece o desprezo mais sincero e espontâneo de que somos capazes. Outra dessas ideias que têm em vista somente a praticidade – e a lei, ora, a lei... –, o *carona* vem e sendo proscrito, rejeitado e estigmatizado por entes como o Tribunal de Contas do Estado de São Paulo, e muitos conhecidos Tribunais de Contas estaduais, de modo enfático e decidido, no que merecem elogio incondicional. Sem base nenhuma na lei de licitações, cuja sistemática é inconciliável com essa sinistra instituição porque se trata de invenção extraída de cartola de mágico para *quebrar o galho* de órgãos públicos federais – em geral não muito afeitos ao trabalho –, o que se recomenda a Municípios (já que falar aos Estados ou à União é como falar às paredes), e até em seu proveito com vista à futura fiscalização pelos TCs, é *jamais utilizarem o carona, em hipótese alguma, para o objeto que for, sob nenhuma alegação, pretexto ou evasiva.* [...] Todo o art. 22 parte do pressuposto da legalidade e da legitimidade do *carona*, e assim todo ele se revela *rigorosamente imprestável* para quaisquer fins de direito" (RIGOLIN, Ivan Barbosa. *Registro de preços*. Disponível em: http://www.acopesp.org. br/admin/assets/arquivos/be7213152b53c98ef8972bcd8c53b6fe.pdf. Acesso em: 27 set. 2018).

224 SIDNEY BITTENCOURT
LICITAÇÃO DE REGISTRO DE PREÇOS – COMENTÁRIOS AO DECRETO Nº 7.892, DE 23 DE JANEIRO DE 2013...

participantes de origem da licitação – informando objetos pretendidos, condições, características e quantidades – e, em consequência, integrantes da ARP; os segundos, os "caronas", ou seja, os que, não tendo participado da competição (não constando, em decorrência, da ARP), consultam o órgão gerenciador e solicitam o uso da ata.

É inconteste que o permissivo é altamente vantajoso para os que "pegam carona" e, quase sempre, para os fornecedores registrados, uma vez que, para os "caronas", acarreta agilidade nas contratações e economicidade de toda ordem, e, para os fornecedores, ganhos extras, com mais contratações.[248]

Obviamente, os fornecedores ou prestadores de serviços detêm a faculdade de aceitar ou não a execução do objeto para os possíveis novos contratantes, uma vez que não propuseram preços para tais atendimentos. Assim, não poderiam ser impingidos a cumprir obrigações não assumidas. Impende frisar que só deverão aceitar a execução extra se inexistir prejuízo no atendimento das obrigações assumidas com o órgão gerenciador e com os órgãos participantes.

Teoricamente buscando dar mais eficácia ao procedimento, o Decreto nº 9.488/18 juntou ao dispositivo os §§1º-A e 1º-B, impondo a necessidade de obrigatório estudo de ganho de eficiência, viabilidade e economicidade.

Já expusemos que a adesão à ARP é tema polêmico, não obstante as vantagens decorrentes da adoção. O uso da "carona" é criticado por boa parte da doutrina (inclusive por nós) e por órgãos de controle, em função da total falta de planejamento, havendo dominante preocupação com a multiplicação dos quantitativos registrados e com o descumprimento dos

---

[248] Joel Niebuhr acrescenta que, além de ilegal, o instrumento contraria flagrantemente diversos princípios licitatórios: "Salta aos olhos que [...] avilta de modo desinibido e flagrante uma plêiade de princípios [...]. Pode-se afirmar que o carona, na mais tênue hipótese, impõe agravos veementes aos princípios da legalidade, isonomia, vinculação ao edital, moralidade administrativa e impessoalidade" (NIEBUHR, Joel de Menezes. "Carona" em ata de registro de preços: atentado veemente aos princípios de direito administrativo. *Revista Zênite – Informativo de Licitações e Contratos – ILC*, v. 13, n. 143, p. 13-19, jan. 2006.).

princípios licitatórios. Nesse contexto, o Tribunal de Contas da União tem reiterado a necessidade da imposição de limites à adesão.

Assim, em complemento ao §1º, o Decreto nº 9.488/18, por intermédio do §1º-A, condicionou a manifestação do órgão gerenciador à realização, pelos órgãos que desejarem "caronear", de estudo que demonstre o ganho de eficiência, a viabilidade e a economicidade para a Administração Pública federal da utilização da ARP. E mais: visando à transparência, na hipótese de aprovação, tal estudo deverá ser publicado no Portal de Compras do Governo federal (§1º-B).

Verifica-se que, com essas inserções, as responsabilidades do órgão gerenciador aumentaram, pois passa a ter que avaliar os estudos elaborados pelos interessados em "caronear", devendo aprová-los ou não.

A nosso ver, isso não faz o menor sentido, uma vez que o órgão gerenciador terá que se imiscuir em questões que não lhe dizem respeito. Qual benefício terá com tal procedimento? Essa é também a crítica de Joel de Menezes Niebuhr:

> Ora, a entidade que promoveu a licitação não tem nada a ver com a entidade que pretende aderir, que lhe é, usualmente, um terceiro completamente estranho. Ela não tem condição de interferir nas razões e nas justificativas de terceiro. Se tais razões e justificativas não forem procedentes, o problema deveria ser de quem as formulou, dele e de seus controles interno e externo. O problema não deveria ser, à evidência, da entidade que promoveu a licitação.[249]

Em resumo, de certa forma, o que se obterá com essa inserção é a redução das adesões, as quais, como temos frisado, grassaram na Administração Pública, notadamente na esfera federal, principalmente em função da inexistência de óbices ou prejuízos para o órgão elaborador da licitação.

---

[249] NIEBUHR, Joel de Menezes. A morte lenta da adesão à ata de registro de preços: reflexões sobre o novo Decreto federal nº 9.488/2018. *Blog Zênite*, 5 set. 2018. Disponível em: https://www.zenite.blog.br/a-morte-lenta-da-adesao-a-ata-de-registro-de-precos-reflexoes-sobre-o-novo-decreto-federal-no-9-4882018/. Acesso em: 15 set. 2018.

Traz-se mais uma vez a lúcida observação de Niebuhr:

Então, a autorização para a adesão já não é mais indiferente. Nesse cenário, quem não prevê em edital a adesão não precisa justificar coisa alguma, muito menos, analisar estudo de terceiro. Quem prevê e autoriza precisa justificar, analisar e, se for caso, aprovar estudo, responsabilizando-se por ele. Ou seja, até então, quem autorizava não ganhava nada e também não perdia nada. Daqui para frente, quem autoriza continua não ganhando nada e passa a perder, no mínimo, tempo para formular sua justificativa e analisar as justificativas de terceiros, atraindo para si a responsabilidade sobre tais estudos. Em obediência ao princípio físico de mínima ação, também conhecido popularmente como "lei do menor esforço", estimo que se prefira não prever em edital e não autorizar adesões.[250]

É de se registrar que, também inserido pelo Decreto nº 9.488/18, o §9º-A dispensa a realização do referido estudo nos casos em que o órgão aderente faça parte da estrutura organizacional de outro ente federativo (estados, Distrito Federal ou municípios).

Anote-se, por fim, que, para que seja possível a "carona", há necessidade de tal condição constar no instrumento convocatório da licitação, consoante o prescrito no inc. III do art. 9º, que impõe que o edital para registro de preços observará o disposto nas leis nºs 8.666/93 e 10.520/02 e contemplará, no mínimo, estimativa de quantidades a serem adquiridas por órgãos não participantes, observado o disposto no §4º do art. 22, no caso de o órgão gerenciador admitir adesões.

Sobre o art. 22 em comento, observe-se o preceituado pelo relator no Acórdão TCU nº 1.297/2015-P:

A adesão prevista no art. 22 do Decreto 7.892/2013 para órgão não participante (ou seja, que não participou dos procedimentos iniciais da licitação) é uma possibilidade anômala e excepcional, e

---

[250] NIEBUHR, Joel de Menezes. A morte lenta da adesão à ata de registro de preços: reflexões sobre o novo Decreto federal nº 9.488/2018. *Blog Zênite*, 5 set. 2018. Disponível em: https://www.zenite.blog.br/a-morte-lenta-da-adesao-a-ata-de-registro-de-precos-reflexoes-sobre-o-novo-decreto-federal-no-9-4882018/. Acesso em: 15 set. 2018.

não uma obrigatoriedade a constar necessariamente em todos os editais e contratos de pregões para Sistema de Registro de Preços. Nesse sentido, conforme defendeu a peça instrutiva, a Fundação licitante, na qualidade de órgão gerenciador do registro de preços em comento, deve também justificar a previsão para adesão de órgãos não participantes.

§§3º, 4º e 4º-A do art. 22

§3º As aquisições ou as contratações adicionais de que trata este artigo não poderão exceder, por órgão ou entidade, a cinquenta por cento dos quantitativos dos itens do instrumento convocatório e registrados na ata de registro de preços para o órgão gerenciador e para os órgãos participantes. (Redação dada pelo Decreto nº 9.488, de 2018).

§4º O instrumento convocatório preverá que o quantitativo decorrente das adesões à ata de registro de preços não poderá exceder, na totalidade, ao dobro do quantitativo de cada item registrado na ata de registro de preços para o órgão gerenciador e para os órgãos participantes, independentemente do número de órgãos não participantes que aderirem. (Redação dada pelo Decreto nº 9.488, de 2018).

§4º-A Na hipótese de compra nacional:

I – as aquisições ou as contratações adicionais não excederão, por órgão ou entidade, a cem por cento dos quantitativos dos itens do instrumento convocatório e registrados na ata de registro de preços para o órgão gerenciador e para os órgãos participantes; e

II – o instrumento convocatório da compra nacional preverá que o quantitativo decorrente das adesões à ata de registro de preços não excederá, na totalidade, ao quíntuplo do quantitativo de cada item registrado na ata de registro de preços para o órgão gerenciador e para os órgãos participantes, independentemente do número de órgãos não participantes que aderirem. (Incluído pelo Decreto nº 9.488, de 2018).

O §3º dispunha, na versão anterior, que as aquisições ou contratações adicionais não poderiam exceder, por órgão ou entidade, a cem por cento dos quantitativos registrados na ata de registro de preços.

Essa possibilidade vinha criando sérios problemas para a consecução do interesse público, pois permitia que uma licitação em disputa restrita a determinado patamar produzisse uma infinidade de demandas contratuais semelhantes, sem qualquer redução dos valores ofertados.

Ronny Charles explicitou a situação com números:

> Imaginemos uma licitação para aquisição de 500 cartuchos de tinta para impressoras de determinado tipo, para a qual se tenha proposto uma Ata de Registro de Preços. Obviamente, chegar-se-á a um preço mínimo, diretamente relacionado à demanda proposta, parecendo evidente que, se esta fosse de 5000 cartuchos, surgiriam mais interessados e certamente seria possível o alcance de ofertas melhores, em razão da respectiva economia de escala. Ora, com o Registro de Preços e sua utilização quase indiscriminada, uma demanda inicial de 500 cartuchos poderá chegar a 5.000 ou 10.000, pela adesão de 10 ou 20 outros órgãos, com a mesma necessidade, sem que haja qualquer redução nos preços ofertados.

Considerando imprópria a utilização da ferramenta, inicialmente o TCU,[251] em 2007, determinou ao então Ministério do Planejamento a adoção de providências com vistas à reavaliação das regras para o registro de preços no Decreto nº 3.931/01, de forma a estabelecer limites para a adesão a registros de preços realizados por outros órgãos e entidades, visando preservar os princípios da competição, da igualdade de condições entre os licitantes e da busca da maior vantagem para a Administração Pública, tendo em vista que as em vigor permitiam a indesejável situação de adesão ilimitada a atas em vigor, desvirtuando as finalidades buscadas por essa sistemática.

Em oposição ao determinado pela Corte de Contas, o Ministério do Planejamento, em dezembro do mesmo ano,

---

[251] Tratando de possíveis irregularidades numa ata de registro de preços do pregão do Ministério da Saúde, consoante o decidido no Acórdão nº 1.487/2007.

por intermédio da Secretaria de Logística e Tecnologia da Informação (SLTI), impetrou pedido de reexame, arguindo a improcedência dos fundamentos do acórdão, invocando principalmente os princípios da economicidade e da eficiência, e, considerando que a ARP tinha origem numa licitação altamente competitiva e que o instituto do "carona" atenderia a determinados pressupostos legais, entre os quais o da *vantajosidade* para o Poder Público, concluía que seria imperioso reconhecer que a fundamentação balizadora da decisão merecia revisão, por partir de premissas não adequadas à realidade da Administração, que, ao contrário do alegado, vinha obtendo inúmeras vantagens.

Nesse viés, considerando que se avolumava a inapropriada prática, sem nenhuma atitude efetiva do citado ministério, o TCU, em decisão proferida 23.5.2012, resolveu dar um basta definitivo no uso da distorção na utilização do SRP, proferindo o Acórdão nº 1.233/2012 – Plenário, no qual determinou:

9.3.2.1.4. a fixação, no termo de convocação, de quantitativos (máximos) a serem contratados por meio dos contratos derivados da ata de registro de preços, previstos no Decreto 3.931/2001, art. 9º, inciso II, é obrigação e não faculdade do gestor (Acórdão 991/2009-TCU – Plenário, Acórdão 1.100/2007-TCU – Plenário e Acórdão 4.411/2010-TCU-2ª Câmara); 9.3.2.1.5. em atenção ao princípio da vinculação ao instrumento convocatório (Lei 8.666/93, art. 3º, *caput*), devem gerenciar a ata de forma que a soma dos quantitativos contratados em todos os contratos derivados da ata não supere o quantitativo máximo previsto no edital; 9.3.3. quando realizarem adesão à ata de registro de preços atentem que: 9.3.3.1. o planejamento da contratação é obrigatório, sendo que se o objeto for solução de TI, caso seja integrante do SISP, deve executar o processo de planejamento previsto na IN – SLTI/MP 4/2010 (IN – SLTI/MP 4/2010, art. 18, inciso III) ou, caso não o seja, realizar os devidos estudos técnicos preliminares (Lei 8.666/93, art. 6º, inciso IX); 9.3.3.2. devem demonstrar formalmente a *vantajosidade* da adesão, nos termos do Decreto 3.931/2001, art. 8º; 9.3.3.3. as regras e condições estabelecidas no certame que originou a ata de registro de preços devem ser conformes as necessidades e condições determinadas na etapa de planejamento da contratação (Lei 8.666/93, art. 6º, inciso IX, alínea d, c/c o art. 3º, §1º, inciso I, e Lei 10.520/2002, art. 3º, inciso II); [...].

A decisão foi reiterada por outras de mesmo teor (acórdãos nº 1.619/12, nº 1.717/12 e nº 1.737/12).

Realmente, a prática maculava a obrigatória isonomia entre os licitantes e prejudicava a obtenção da proposta mais vantajosa, dado que a utilização da adesão sem limitações possibilitava: a) que a ARP se tornasse uma fonte inesgotável de contratações para o licitante vencedor, fator incompatível com os princípios da competitividade e da isonomia; b) a perda da economia de escala, comprometendo a vantagem da contratação, uma vez que era licitado montante inferior ao que era efetivamente contratado, com a consequente perda dos descontos que poderiam ser ofertados pelos licitantes em razão do quantitativo superior; e c) a exploração comercial das ARPs por empresas privadas e a ampliação da possibilidade de fraude ao procedimento licitatório e prática de corrupção, especialmente em licitações de grande dimensão econômica.[252]

Nesse passo, o decreto manteve inalterada a sistemática referente às aquisições ou contratações adicionais ("caronas"), impondo a impossibilidade de se exceder, por órgão ou entidade, a 100% dos quantitativos dos itens do edital e registrados na ARP para o órgão gerenciador e órgãos participantes (§3º), mas, em atendimento ao TCU, reviu as regras concernentes

---

[252] Nesse diapasão, Luiz Bernardo Dias Costa: "[...] fere não somente o princípio da legalidade, mas também os princípios da impessoalidade e da moralidade, na medida em que permite todo o tipo de *lobby*, tráfico de influência e favorecimento pessoal. Ora! No momento que determinada empresa percebe que ao participar de uma licitação que busca a instituição de Ata de Registro de Preços para a possível aquisição, nos próximos 365 (trezentos e sessenta e cinco) dias de, por exemplo, 1000 (mil) computadores, em tendo o seu preço registrado, poderá, de posse da Ata de Registro de Preços, buscar em todos os rincões do País o fornecimento de outros tantos milhares de computadores, sem a necessidade de submeter-se a novo procedimento concorrencial. Portanto, de posse da Ata, de cópia do Decreto nº 3931/91 e, quiçá, de algum tipo de benefício adicional, o fornecedor possui todos os elementos de sedução que presumam permitir a sua contratação direta por parte de um ente público menos atilado" (COSTA, Luiz Bernardo Dias. A figura do carona nas atas de registro de preços. *RJML*, Rio de Janeiro, n. 15, p. 18-21, jun. 2010. p. 18).

ao quantitativo decorrente das adesões, dispondo que não poderiam superar, na totalidade, o quíntuplo do quantitativo de cada item registrado para o órgão gerenciador e órgãos participantes, independentemente do número de órgãos não participantes que viessem a aderir, ou seja, se cada "carona" aderisse a 100% do quantitativo registrado, a ARP poderia ter no máximo cinco órgãos aderentes; se, por outro lado, cada "carona" aderisse a apenas 50% do quantitativo registrado, a ARP poderia ter até dez "caronas" e, assim, sucessivamente.

Contudo, dada a falta de planejamento, que provocava enorme preocupação com a multiplicação dos quantitativos registrados e com o descumprimento dos princípios licitatórios, a censura ao procedimento se manteve ao longo do tempo.

Nesse pé, o Decreto nº 9.488/18 introduziu alterações nos limites permitidos.

Como dito, o texto anterior previa que as aquisições ou contratações adicionais não poderiam exceder, por órgão ou entidade, a 100% dos quantitativos registrados na ARP. Assim, de forma direta, cada órgão ou entidade, individualmente, poderia "pegar carona" até, no máximo, o quantitativo total registrado em ata.

Agora, com a nova redação imposta pelo Decreto nº 9.488/18, o parágrafo passou a prever o limite individual de cinquenta por cento.

Nesse contexto, se a ARP prescrever um quantitativo máximo estimado, por exemplo, de cem *notebooks*, sendo cinquenta do órgão gerenciador e cinquenta dos participantes, cada "carona" só poderá solicitar, no máximo, cinquenta *notebooks* (no regime anterior, cada "carona" poderia solicitar cem unidades).

Ainda sobre a matéria, no que se refere ao limite geral concernente às quantidades contratadas por todos os órgãos ou entidades aderentes a uma ARP, o texto pretérito do §4º estabelecia que o edital convocatório deveria prever que o quantitativo decorrente das adesões à ARP não poderia exceder, na totalidade, ao quíntuplo do quantitativo de cada item registrado na ARP para o órgão gerenciador e órgãos participantes, independentemente do número de órgãos não participantes aderentes. Com a nova redação, esse limite geral passou a ser o equivalente ao dobro do quantitativo de cada item registrado na ARP para o órgão gerenciador e para os órgãos participantes, independentemente do número de órgãos não participantes que aderirem.

Vejamos a situação em números hipotéticos: no regime anterior, todos os caronas em conjunto poderiam adquirir até o quíntuplo do quantitativo estimado na ARP para gerenciador e participantes. Assim, por exemplo, se fossem cem *notebooks* (cinquenta do gerenciador e cinquenta dos participantes), o total dos caronas em conjunto seria de 500 *notebooks*. Na nova regra, os caronas não poderão exceder ao dobro do quantitativo do item registrado do somatório de gerenciador e participantes. Logo, no mesmo exemplo, em cem *notebooks* (cinquenta do gerenciador e cinquenta dos participantes), o total para os caronas em conjunto seria, no máximo, 200 *notebooks*.

Consoante conceito explicitado no inc. VI do art. 2º do decreto em análise, com texto incluído pelo Decreto nº 8.250/14, "compra nacional" é a compra ou a contratação de bens e serviços em que o órgão gerenciador conduz os procedimentos para registro de preços destinado à execução descentralizada de programa ou projeto federal, mediante prévia indicação da demanda pelos entes federados beneficiados. Como antes comentamos, isso evidencia a intenção do Poder Executivo federal de utilizar o SRP como instrumento de execução de seus programas e/ou projetos nas demais esferas federativas, descentralizando as políticas públicas, ficando bem clara essa intenção quando faculta o uso de recursos decorrentes de transferências legais e voluntárias da União a todos os entes federativos participantes da ARP.

Especificamente para essas "compras nacionais", certamente com o propósito de fomentar a atuação conjunta dos entes federativos, o Decreto nº 9.488/18, por intermédio da inserção do §4º-A, manteve os limites dos "caronas" (individual e global) anteriormente estabelecidos, qual seja, o patamar de 100% nas contratações adicionais (limite individual) e o quíntuplo para todos os "caronas".

§§5º e 6º do art. 22

§5º (Revogado pelo Decreto nº 8.250, de 2014)

§6º Após a autorização do órgão gerenciador, o órgão não participante deverá efetivar a aquisição ou contratação solicitada em até noventa dias, observado o prazo de vigência da ata.

O Decreto nº 8.250/14 revogou o §5º, que previa que o órgão gerenciador somente poderia autorizar adesões à ARP quando existisse alguma compra ou contratação de item de interesse do órgão não participante ("carona") realizada pelo órgão gerenciador ou por algum órgão participante.[253]

Com a revogação, retorna-se ao *status quo*, não havendo necessidade de o item ter sido objeto de compra ou contratação anterior.

O §6º traz limitação curiosa, pois prescreve um prazo para a adesão surtir efeito. Pelo dispositivo, ainda que a adesão tenha sido autorizada, o órgão não participante ("carona") deverá efetuar a contratação em até noventa dias, sob pena de decadência do direito.

---

[253] O texto revogado era o seguinte: "§5º O órgão gerenciador somente poderá autorizar adesão à ata após a primeira aquisição ou contratação por órgão integrante da ata, exceto quando, justificadamente, não houver previsão no edital para aquisição ou contratação pelo órgão gerenciador".

§7º do art. 22

> §7º Compete ao órgão não participante os atos relativos à cobrança do cumprimento pelo fornecedor das obrigações contratualmente assumidas e a aplicação, observada a ampla defesa e o contraditório, de eventuais penalidades decorrentes do descumprimento de cláusulas contratuais, em relação às suas próprias contratações, informando as ocorrências ao órgão gerenciador.

Após o deferimento da adesão e a celebração contratual, o órgão não participante ("carona") passa a ter as mesmas obrigações dos outros atores do SRP, competindo-lhe, em relação às suas próprias contratações, os atos relativos à cobrança do cumprimento pelo fornecedor das obrigações assumidas e a aplicação de eventuais penalidades decorrentes do descumprimento de cláusulas contratuais, mantendo o órgão gerenciador sempre informado.

§§8º, 9º e 9º-A do art. 22

> §8º É vedada aos órgãos e entidades da administração pública federal a adesão à ata de registro de preços gerenciada por órgão ou entidade municipal, distrital ou estadual.
>
> §9º É facultada aos órgãos ou entidades municipais, distritais ou estaduais a adesão à ata de registro de preços da Administração Pública Federal.
>
> §9º-A Sem prejuízo da observância ao disposto no §3º, à hipótese prevista no §9º não se aplica o disposto nos §1º-A e §1º-B no caso de órgãos e entidades de outros entes federativos.

Na linha do entendimento da AGU quanto ao uso de ARPs de estados, municípios ou Distrito Federal – vedando, por meio de orientação normativa, a adesão às atas gerenciadas por tais entes federativos –,[254] o §8º proíbe expressamente que os órgãos e as entidades da Administração Pública federal utilizem as ARPs de outras esferas governamentais.

Pondo fim à dúvida suscitada na aplicação do decreto anterior, o §9º tornou expressa a autorização para que os estados e municípios façam uso das ARPs de entes federais.

O Decreto nº 9.488/18 trouxe para o bojo do dispositivo o art. 9º-A, no qual informa que, sem prejuízo da observância ao disposto no §3º, à hipótese prevista no supracitado §9º não se aplica o disposto nos §1º-A e §1º-B, no caso de órgãos e entidades de outros entes federativos.

Destarte, a regra instituída determina que a exigência de estudo, demonstrando o ganho de eficiência, viabilidade e economicidade, não se aplicará nas adesões a atas por parte de municípios e estados, mantendo, entrementes, em relação a esses, o percentual do quantitativo previsto no §3º, qual seja, o impedimento de ultrapassarem 50% dos itens licitados.

§§10 e 11 do art. 22

§10. É vedada a contratação de serviços de tecnologia da informação e comunicação por meio de adesão a ata de registro de preços que não seja:

I – gerenciada pelo Ministério do Planejamento, Desenvolvimento e Gestão; ou

II – gerenciada por outro órgão ou entidade e previamente aprovada pela Secretaria de Tecnologia da Informação e Comunicação do Ministério do Planejamento, Desenvolvimento e Gestão.

---

[254] AGU – Orientação Normativa nº 21: "É vedada aos órgãos públicos federais a adesão à ata de registro de preços quando a licitação tiver sido realizada pela administração pública estadual, municipal ou do distrito federal, bem como por entidades paraestatais".

§11. O disposto no §10 não se aplica às hipóteses em que a contratação de serviços esteja vinculada ao fornecimento de bens de tecnologia da informação e comunicação constante da mesma ata de registro de preços. (NR)

O Decreto nº 9.488/18, por intermédio dos inseridos §§10 e 11, limita a contratação de serviços de tecnologia da informação e comunicação (TIC) mediante adesão à ARP.

O §10 veda a contratação desses serviços via adesão à ARP, prescrevendo, contudo, duas exceções: a) quando se tratar de contratação gerenciada pelo Ministério da Economia; ou b) quando gerenciada por outro órgão ou entidade, desde que previamente aprovada pela Secretaria de Governo Digital da Secretaria Especial de Desburocratização, Gestão e Governo Digital do Ministério da Economia.[255]

E por que isso?

A resposta é encontrada no próprio Decreto nº 9.488/18, porquanto, além de alterar o Decreto Regulamentar do Registro de Preços (Decreto nº 7.892/13), altera também o Decreto nº 7.579/11, que dispõe sobre o Sistema de Administração dos Recursos de Tecnologia da Informação (SISP) do Poder Executivo federal, que, posteriormente, foi novamente alterado pelo Decreto nº 10.230/20.

> Art. 2º O Decreto nº 7.579, de 11 de outubro de 2011, passa a vigorar com as seguintes alterações:
>
> "Art. 3º Integram o SISP:
>
> I – como Órgão Central, a Secretaria de Governo Digital da Secretaria Especial de Desburocratização, Gestão e Governo Digital do Ministério da Economia. (Redação dada pelo Decreto nº 10.230, de 2020) [...]
>
> Art. 4º Compete ao Órgão Central do SISP: [...]

---

[255] Em função de mudanças realizadas nos ministérios pelo governo do Presidente Jair Bolsonaro, substitui-se, consoante o disposto no Decreto nº 10.230, de 5.2.2020, o Ministério do Planejamento pelo Ministério da Economia e a Secretaria de Tecnologia da Informação e Comunicação pela Secretaria de Governo Digital da Secretaria Especial de Desburocratização, Gestão e Governo Digital.

§§10 E 11 DO ART. 22 | 237

IV – incentivar ações prospectivas, com vistas ao acompanhamento das inovações técnicas da área de tecnologia da informação, de forma a atender às necessidades de modernização dos serviços dos órgãos e das entidades abrangidos pelo SISP; (Redação dada pelo Decreto nº 9.488, de 2018)

V – promover a disseminação de políticas, diretrizes, normas e informações disponíveis, de interesse comum, entre os órgãos e as entidades abrangidos pelo SISP; e (Redação dada pelo Decreto nº 9.488, de 2018)

VI – analisar, desenvolver, propor e implementar modelos, mecanismos, processos e procedimentos para aquisição, contratação e gestão centralizadas de bens e serviços comuns de tecnologia da informação e comunicação pelos órgãos e pelas entidades abrangidos pelo SISP. (Redação dada pelo Decreto nº 9.488, de 2018)

Art. 9º O Órgão Central do SISP editará as normas complementares necessárias à implantação e ao funcionamento do SISP. (Redação dada pelo Decreto nº 10.230, de 2020)

Art. 9º-A O Órgão Central do SISP estabelecerá os limites de valores a partir dos quais os órgãos setoriais, seccionais e correlatos do SISP submeterão processos de contratação de bens ou serviços de tecnologia da informação e comunicação à sua aprovação. (Redação dada pelo Decreto nº 10.230, de 2020)

Art. 9º-B As aquisições e as contratações centralizadas de bens e serviços comuns de tecnologia da informação e comunicação serão realizadas pelo Ministério da Economia, com acompanhamento do Órgão Central do SISP. (Redação dada pelo Decreto nº 10.230, de 2020)

Conforme as alterações estabelecidas, a Secretaria de Governo Digital da Secretaria Especial de Desburocratização, Gestão e Governo Digital do Ministério da Economia assume a função de órgão central do Sistema de Administração dos Recursos de Tecnologia da Informação (Sisp).

Consoante o preceituado no texto do art. 9º-B do Decreto nº 7.579/11, com redação dada pelo Decreto nº 10.230/20, as aquisições e as contratações centralizadas de bens e serviços comuns de tecnologia da informação e comunicação serão realizadas pelo Ministério da Economia, com acompanhamento da Secretaria de Governo Digital da Secretaria Especial de Desburocratização, Gestão e Governo Digital.

Logo, as adesões para contratação desses serviços deverão ocorrer tão somente nas ARPs gerenciadas pela Secretaria de Governo Digital da Secretaria Especial de Desburocratização, Gestão e Governo Digital ou nas que foram por ela previamente aprovadas.

Por fim, o §11 preceitua que a vedação de contratação através de adesão à ARP não se aplica às hipóteses em que o ajuste esteja vinculado ao fornecimento de bens de TIC constantes da mesma ata. Assim, a contratação pretendida deverá ser o bem necessário para a sua utilização – sendo o serviço apenas acessório.

Sobre o tema, anote-se a publicação da IN SGD/ME nº 5, de 11.1.2021, que regulamenta os requisitos e procedimentos para aprovação de contratações ou formação de ARP por órgãos e entidades da Administração Pública federal direta, autárquica e fundacional, relativos a bens e serviços de tecnologia da informação e comunicação – TIC.

INSTRUÇÃO NORMATIVA SGD/ME Nº 5, DE 11 DE JANEIRO DE 2021

Regulamenta os requisitos e procedimentos para aprovação de contratações ou de formação de atas de registro de preços, a serem efetuados por órgãos e entidades da Administração Pública Federal direta, autárquica e fundacional, relativos a bens e serviços de tecnologia da informação e comunicação - TIC.

O SECRETÁRIO DE GOVERNO DIGITAL DA SECRETARIA ESPECIAL DE DESBUROCRATIZAÇÃO, GESTÃO E GOVERNO DIGITAL DO MINISTÉRIO DA ECONOMIA, no uso das atribuições que lhe conferem o art. 126 do Anexo I ao Decreto nº 9.745, de 8 de abril de 2019, o art. 9º-A do Decreto nº 7.579, de 11 de outubro de 2011, e o art. 22, §10 do Decreto nº 7.892, de 23 de janeiro de 2013, resolve:

CAPÍTULO I

DISPOSIÇÕES PRELIMINARES

Objeto e âmbito de aplicação

Art. 1º Esta Instrução Normativa regulamenta os requisitos e procedimentos para aprovação de contratações ou de formação de atas de registro de preços, a serem efetuados por órgãos e entidades da Administração Pública Federal direta, autárquica e fundacional, relativos a bens e serviços de tecnologia da informação e comunicação – TIC.

Art. 2º Os órgãos e as entidades previstos no art. 1º deverão submeter à Secretaria de Governo Digital do Ministério da Economia solicitação para aprovação de:

I – contratações relativas a bens e serviços de TIC, para efeito do disposto no art. 9º-A do Decreto nº 7.579, de 11 de outubro de 2011, com valor global estimado do objeto superior a 20 (vinte) vezes o previsto no art. 23, inciso II, alínea "c", da Lei nº 8.666, de 21 de junho de 1993; e

II – formação de atas de registro de preços de serviços de TIC passíveis de adesão por parte de órgãos ou entidades não participantes, para efeito do disposto no art. 22, §10, inciso II, do Decreto nº 7.892, de 23 de janeiro de 2013.

§1º Para contratações no sistema de registro de preços, o valor global estimado que trata o inciso I deverá contemplar o montante das demandas dos órgãos participantes da licitação, incluindo os volumes previstos para possíveis utilizações da ata de registro de preços por órgão ou entidade não participante, e considerar a revisão dos valores na forma do art. 120 da Lei nº 8.666, de 1993.

§2º Para efeitos do valor referenciado no inciso I considerar-se-ão os valores estimados para a primeira vigência do(s) contrato(s).

Hipóteses de inaplicabilidade

Art. 3º A necessidade de aprovação de solicitações a que se refere o art. 2º não se aplica às contratações enquadradas:

I – no art. 24, incisos I a XII, XV, XVI, XVIII a XXIII, XXVII a XXX, XXXIII e XXXV da Lei nº 8.666, de 1993;

II – nas leis ou decretos que tratam de medidas para enfrentamento de emergência de saúde pública ou de calamidade pública;

III – nas leis que permitam a dispensa de licitação em razão da necessidade de sigilo devidamente fundamentada; e

IV – nos projetos conduzidos pela Central de Compras da Secretaria de Gestão da Secretaria Especial de Desburocratização, Gestão e Governo Digital do Ministério da Economia.

CAPÍTULO II

FORMALIZAÇÃO DA SOLICITAÇÃO

Formalização

Art. 4º As solicitações de aprovação serão encaminhadas pelos órgãos e entidades por meio de expediente endereçado à Secretaria de Governo Digital.

§1º As solicitações de que trata o art. 2º, inciso I, deverão partir do órgão ou entidade que pretende realizar o certame ou a contratação direta.

§2º As solicitações de que trata o art. 2º, inciso II, deverão ser encaminhadas pelo órgão gerenciador.

§3º As solicitações devem ser realizadas antes da fase externa da licitação ou, nos casos de contratação direta, antes da assinatura do contrato.

§4º Até que ocorra a aprovação da solicitação, o órgão ou entidade solicitante fica autorizado a prosseguir apenas com procedimentos internos da contratação, sem que haja celebração de contrato ou instrumento assemelhado ou publicação de instrumento convocatório.

§5º Obtida a aprovação, a que se refere o art. 2º, inciso I, eventual acréscimo do quantitativo estimado em valor superior a 25% (vinte e cinco por cento) do estimado na solicitação inicial implicará na necessidade de submissão de nova solicitação de aprovação, antes da celebração de contrato ou instrumento assemelhado ou publicação de instrumento convocatório.

Documentação necessária

Art. 5º As solicitações de aprovação deverão conter todos os documentos referentes à fase de planejamento da contratação, quais sejam: Documento de Oficialização da Demanda, Estudo Técnico Preliminar, Termo de Referência ou Projeto Básico, documentos relacionados à pesquisa de preços e o Mapa de Gerenciamento de Riscos.

§1º A não apresentação dos documentos elencados no caput deste artigo resultará na devolução sumária da solicitação sem exame de mérito.

§2º Nos casos de contratações no sistema de registro de preços, os documentos tratados no caput serão apenas os do órgão gerenciador.

Análise de ofício

Art. 6º A Secretaria de Governo Digital poderá, de ofício, dar início a processos de aprovação de que trata o art. 2º, caso identifique tal necessidade, solicitando o encaminhamento dos documentos descritos no art. 5º.

CAPÍTULO III
ANÁLISE TÉCNICA E APROVAÇÃO

Colegiados

Art. 7º As solicitações de que trata o art. 2º submetidas à Secretaria de Governo Digital serão tratadas pelos seguintes colegiados instituídos pela Portaria GM/ME nº 339, de 8 de outubro de 2020:

I – Subcomitê Interno de Referencial Técnico – SIRT, de caráter consultivo;

II – Subcomitê Interno de Contratações de Bens e Serviços de Tecnologia da Informação e Comunicação - SITIC, de caráter deliberativo; e

III – Comitê de Compras e Contratos Centralizados do Ministério da Economia - C4ME, de caráter deliberativo.

Análise técnica do SIRT

Art. 8º O SIRT realizará a análise técnica das solicitações a que se refere o art. 2º, bem como iniciará de ofício as análises que julgar necessárias.

Art. 9º O procedimento de análise do SIRT ocorrerá conforme estabelecido na Portaria GM/ME nº 339, de 2020, e no Regimento Interno do colegiado.

Art. 10. O SIRT produzirá um parecer técnico sobre a análise realizada e o submeterá ao SITIC ou C4ME.

Deliberação do SITIC e do C4ME

Art. 11. O SITIC decidirá, com base no parecer emitido pelo SIRT, sobre a aprovação de:

I – contratações com valor global estimado do objeto superior a 20 (vinte) vezes e inferior ou igual a 40 (quarenta) vezes ao previsto no art. 23, inciso II, alínea "c" da Lei nº 8.666, de 1993; e

II – formação de atas de registro de preços de serviços de TIC passíveis de adesão por parte de órgãos ou entidades não participantes, quando o valor global estimado para o gerenciador, participantes e não participantes for inferior a 40 (quarenta) vezes ao previsto no art. 23, inciso II, alínea "c" da Lei nº 8.666, de 1993.

Art. 12. O C4ME decidirá sobre a aprovação de contratações com valor global estimado do objeto superior a 40 (quarenta) vezes o previsto no art. 23, inciso II, alínea "c" da Lei nº 8.666, de 1993, com base no parecer emitido pelo SIRT.

Art. 13. O procedimento de deliberação ocorrerá conforme estabelecido na Portaria GM/ME nº 339, de 2020, e no Regimento Interno do respectivo colegiado.

CAPÍTULO IV
DISPOSIÇÕES FINAIS

Casos omissos

Art. 14. Os casos omissos ou as dúvidas que forem suscitadas na execução desta Instrução Normativa serão resolvidos pela Secretaria de Governo Digital.

Revogação

Art. 15. Ficam revogadas:

I – a Instrução Normativa SGD/ME nº 2, de 4 de abril de 2019; e

II – a Instrução Normativa SGD/ME nº 90, de 10 de setembro de 2020.

Vigência

Art. 16. Esta Instrução Normativa entra em vigor na data de sua publicação.

LUIS FELIPE SALIN MONTEIRO

Art. 23

CAPÍTULO X – DISPOSIÇÕES FINAIS E TRANSITÓRIAS

Art. 23. *A Administração poderá utilizar recursos de tecnologia da informação na operacionalização do disposto neste Decreto e automatizar procedimentos de controle e atribuições dos órgãos gerenciadores e participantes.*

Em sintonia com os avanços tecnológicos, o redator do regulamento fez constar a autorização da adoção de recursos da tecnologia da informação (TI) na operacionalização do SRP. A essa altura, o lembrete parece desnecessário, pois hoje em dia praticamente nada mais se produz sem o providencial auxílio da informática.[256]

Art. 24

Art. 24. *As atas de registro de preços vigentes, decorrentes de certames realizados sob a vigência do Decreto nº 3.931, de 19 de setembro de*

---

[256] Sobre a importância do uso da TI, sugerimos a leitura de LAURINDO, Fernando José Barbin *et al.* O papel da tecnologia da informação (TI) na estratégia das organizações. *Gestão e Produção*, v. 8, n. 2, ago. 2001. Disponível em: http://www.scielo.br/pdf/gp/v8n2/v8n2a04. Acesso em: 28 maio 2013.

2001, poderão ser utilizadas pelos órgãos gerenciadores e participantes, até o término de sua vigência.

Objetivando estabelecer uma norma de transição, o dispositivo prescreve que as ARPs anteriores, alicerçadas no decreto revogado, continuam válidas até o término de sua vigência, podendo ser utilizadas pelos órgãos gerenciadores e participantes. O preceptivo silencia quanto a adesões de órgãos não participantes (caronas).

Crê-se que o elaborador do decreto perseguia uma forma para vedar as adesões, buscando, por meio da regulamentação, *fechar a porta* para a possibilidade de caronas ilimitadas, tão questionada pelo TCU, mas, de certa forma, permitida pelo regulamento revogado.

A tentativa, a nosso ver, foi vã, pois o recurso empregado não logrou êxito. Certamente teria surtido melhor efeito se o texto tivesse sido redigido de forma direta, isto é, com a indicação expressa da vedação a adesões. Ainda que questionável, considerando as regras de direito intertemporal, o resultado prático decerto seria outro.

Abstraindo-se as considerações antes feitas quanto à inconstitucionalidade do uso da adesão (carona) nas contratações públicas, tem-se, como não poderia deixar de ser, que, para as ARPs em vigor a partir da data de vigência da nova ferramenta regulamentar, a regulamentação anterior mantém-se válida. Assim, não há novidade quando o dispositivo orienta no sentido de que as ARPs vigentes, decorrentes de certames realizados sob a égide do Decreto nº 3.931/01, poderão ser utilizadas pelos órgãos gerenciadores e participantes até o término de sua vigência.

Mesmo considerando que a análise se debruça sobre determinações regulamentares – e não legais –, há de se ter sempre em mente que as relações jurídicas constituídas sob o manto de norma cuja vigência se expirou não poderão, em regra, sofrer os efeitos da norma sucessora. Logo, restaria descabida, salvo raras exceções juridicamente motivadas, a interferência do novo texto regulamentar nos atos jurídicos regularmente constituídos.

Arts. 25 e 26

Art. 25. *Até a completa adequação do Portal de Compras do Governo federal para atendimento ao disposto no §1º do art. 5º, o órgão gerenciador deverá:*

I – providenciar a assinatura da ata de registro de preços e o encaminhamento de sua cópia aos órgãos ou entidades participantes; e

II – providenciar a indicação dos fornecedores para atendimento às demandas, observada a ordem de classificação e os quantitativos de contratação definidos pelos órgãos e entidades participantes.

Art. 26. *Até a completa adequação do Portal de Compras do Governo federal para atendimento ao disposto nos incisos I e II do caput do art. 11 e no inciso II do §2º do art. 11, a ata registrará os licitantes vencedores, quantitativos e respectivos preços.*

O §1º do art. 5º dispõe que ARP disponibilizada no Portal de Compras do Governo Federal (Comprasnet) poderá ser assinada por certificação digital. A prática, no entanto, dependia da disponibilização da funcionalidade no portal. Enquanto isso não ocorresse, o órgão gerenciador deveria tomar duas providências: a) assinar a ARP, com o encaminhamento de cópia aos órgãos participantes; e b) indicar os fornecedores registrados para atendimento às demandas, observando a ordem de classificação e os quantitativos de contratação definidos pelos órgãos participantes.

Consoante o previsto nos incs. I e II do art. 11, depois da homologação da licitação, serão registrados na ARP os preços e quantitativos do licitante mais bem classificado durante a fase competitiva e incluídos, na forma de anexo, os registros

ARTS. 28 E 29 | 245

dos licitantes que aceitarem cotar os bens ou serviços com preços iguais aos do licitante vencedor.

Como o preceptivo prevê que essa informação será divulgada no Comprasnet, e tal também dependia de adequação do portal, o art. 26 prescrevia que, até a criação da funcionalidade, a ARP registraria os licitantes vencedores, quantitativos e respectivos preços.

Art. 27

Art. 27. *O Ministério do Planejamento, Orçamento e Gestão poderá editar normas complementares a este Decreto.*

Como tem ocorrido ao longo dos anos quando de normas voltadas para as licitações e contratações públicas, o decreto faz menção à possibilidade de edição de normas complementares por parte do Ministério do Planejamento.

Ocorre que a Medida Provisória nº 870/2019, convertida na Lei nº 13.844/2019, estabeleceu nova estrutura do Governo federal e, dentro da organização dos órgãos da Presidência da República e dos ministérios, criou o Ministério da Economia, que incorporou atribuições dos ministérios da Fazenda, do Planejamento, Desenvolvimento e Gestão, da Indústria, Comércio Exterior e Serviços, e do Trabalho, passando a ser este o normatizador da matéria.

Arts. 28 e 29

Art. 28. *Este Decreto entra em vigor trinta dias após a data de sua publicação.*

Art. 29. *Ficam revogados:*

I – o Decreto nº 3.931, de 19 de setembro de 2001; e

II – o Decreto nº 4.342, de 23 de agosto de 2002.

Findando o texto da norma regulamentar, há a disposição de praxe de sua eficácia, a ocorrer trinta dias após a data de sua publicação. Como a publicação em *DOU* se deu em 23.1.2013, o decreto entrou em vigor em 23.2.2013.

Como último dispositivo, a expressa menção às normas anteriores que resultaram revogadas: o Decreto nº 3.931, de 19.9.2001, que regulamentava a matéria, e o Decreto nº 4.342, de 23.8.2002, que alterava dispositivos do Decreto nº 3.931/01.

REFERÊNCIAS

ALCOFORADO, Luís Carlos. Reajustamento e composição do contrato administrativo. *Correio Braziliense*, Brasília, p. 4, 9 fev. 1998. Caderno Direito e Justiça.

ALECRIM, Emerson. Entendendo a certificação digital. *Infowester*, 30 abr. 2009. Disponível em: http://www.infowester.com/assincertdigital.php. Acesso em: 28 maio 2013.

AMARAL, Antônio Carlos Cintra do. Inflação e reequilíbrio econômico-financeiro dos contratos administrativos. *Celc*. Disponível em: http://www.celc.com.br/comentarios/pdf/146.pdf. Acesso em: 3 jun. 2013.

AMORIM, Victor; MOTTA, Fabrício. Revisão de preços registrados em caso de elevação dos valores praticados em mercado no contexto da crise do coronavírus. *Fórum de Contratação e Gestão Pública* – FCGP, Belo Horizonte, ano 19, n. 221, p. 9-16, maio 2020.

ARAÚJO, Aldem Johnston Barbosa. Anotações sobre o registro de preços instituído pelo Decreto Federal nº 3.931/2001. *Âmbito Jurídico*, 1º set. 2009. Disponível em: http://www.ambito-juridico.com.br/site/?n_link=revista_artigos_leitura&artigo_id=6575&revista_caderno=4. Acesso em: 28 maio 2013.

BANDEIRA DE MELLO, Oswaldo Aranha. *Princípios gerais de direito administrativo*. Rio de Janeiro: Forense, 1969.

BARBOSA. Klênio. *Sistema brasileiro de registro de preços*: virtudes e vícios à luz da teoria econômica. Brasília: Ipea, 2012.

BARONI, José Carlos. *O sistema de registro de preços*. Ribeirão Preto: Ed. Ibrap, 2008.

BARROSO, Luís Roberto. *Curso de direito constitucional contemporâneo*: os conceitos fundamentais e a construção do novo modelo. 8. ed. São Paulo: Saraiva, 2019.

BAZILLI, Roberto Ribeiro; MIRANDA, Sandra Julien. *Licitação à luz do direito positivo*: atualizado conforme a Emenda Constitucional 19, de 4.6.1998, e a Lei nº 9.648, de 27.5.1998. São Paulo: Malheiros, 1999.

BERLOFFA, Ricardo Ribas da Costa. *A nova modalidade de licitação*: pregão (breves comentários à Lei Federal nº 10.520/02 – Lei do Pregão). Porto Alegre: Síntese, 2002.

BITTENCOURT, Sidney. A intenção de registro de preços – IRP. *Boletim de Licitações Públicas*, 2015.

BITTENCOURT, Sidney. *A Nova Lei das Estatais*: Novo Regime de Licitações e Contratos nas Empresas Estatais – Lei nº 13.303, de 30 de junho de 2016, regulamentada pelo Decreto nº 8.945, de 27 de dezembro de 2016. Leme: JH Mizuno, 2017.

BITTENCOURT, Sidney. *As licitações públicas e o Estatuto Nacional das Microempresas*: comentários aos artigos específicos sobre licitação pública contemplados pela Lei Complementar nº 123, de 14.12.2006 (considerando o disposto no Decreto nº 6.204, de 5.9.2007). 2. ed. rev., ampl. e atual. Belo Horizonte: Fórum, 2010.

BITTENCOURT, Sidney. *Contratos administrativos para provas, concursos e agentes públicos*. Rio de Janeiro: Freitas Bastos, 2011.

BITTENCOURT, Sidney. *Convênios administrativos e outros instrumentos de transferência de recursos públicos*. São Paulo: Letras Jurídicas, 2018.

BITTENCOURT, Sidney. *Estudos sobre licitações internacionais*. 3. ed. rev., atual. e ampl. Rio de Janeiro: Temas & Ideias, 2011.

BITTENCOURT, Sidney. *Licitação através do Regime Diferenciado de Contrações Públicas – RDC*. 2. ed. Belo Horizonte: Fórum, 2015.

BITTENCOURT, Sidney. *Licitação de informática*: de acordo com o estabelecido na Lei nº 8.666/93, considerando as alterações determinadas pela Lei nº 10.176/01 à Lei nº 8.248/91. Rio de Janeiro: Temas & Ideias, 2003.

BITTENCOURT, Sidney. *Licitação passo a passo*: comentando todos os artigos da Lei nº 8.666/93 totalmente atualizada, levando também em consideração a Lei Complementar nº 123/06, que estabelece tratamento diferenciado e favorecido às microempresas e empresas de pequeno porte nas licitações públicas. 10. ed. rev., ampl. e atual. Belo Horizonte: Fórum, 2019.

BITTENCOURT, Sidney. *Licitação passo a passo*: comentando todos os artigos da Lei nº 8.666/93, atualizada. 11. ed. Belo Horizonte: Fórum, 2020.

BITTENCOURT, Sidney. *Licitação passo a passo*: comentando todos os artigos da Lei nº 8.666/93, atualizada. 5. ed. Belo Horizonte: Fórum, 2016.

BITTENCOURT, Sidney. *Licitações para concursos públicos*. Rio de Janeiro: Elsevier Campus, 2012.

BITTENCOURT, Sidney. *Licitações sustentáveis*: o uso do poder de compra do Estado fomentando o desenvolvimento nacional sustentável. Belo Horizonte: Del Rey, 2014.

BITTENCOURT, Sidney. *Manual de convênios administrativos*. 2. ed. Belo Horizonte: Fórum, 2010.

BITTENCOURT, Sidney. *Novo pregão eletrônico*: comentários ao novo Decreto nº 10.024, de 20 de setembro de 2019. Leme: JH Mizuno, 2020.

BITTENCOURT, Sidney. *Parceria público-privada passo a passo*: comentários à Lei nº 11.079/04, que institui normas gerais para licitação e contratação de PPP na Administração Pública. 2. ed. Belo Horizonte: Fórum, 2011.

BITTENCOURT, Sidney. *Parceria público-privada passo a passo*: comentários à Lei nº 11.079/04, que institui normas gerais para licitação e contratação de PPP na Administração Pública, alterada pelas Leis nºs 12.024/09, 12.409/11, 12.766/12, 13.043/14, 13.097/15.13.137/15 e 13.529/17. 4. ed. Belo Horizonte: Fórum, 2020.

BITTENCOURT, Sidney. *Pregão eletrônico*: Decreto nº 5.450, de 31 de maio de 2005: Lei nº 10.520, de 17 de julho de 2002: considerando também a Lei Complementar nº 123/2006: que estabelece tratamento diferenciado e favorecido às microempresas e empresas de pequeno porte. 3. ed. Belo Horizonte: Fórum, 2010.

BITTENCOURT, Sidney. *Pregão passo a passo*: Lei nº 10.520, de 17 de julho de 2002 – comentários aos artigos do diploma legal que institui a modalidade de licitação pregão para todos os entes da federação. 4. ed. atual., rev. e ampl. Belo Horizonte: Fórum, 2010.

REFERÊNCIAS | 249

BITTENCOURT, Sidney. *Pregão presencial*: regulamento aprovado pelo Decreto nº 3.555/2000: Lei nº 10.520, de 17 de julho de 2002 e 8.666/1993 atualizadas. 2. ed. Belo Horizonte: Fórum, 2012.

BITTENCOURT, Sidney. *Questões polêmicas sobre licitações e contratos administrativos*. 2. ed. atual. e ampl. com novos artigos. Rio de Janeiro: Temas & Ideias, 2001.

BITTENCOURT, Sidney; VIANNA, Flavia Daniel. O sistema de registro de preços. *In*: TORRES, Ronny Charles L. de (Coord.). *Licitações públicas* – Homenagem ao jurista Jorge Ulisses Jacoby Fernandes. Curitiba: Negócios Jurídicos, 2016.

BOAVENTURA, Carmen Iêda Carneiro. Breves considerações sobre a lei 13.979/2020 e a pandemia do coronavírus. *Ronny Charles*, 6 abr. 2020. Disponível em: https://ronnycharles.com.br/breves-consideracoes-sobre-a-lei-13-979-2020-e-a-pandemia-do-coronavirus/.

BOECHAT, Clovis Celso Velasco. *Parecer 0012/99 DACM*.

BORGES, Alice Maria Gonzalez. *Normas gerais no Estatuto de Licitações e Contratos Administrativos*. São Paulo: Revista dos Tribunais, 1991.

BORGES, Gabriela Lira. Considerações sobre a IN nº 06/14 da SLTI e o remanejamento de quantitativos no SRP. *ILC Zênite*, n. 252, p. 132-138, fev. 2015.

BORGES, Gabriela Lira. Licitações conjuntas, dever de licitar e eficiência na contratação pública. *ILC Zênite*, n. 242, p. 338-344, abr. 2014.

CHAVES, Luiz Cláudio de Azevedo. O que muda no Sistema de Registro de Preços para os órgãos federais e quais os impactos provocados nos demais entes: breves comentários ao Decreto Federal nº 7.892/2013. *Coluna Jurídica da Administração Pública*. Disponível em: http://www.jmlevento.com.br/arquivos/coluna_juridica/coluna_juridica_12.pdf. Acesso em: 28 maio 2013.

CITADINI, Antonio Roque. *Comentários e jurisprudência sobre a Lei de Licitações Públicas*. 3. ed., atual. e ampl. São Paulo: Max Limonad, 1999.

CORRÊA, Vera Lúcia de Almeida. *Licitações de bens e serviços de informática e automação*: procedimentos do Decreto nº 1.070/94, com as modificações introduzidas pela Emenda Constitucional nº 06/95. Rio de Janeiro: Temas & Ideias, 1999.

COSTA, Luiz Bernardo Dias. A figura do carona nas atas de registro de preços. *RJML*, Rio de Janeiro, n. 15, p. 18-21, jun. 2010.

CRETELLA JÚNIOR, José. *Das licitações públicas*: comentários à nova Lei Federal nº 8.666, de 21 de junho de 1993. 4. ed. Rio de Janeiro: Forense, 1994.

DI PIETRA, Alexandre. O contrato coronavírus. *Revista Eletrônica de Licitações e Contratos Administrativos*, ano IX, n. 91, abr. 2020.

DI PIETRO, Maria Sylvia Zanella. Contratação de bens e serviços de informática: aplicação do Decreto Federal nº 1.070, de 2.3.94, aos estados e municípios. *In*: DI PIETRO, Maria Sylvia Zanella *et al*. *Temas polêmicos sobre licitações e contratos*. 5. ed. rev. e ampl. São Paulo: Malheiros, 2001.

DI PIETRO, Maria Sylvia Zanella. Responsabilidade dos procuradores e assessores jurídicos da Administração Pública. *Boletim de Direito Administrativo – BDA*, jan. 2008.

DINIZ, Gilberto Pinto Monteiro. Roteiro do protagonista do SRP. *In*: FORTINI, Cristiana. *Registro de preços*: análise da Lei nº 8.666/93, do Decreto Federal nº 7.892/13 e de outros atos normativos. 2. ed. Belo Horizonte: Fórum, 2014.

DOTTI, Marinês Restelatto. Vantagens e peculiaridades do sistema de registro de preços. *Informativo de Licitações e Contratos – ILC*, Curitiba, n. 243, p. 477-482, maio 2014.

ESCOBAR, João Carlos Mariense. *O sistema de registro de preços nas compras públicas*: teoria e prática. Porto Alegre: Livraria do Advogado, 1996.

FERNANDES, Jorge Ulisses Jacoby. Comentários ao Decreto nº 3.931/01. *Informativo de Licitações e Contratos – ILC*, Curitiba, v. 9, n. 98, p. 242-268, abr. 2002.

FERNANDES, Jorge Ulisses Jacoby. *Compras pelo sistema de registro de preços*: métodos para definir qualidade e quantidade de acordo com a Lei nº 8.666/93: manual prático para implantação com todas as etapas detalhadas de acordo com o Decreto nº 2.743/98. São Paulo: J. de Oliveira, 1998.

FERNANDES, Jorge Ulisses Jacoby. Garantindo a qualidade no sistema de registro de preços. *Informativo de Licitações e Contratos – ILC*, Curitiba, v. 9, n. 101, p. 554-577, jul. 2002.

FERNANDES, Jorge Ulisses Jacoby. *Sistema de registro de preços e pregão presencial e eletrônico.* 6. ed. Belo Horizonte: Fórum, 2015.

FERRAZ, Luciano. Pregão eletrônico. *Fórum de Contratação e Gestão Pública – FCGP*, ano 5, n. 59, nov. 2006.

FERRAZ, Sérgio; DALLARI, Adilson. *Processo administrativo.* São Paulo: Malheiros, 2001.

FERREIRA, Sergio de Andréa. *Comentários à Constituição.* Rio de Janeiro: Freitas Bastos, 1990. v. 3.

FORTINI, Cristiana; PEREIRA, Maria Fernanda Pires de Carvalho; CAMARÃO, Tatiana Martins da Costa. Dos aspectos polêmicos da adesão tardia a atas de registros de preços. *Interesse Público – IP*, Belo Horizonte, ano 15, n. 80, p. 51-64, jul./ago. 2013.

FORTINI, Cristiana; ROMANELLI, Fernanda Piaginni. Aspectos gerais, a intenção para registro de preços (IRP) e considerações sobre os órgãos envolvidos. *In*: FORTINI, Cristiana. *Registro de preços*: análise da Lei nº 8.666/93, do Decreto Federal nº 7.892/13 e de outros atos normativos. 2. ed. Belo Horizonte: Fórum, 2014.

FRANCO SOBRINHO, Manoel de Oliveira. *Contratos administrativos.* São Paulo: Saraiva, 1981.

GRAU, Eros Roberto. *Licitação e contrato administrativo*: estudo sobre a interpretação da lei. São Paulo: Malheiros, 1995.

GUIMARÃES, Edgar; NIEBUHR, Joel de Menezes. *Registro de preços*: aspectos práticos e jurídicos. 2. ed. Belo Horizonte: Fórum, 2013.

GUIMARÃES, Edgar; SANTOS, José Anacleto Adduch. *Lei das Estatais*: comentários ao regime jurídico licitatório e contratual da Lei nº 13/2016. Belo Horizonte: Fórum, 2017.

INTENÇÃO de registro de preços – Limitação à participação de outros órgãos. *Revista Zênite ILC – Informativo de Licitações e Contratos*, Curitiba, n. 295, p. 935-938, set. 2018. Seção Orientação Prática.

JUSTEN FILHO, Marçal. *Comentários à Lei de Licitações e Contratos Administrativos*: com comentários à MP 2.026, que disciplina o pregão. 7. ed. rev., ampl. e acrescida de índice alfabético de assuntos. São Paulo: Dialética, 2000.

JUSTEN FILHO, Marçal. *Comentários à Lei de Licitações e Contratos Administrativos*: de acordo com a Emenda Constitucional nº 19, de 4 de junho de 1998, e com a Lei Federal nº 9.648, de 27 de maio de 1998. 5. ed. rev. e ampl. São Paulo: Dialética, 1998.

REFERÊNCIAS | 251

JUSTEN FILHO, Marçal. *Comentários à Lei de Licitações e Contratos Administrativos*. 11. ed. São Paulo: Dialética, 2007.

LAURINDO, Fernando José Barbin *et al*. O papel da tecnologia da informação (TI) na estratégia das organizações. *Gestão e Produção*, v. 8, n. 2, ago. 2001. Disponível em: http://www.scielo.br/pdf/gp/v8n2/v8n2a04. Acesso em: 28 maio 2013.

LEÃO, Eliana Goulart. *O sistema de registro de preços*: uma revolução nas licitações. 2. ed. rev. e atual. Brasília: Brasília Jurídica, 2001.

LEÃO, Eliana Goulart. *O sistema de registro de preços*: uma revolução nas licitações. Campinas: Bookseller, 1997.

LIMA, Madson Denes Romário. O que é Just in Time? Modelo de gestão adotado pelo Japão faz sucesso em todo o mundo. *Administradores.com*, 26 mar. 2008. Disponível em: http://www.administradores.com.br/artigos/carreira/o-que-e-just-in-time/21936/. Acesso em: 28 maio 2013.

MACHADO JR., J. Teixeira; REIS, Heraldo. *A Lei 4.320 comentada*. 25. ed. Rio de Janeiro: Ibam, 1993.

MACHADO, Ana Carolina Coura Vicente; VARESCHINI, Julieta Mendes Lopes. Registro de preços. Objeto dividido em lotes. Aquisição de itens isolados. Considerações. *Coluna Jurídica JML*. Disponível em: https://www.jmleventos.com.br/pagina.php?area=coluna-juridica&acao=download&dp_id=171.

MAGALHÃES, Josevan Duarte. A intenção de registro de preços (IRP) no Comprasnet: uma ferramenta de excelência na gestão pública. Por que não utilizá-la? *Boletim de Licitações e Contratos*, São Paulo, v. 25, n. 1, p. 40-49, jan. 2012.

MALUF, Sahid. *Direito constitucional*: programa do 2º ano das faculdades de direito Sahid Maluf; revisto e adaptado ao texto constitucional de 1969. 10. ed. São Paulo: Sugestões Literárias, 1978.

MARTINS, Vinicius. *Os benefícios da intenção de registro de preços (IRP) no planejamento da Administração Pública*. Disponível em: https://www.pregoeirodigital.com/noticias/author/Vin%C3%ADcius-Martins. Acesso em: 28 ago. 2020.

MATOS, George Ávila. *Adesão vertical de órgãos federais no sistema de registro de preços*: breves comentários ao Acórdão 6511/2009 e à Orientação Normativa nº 21/2009 da AGU. Disponível em: http://www.jurisite.com.br/doutrinas/administrativa/doutadm60.html. Acesso em: 3 jun. 2013.

MEIRELLES, Hely Lopes. *Direito administrativo brasileiro*. 14. ed. atual. pela Constituição de 1988. São Paulo: Revista dos Tribunais, 1989.

MEIRELLES, Hely Lopes. *Licitação e contrato administrativo*. 10. ed. Atualização de Eurico de Andrade Azevedo e Célia Marisa Prendes. São Paulo: Revista dos Tribunais, 1991.

MEIRELLES, Hely Lopes. *Licitação e contrato administrativo*. 13. ed. Atualização de Eurico de Andrade Azevedo e Maria Lúcia Mazzei de Alencar. São Paulo: Malheiros, 2002.

MENDES, Raul Armando. *Comentários ao Estatuto das Licitações e Contratos Administrativos*: com apontamentos sobre a Lei paulista nº 6.544/89. 2. ed. atual. e aum. São Paulo: Saraiva, 1991.

MENDES, Renato Geraldo. O art. 20 da Lei nº 13.655/2018 e seu impacto nas contratações públicas. *ILC – Informativo de Licitações e Contratos*, Curitiba, n. 296, p. 987-991, [s.d.].

MENDES, Renato Geraldo. *O novo regime jurídico das licitações e contratos de acordo com a Lei nº 9648/98.* Curitiba: Znt, 1998.

MILITÃO, Antônio. *Registro de preços*: considerações acerca das modificações introduzidas no Sistema de Registro de Preços pelo Decreto nº 7.892, de 23 de janeiro de 2013. [s.l.]: [s.n.], [s.d.].

MIRANDA, Iúlian. Da revisão e do cancelamento dos preços registrados. *In*: FORTINI, Cristiana (Coord.). *Registro de preços*: análise crítica do Decreto Federal nº 7.892/13, com as alterações posteriores. 3. ed. Belo Horizonte: Fórum, 2020.

MORAES, Norton A. F. *Do sistema de registro de preços.* Disponível em: http://www.norton. adv.br/livro.htm. Acesso em: 3 jun. 2013.

MOREIRA, Egon Bockmann. Breves notas sobre a parte geral da Lei das Parcerias Público-Privadas. *In*: CASTRO, José Augusto Dias de; TIMM, Luciano Benetti (Org.). *Estudos sobre parcerias público-privadas.* São Paulo: Thompson/IOB, 2006.

MOURA, Edson Mazini. *Parecer DADM-C/EM/06/C, de 13.11.2012.*

MUKAI, Toshio. Atualmente, o único critério para desempate nas licitações é o sorteio. *Boletim de Licitações e Contratos*, v. 10, n. 10, p. 475-476, out. 1997.

MUKAI, Toshio. *Estatutos jurídicos de licitações e contratos administrativos*: de acordo com a Constituição de 1988. 3. ed. rev. e aum. São Paulo: Saraiva, 1992.

MUKAI, Toshio. *Licitações e contratos públicos*: comentários à Lei nº 8.666/93, com as alterações da Lei nº 9.648/98 e análise das licitações e contratos na EC nº 19/98, reforma administrativa. 5. ed. rev. e ampl. São Paulo: Saraiva, 1999.

NIEBUHR, Joel de Menezes. "Carona" em ata de registro de preços: atentado veemente aos princípios de direito administrativo. *Revista Zênite – Informativo de Licitações e Contratos – ILC*, v. 13, n. 143, p. 13-19, jan. 2006.

NIEBUHR, Joel de Menezes. A morte lenta da adesão à ata de registro de preços: reflexões sobre o novo Decreto federal nº 9.488/2018. *Blog Zênite*, 5 set. 2018. Disponível em: https:// www.zenite.blog.br/a-morte-lenta-da-adesao-a-ata-de-registro-de-precos-reflexoes-sobre-o-novo-decreto-federal-no-9-4882018/. Acesso em: 15 set. 2018.

NIEBUHR, Joel de Menezes. *Licitação pública e contrato administrativo.* 4. ed. Belo Horizonte: Fórum, 2015.

NIEBUHR, Joel de Menezes. *Pregão*: presencial e eletrônico. 4. ed. rev., atual. e ampl. Curitiba: Zênite, 2006.

NOHARA, Irene Patrícia. Mudanças promovidas pela nova Lei das Estatais: pontos fortes e fracos. *Direito Administrativo*, 16 ago. 2016. Disponível em: https://direitoadm.com.br/ mudancas-promovidas-pela-nova-lei-das-estatais/. Acesso em: 16 dez. 2016.

NORMANDO, Fernando. O recurso. *BLC – Boletim de Licitações e Contratos*, v. 12, n. 10, p. 492-495, out. 1999.

OLIVEIRA, Antônio Flávio de. Sistema de registro de preços – Configuração, implantação e vantagens para a Administração Pública. *Fórum de Contratação e Gestão Pública – FCGP*, Belo Horizonte, ano 4, n. 45, set. 2005.

OLIVEIRA, Rafael Sérgio de. Novas regras sobre registro de preço em âmbito federal. *Portal L&C*, 3 set. 2018. Disponível em: http://www.licitacaoecontrato.com.br/lecComenta_detalhe. html. Acesso em 15 set. 2018.

PALMIERI, Marcello Rodrigues. A nova Lei de Informática: breve recapitulação sobre o direito de preferência. *BLC – Boletim de Licitações e Contratos*, v. 14, n. 2, p. 111-113, fev. 2001.

PÉRCIO, Gabriela; OLIVEIRA, Rafael Sérgio de; CHARLES, Ronny Charles. A dispensa de licitação para contratações no enfrentamento ao coronavírus. *Portal L&C*. Disponível em: http://www.licitacaoecontrato.com.br/artigo_detalhe.html.

PEREIRA JÚNIOR, Jessé Torres. *Comentários à Lei das Licitações e Contratações da Administração Pública*. 5. ed. rev., atual. e ampl. de acordo com as Emendas Constitucionais de nº 06/95 e 19/98, com a Lei Complementar nº 101/2000, com as Leis de nº 9.648/98 e 9.854/99, e com a Medida Provisória nº 2.108/2001 e seus regulamentos, incluindo: modelos de editais e contratos, legislação e normas federais correlatas. Rio de Janeiro: Renovar, 2002.

PEREIRA JUNIOR, Jessé Torres; DOTTI, Marinês Restelatto. *Convênios e outros instrumentos de "Administração Consensual" na gestão pública do século XXI*. 3. ed. Belo Horizonte: Fórum, 2015.

PIRONTI, Rodrigo. Covid-19: Reflexos e implicações nas contratações públicas. *MPC-PR*, 18 mar. 2020. Disponível em: http://www.mpc.pr.gov.br/index.php/covid-19-reflexos-e-implicacoes-nas-contratacoes-publicas/.

PRADO FILHO, José Gomes do. Registro de preços, desnecessidade de decreto regulamentador para as sociedades de economia mista, validade de regulamentação própria da entidade. *BLC – Boletim de Licitações e Contratos*, v. 11, n. 6, p. 305-306, jun. 1998.

REIS, Luciano Elias; ALCÂNTARA, Marcus Vinicius Reis de. Contratação pública extraordinária no período do coronavírus. *Blog JML*, 22 mar. 2020. Disponível em: http://www.blogjml.com.br/?cod=77812bb1543ef529166dc793a98074a5.

REIS, Luciano Elias; ALCÂNTARA, Marcus Vinicius Reis de. *Sistema de Registro de Preços na Covid-19*. Disponível em: ttp://rcl.adv.br/site/wpcontent/uploads/2020/03/CONTRATA%C3%87%C3%83O-P%C3%9ABLICAEXTRAORDIN%C3%81RIA-NO-PER%C3%8DODO-DO-CORONAV%C3%8DRUS-19-Luciano-Reis-e-Marcus-Alc%C3%A2ntara.pdf.

REIS, Paulo Sérgio de Monteiro. A nova regulamentação do sistema de registro de preços federal. *ILC – Informativo de Licitações e Contratos*, v. 8, n. 92, p. 846-850, out. 2001.

REIS, Paulo Sérgio de Monteiro. O sistema de registro de preços e o pregão. *ILC – Informativo de Licitações e Contratos*, v. 8, n. 88, p. 472-475, jun. 2001.

REIS, Paulo Sérgio de Monteiro. Sistema de registro de preços: a panaceia nas contratações? *Revista Zênite – Informativo de Licitações e Contratos – ILC*, v. 14, n. 155, p. 42-47, jan. 2007.

REIS, Paulo Sérgio de Monteiro. *Sistema de registro de preços*: uma forma inteligente de contratar – Teoria e prática. Belo Horizonte: Fórum, 2020.

RICCIO, Thiago Quintão; AVELAR, Mariana Magalhães. Comentários aos capítulos VI e VII do Decreto Federal nº 7.892/13. *In*: FORTINI, Cristiana. *Registro de preços*: análise da Lei nº 8.666/93, do Decreto Federal nº 7.892/13 e de outros atos normativos. 2. ed. Belo Horizonte: Fórum, 2014.

RIGOLIN, Ivan Barbosa. O coronavírus e os contratos de emergência. *Revista Eletrônica de Licitações e Contratos Administrativos*, ano IX, n. 92, maio 2020.

RIGOLIN, Ivan Barbosa. *Registro de preços*. Disponível em: http://www.acopesp.org.br/admin/assets/arquivos/be7213152b53c98ef8972bcd8c53b6fe.pdf. Acesso em: 27 set. 2018.

RIGOLIN, Ivan Barbosa. Registro de preços. *Fórum de Contratação e Gestão Pública – FCGP*, Belo Horizonte, ano 17, n. 203, 2018.

RIGOLIN, Ivan Barbosa; BOTTINO, Marco Tullio. *Manual prático das licitações*: Lei nº 8.666/93. 4. ed. São Paulo: Saraiva, 2002.

RODRIGUES, Marcos Figueiredo; OLIVEIRA, Marcos Inoi de. Revolução na gestão de compras do setor público: o sistema de registro de preços, o pregão e o portal Comprasnet. *In*: ENANPAD – ENCONTRO NACIONAL DA ANPAD, 26., 2002. *Anais*... Salvador: [s.n.], 22 a 25 set. 2002.

SALOMÃO, Ricardo. Emenda Constitucional nº 19/98. *Jornal do Commercio*, Rio de Janeiro, 12 nov. 1998.

SAMPAIO, Ricardo Alexandre. SRP: Cadastro de reserva – Dever ou faculdade? *Blog Zênite*, 25 abr. 2013. Disponível em: https://www.zenite.blog.br/srp-cadastro-de-reserva-dever-ou-faculdade. Acesso em: 3 jul. 2020.

SANTANA, Jair Eduardo. *Pregão presencial e eletrônico* – Sistema de registro de preços – Manual de implantação, operacionalização e controle. 4. ed. Belo Horizonte: Fórum, 2014.

SANTANA, Jair Eduardo. *Pregão presencial e eletrônico*. 2. ed. Belo Horizonte: Fórum, 2010.

SANTOS, Franklin Brasil. *Preço de referência em compras públicas*. Brasília: TCU, 2015. Disponível em: https://portal.tcu.gov.br/biblioteca-digital/preco-de-referencia-em-compras-publicas-enfase-em-medicamentos.htm.

SANTOS, Márcia Walquíria Batista dos. Sistema de Registro de Preços e a legislação municipal. *In*: SEMINÁRIO DE DIREITO ADMINISTRATIVO – TCMSP "LICITAÇÃO E CONTRATO – DIREITO APLICADO", 2., 7 jun. 2004, São Paulo. *Palestra*... São Paulo: Tribunal de Contas do Município, 2004. Disponível em: http://www.tcm.sp.gov.br/legislacao/doutrina/14a18_06_04/maria_walquiria1.htm. Acesso em: 24 abr. 2008.

SARQUIS, Alexandre Manir Figueiredo; RAMOS, Rosemeire da Silva Cardoso. *Controvérsias do Sistema de Registro de Preços*. Disponível em: http://www4.tce.sp.gov.br/sites/default/files/controversias-SRP-versao-c_0.pdf. Acesso em: 3 jun. 2013.

SILVA, De Plácido e. *Vocabulário jurídico*. 19. ed. Rio de Janeiro: Forense, 2002.

SOUTO, Marcos Juruena Villela. A informática na Lei de licitações. *BLC – Boletim de Licitações e Contratos*, v. 7, n. 11, p. 532-537, nov. 1994.

SOUTO, Marcos Juruena Villela. *Licitações e contratos administrativos*: doutrina: Lei nº 8.666, de 21.06.93, comentada. 3. ed. rev., ampl. e atual. pela EC nº 19/98 e pela Lei nº 9.648, de 27.5.98 e Lei nº 9.854, de 27.10.99. Rio de Janeiro: Esplanada, 2000.

SOUTO, Marcos Juruena Villela; GARCIA, Flávio Amaral. Sistema de registro de preços: o efeito "carona". *BLC – Boletim de Licitações e Contratos*, v. 20, n. 3, p. 239-248, mar. 2007.

SUNDFELD, Carlos Ari. *Licitação e contrato administrativo*: de acordo com as leis 8.666/93 e 8.883/94. 2. ed. São Paulo: Malheiros, 1995.

TCU. *Licitações e contratos* – Orientações e jurisprudência do TCU. 4. ed. Brasília: TCU, 2010.

TOLOSA FILHO, Benedicto de. Licitação: o sistema de registro de preços é de adoção obrigatória? *L&C – Revista de Administração Pública e Política*, Brasília, p. 23, [s.d.].

TOLOSA FILHO, Benedicto de. *Licitações*: comentários, teoria e prática: Lei nº 8.666/93. Rio de Janeiro: Forense, 1997.

TOLOSA FILHO, Benedicto de; PAYÁ, Renata Fernandes de Tolosa. *Entendendo, implantando e mantendo o sistema de registro de preços*. Rio de Janeiro: Temas & Ideias, 1999.

TOLOSA FILHO, Benedicto de; SAITO, Luciano Massao. *Manual de licitações e contratos administrativos*: de acordo com a Lei Federal nº 8.666/93, com as alterações introduzidas pela Lei Federal nº 8.883/94: comentários, modelos de editais, atas, recursos, decisões do Tribunal de Contas, citações da legislação paulista. Rio de Janeiro: Aide, 1995.

TORRES, Ricardo Lobo. *Os fundos especiais*. Disponível em: http://www.abmp.org.br/textos/228.htm. Acesso em: 12 set. 2003.

TORRES, Ronny Charles L. de. Dispensa de licitação para fins de registro de preços. *Ronny Charles*, 30 jul. 2020. Disponível em: https://ronnycharles.com.br/.

TORRES, Ronny Charles L. de. *Leis de Licitações Públicas comentadas*. 3. ed. Salvador: JusPodivm, 2010.

TORRES, Ronny Charles L. de. *Leis de Licitações Públicas comentadas*. 10. ed. Salvador: JusPodivm, 2019.

VALLE, Vanice Regina Lírio do. Sistema de registro de preços: algumas considerações práticas. *In*: BITTENCOURT, Sidney (Org.). *Temas controvertidos sobre licitações e contratos administrativos*. Rio de Janeiro: Temas & Ideias, 1999.

VIANNA, Flavia Daniel. A nova visão do carona segundo o Tribunal de Contas da União: a extinção da figura na prática. *Revista Zênite – Informativo de Licitações e Contratos –ILC*, Curitiba, v. 19, n. 226, p. 1229-1231, dez. 2012.

VIANNA, Flavia Daniel. Atualização de preços no SRP quando os preços de mercado tornarem-se superiores aos preços registrados (à luz do novo Decreto 7892/13). *Vianna & Consultores Associados*. Disponível em: https://www.viannaconsultores.com.br/atualiza%C3%A7%C3%A3o-de-pre%C3%A7os-no-sistema-de-registro-de-pre%C3%A7os. Acesso em: 21 out. 2020.

VIANNA, Flavia Daniel. *Ferramenta contra o fracionamento ilegal de despesa*: a união dos sistemas de registro de preços (SRP) e a modalidade pregão. 3. ed. São Paulo: Scortecci, 2011.

VIANNA, Flavia Daniel. *Manual de Sistema de Registro de Preços (SRP)*. São Paulo: Vianna, 2012. (Coleção Fascículos Vianna: facilitando as licitações, n. 3).

VIANNA, Flavia Daniel. *Manual do Sistema de Registro de Preços*. Rio de Janeiro: Synergia, 2014.

VIANNA, Flavia Daniel. O novo Sistema de Registro de Preços. *Vianna & Consultores Associados*. Disponível em: http://www.viannaconsultores.com.br/novo-sistema-de-registro-de-pre%C3%A7os. Acesso: em 12 jun. 2014.

VIANNA, Flavia Daniel. O que muda no registro de preços pelo novo decreto 9.488, de 30 de agosto de 2018. *Revista Zênite – Informativo de Licitações e Contratos – ILC*, Curitiba, n. 245, p. 674-678, jul. 2018.

VIANNA, Flavia Daniel. O que muda no SRP com o novo Decreto Federal nº 8.250, de 23 de maio de 2014. *Fórum de Contratação e Gestão Pública*, Belo Horizonte, v. 13, n. 150, p. 34-37, jun. 2014.

VIANNA, Flavia Daniel. Quais tipos de licitação utilizar o pregão eletrônico. *Vianna & Consultores Associados*. Disponível em: https://www.viannaconsultores.com.br/quais-tipos-de-licitacao.

ANEXOS

LEGISLAÇÃO

DECRETO Nº 7.892, DE 23 DE JANEIRO DE 2013

(DOU de 23.1.2013)
COM AS ALTERAÇÕES ESTABELECIDAS PELOS DECRETOS Nºs:
8.250, DE 23.5.2014
(DOU de 26.0.2014, republicado em 27.5.2014)
e 9.488, de 3008.2018
(DOU de 31.8.2018)

Regulamenta o Sistema de Registro de Preços previsto no art. 15 da Lei nº 8.666, de 21 de junho de 1993.

A PRESIDENTA DA REPÚBLICA, no uso da atribuição que lhe confere o art. 84, *caput*, inciso IV, da Constituição, e tendo em vista o disposto no art. 15 da Lei nº 8.666, de 21 de junho de 1993, e no art. 11 da Lei nº 10.520, de 17 de julho de 2002, **DECRETA:**

CAPÍTULO I
DISPOSIÇÕES GERAIS

Art. 1º As contratações de serviços e a aquisição de bens, quando efetuadas pelo Sistema de Registro de Preços – SRP, no âmbito da administração pública federal direta, autárquica e fundacional, fundos especiais, empresas públicas, sociedades de economia mista e demais entidades controladas, direta ou indiretamente pela União, obedecerão ao disposto neste Decreto.

Art. 2º Para os efeitos deste Decreto, são adotadas as seguintes definições:

I – Sistema de Registro de Preços – conjunto de procedimentos para registro formal de preços relativos à prestação de serviços e aquisição de bens, para contratações futuras;

II – ata de registro de preços – documento vinculativo, obrigacional, com característica de compromisso para futura contratação, em que se registram os preços, fornecedores, órgãos participantes e condições a serem praticadas, conforme as disposições contidas no instrumento convocatório e propostas apresentadas;

III – órgão gerenciador – órgão ou entidade da administração pública federal responsável pela condução do conjunto de procedimentos para registro de preços e gerenciamento da ata de registro de preços dele decorrente;

IV – órgão participante – órgão ou entidade da administração pública que participa dos procedimentos iniciais do Sistema de Registro de Preços e integra a ata de registro de preços; (Redação dada pelo Decreto nº 8.250, de 2.014)

V – órgão não participante – órgão ou entidade da administração pública que, não tendo participado dos procedimentos iniciais da licitação, atendidos os requisitos desta norma, faz adesão à ata de registro de preços.

VI – compra nacional – compra ou contratação de bens e serviços, em que o órgão gerenciador conduz os procedimentos para registro de preços destinado à execução descentralizada de programa ou projeto federal, mediante prévia indicação da demanda pelos entes federados beneficiados; e (Incluído pelo Decreto nº 8.250, de 2.014)

VII – órgão participante de compra nacional – órgão ou entidade da administração pública que, em razão de participação em programa ou projeto federal, é contemplado no registro de preços independente de manifestação formal. (Incluído pelo Decreto nº 8.250, de 2.014)

Art. 3º O Sistema de Registro de Preços poderá ser adotado nas seguintes hipóteses:

I – quando, pelas características do bem ou serviço, houver necessidade de contratações frequentes;

II – quando for conveniente a aquisição de bens com previsão de entregas parceladas ou contratação de serviços remunerados por unidade de medida ou em regime de tarefa;

III – quando for conveniente a aquisição de bens ou a contratação de serviços para atendimento a mais de um órgão ou entidade, ou a programas de governo; ou

IV – quando, pela natureza do objeto, não for possível definir previamente o quantitativo a ser demandado pela Administração.

CAPÍTULO II
DA INTENÇÃO PARA REGISTRO DE PREÇOS

Art. 4º Fica instituído o procedimento de Intenção de Registro de Preços – IRP, a ser operacionalizado por módulo do Sistema de Administração e Serviços Gerais – SIASG, que deverá ser utilizado pelos órgãos e entidades integrantes do Sistema de Serviços Gerais – SISG, para registro e divulgação dos itens a serem licitados e para a realização dos atos previstos nos incisos II e V do *caput* do art. 5º e dos atos previstos no inciso II e *caput* do art. 6º.

§1º A divulgação da intenção de registro de preços poderá ser dispensada, de forma justificada pelo órgão gerenciador. (Redação dada pelo Decreto nº 8.250, de 2.014)

§1º-A O prazo para que outros órgãos e entidades manifestem interesse em participar de IRP será de oito dias úteis, no mínimo, contado da data de divulgação da IRP no Portal de Compras do Governo federal. (Incluído pelo Decreto nº 9.488, de 2.018)

§2º O Ministério do Planejamento, Orçamento e Gestão editará norma complementar para regulamentar o disposto neste artigo.

§3º Caberá ao órgão gerenciador da Intenção de Registro de Preços – IRP: (Incluído pelo Decreto nº 8.250, de 2.014)

I – estabelecer, quando for o caso, o número máximo de participantes na IRP em conformidade com sua capacidade de gerenciamento; (Incluído pelo Decreto nº 8.250, de 2.014)

II – aceitar ou recusar, justificadamente, os quantitativos considerados ínfimos ou a inclusão de novos itens; e (Incluído pelo Decreto nº 8.250, de 2.014)

III – deliberar quanto à inclusão posterior de participantes que não manifestaram interesse durante o período de divulgação da IRP. (Incluído pelo Decreto nº 8.250, de 2.014)

§4º Os procedimentos constantes dos incisos II e III do §3º serão efetivados antes da elaboração do edital e de seus anexos. (Incluído pelo Decreto nº 8.250, de 2.014)

§5º Para receber informações a respeito das IRPs disponíveis no Portal de Compras do Governo Federal, os órgãos e entidades integrantes do SISG se cadastrarão no módulo IRP e inserirão a linha de fornecimento e de serviços de seu interesse. (Incluído pelo Decreto nº 8.250, de 2.014)

§6º É facultado aos órgãos e entidades integrantes do SISG, antes de iniciar um processo licitatório, consultar as IRPs em andamento e deliberar a respeito da conveniência de sua participação. (Incluído pelo Decreto nº 8.250, de 2.014)

CAPÍTULO III
DAS COMPETÊNCIAS DO ÓRGÃO GERENCIADOR

Art. 5º Caberá ao órgão gerenciador a prática de todos os atos de controle e administração do Sistema de Registro de Preços, e ainda o seguinte:

I – registrar sua intenção de registro de preços no Portal de Compras do Governo federal;

II – consolidar informações relativas à estimativa individual e total de consumo, promovendo a adequação dos respectivos termos de referência ou projetos básicos

DECRETO Nº 7.892, DE 23 DE JANEIRO DE 2013 | 261

encaminhados para atender aos requisitos de padronização e racionalização;

III – promover atos necessários à instrução processual para a realização do procedimento licitatório;

IV – realizar pesquisa de mercado para identificação do valor estimado da licitação e, consolidar os dados das pesquisas de mercado realizadas pelos órgãos e entidades participantes, inclusive nas hipóteses previstas nos §§2º e 3º do art. 6º deste Decreto; (Redação dada pelo Decreto nº 8.250, de 2.014)

V – confirmar junto aos órgãos participantes a sua concordância com o objeto a ser licitado, inclusive quanto aos quantitativos e termo de referência ou projeto básico;

VI – realizar o procedimento licitatório;

VII – gerenciar a ata de registro de preços;

VIII – conduzir eventuais renegociações dos preços registrados;

IX – aplicar, garantida a ampla defesa e o contraditório, as penalidades decorrentes de infrações no procedimento licitatório; e

X – aplicar, garantida a ampla defesa e o contraditório, as penalidades decorrentes do descumprimento do pactuado na ata de registro de preços ou do descumprimento das obrigações contratuais, em relação às suas próprias contratações.

XI – autorizar, excepcional e justificadamente, a prorrogação do prazo previsto no §6º do art. 22 deste Decreto, respeitado o prazo de vigência da ata, quando solicitada pelo órgão não participante. (Incluído pelo Decreto nº 8.250, de 2.014)

§1º A ata de registro de preços, disponibilizada no Portal de Compras do Governo federal, poderá ser assinada por certificação digital.

§2º O órgão gerenciador poderá solicitar auxílio técnico aos órgãos participantes para execução das atividades previstas nos incisos III, IV e VI do *caput*.

CAPÍTULO IV
DAS COMPETÊNCIAS DO ÓRGÃO PARTICIPANTE

Art. 6º O órgão participante será responsável pela manifestação de interesse em participar do registro de preços, providenciando o encaminhamento ao órgão gerenciador de sua estimativa de consumo, local de entrega e, quando couber, cronograma de contratação e respectivas especificações ou termo de referência ou projeto básico, nos termos da Lei nº 8.666, de 21 de junho de 1993, e da Lei nº 10.520, de 17 de julho de 2002, adequado ao registro de preços do qual pretende fazer parte, devendo ainda:

I – garantir que os atos relativos a sua inclusão no registro de preços estejam formalizados e aprovados pela autoridade competente;

II – manifestar, junto ao órgão gerenciador, mediante a utilização da Intenção de Registro de Preços, sua concordância com o objeto a ser licitado, antes da realização do procedimento licitatório; e

III – tomar conhecimento da ata de registros de preços, inclusive de eventuais alterações, para o correto cumprimento de suas disposições.

§1º Cabe ao órgão participante aplicar, garantida a ampla defesa e o contraditório, as penalidades decorrentes do descumprimento do pactuado na ata de registro de preços ou do descumprimento das obrigações contratuais, em relação às suas próprias contratações, informando as ocorrências ao órgão gerenciador. (Incluído pelo Decreto nº 8.250, de 2.014)

§2º No caso de compra nacional, o órgão gerenciador promoverá a divulgação da ação, a pesquisa de mercado e a consolidação da demanda dos órgãos e entidades da administração direta e indireta da União, dos Estados, do Distrito Federal e dos Municípios. (Incluído pelo Decreto nº 8.250, de 2.014)

§3º Na hipótese prevista no §2º, comprovada a vantajosidade, fica facultado aos órgãos ou entidades participantes de compra nacional a execução da ata de registro de preços vinculada ao programa ou projeto federal. (Incluído pelo Decreto nº 8.250, de 2.014)

§4º Os entes federados participantes de compra nacional poderão utilizar recursos de transferências legais ou voluntárias da União, vinculados aos processos ou projetos objeto de descentralização e de recursos próprios para suas demandas de aquisição no âmbito da ata de registro de preços de compra nacional. (Incluído pelo Decreto nº 8.250, de 2.014)

§5º Caso o órgão gerenciador aceite a inclusão de novos itens, o órgão participante demandante elaborará sua especificação ou termo de referência ou projeto básico, conforme o caso, e a pesquisa de mercado, observado o disposto no art. 6º. (Incluído pelo Decreto nº 8.250, de 2.014)

§6º Caso o órgão gerenciador aceite a inclusão de novas localidades para entrega do bem ou execução do serviço, o órgão participante responsável pela demanda elaborará, ressalvada a hipótese prevista no §2º, pesquisa de mercado que contemple a variação de custos locais ou regionais. (Incluído pelo Decreto nº 8.250, de 2.014)

CAPÍTULO V
DA LICITAÇÃO PARA REGISTRO DE PREÇOS

Art. 7º A licitação para registro de preços será realizada na modalidade de concorrência, do tipo menor preço, nos termos da Lei nº 8.666, de 1993, ou na modalidade de pregão, nos termos da Lei nº 10.520, de 2002, e será precedida de ampla pesquisa de mercado.

§1º O julgamento por técnica e preço, na modalidade concorrência, poderá ser excepcionalmente adotado, a critério do órgão gerenciador e mediante despacho fundamentado da autoridade máxima do órgão ou entidade. (Redação dada pelo Decreto nº 8.250, de 2.014)

§2º Na licitação para registro de preços não é necessário indicar a dotação orçamentária, que somente será exigida para a formalização do contrato ou outro instrumento hábil.

Art. 8º O órgão gerenciador poderá dividir a quantidade total do item em lotes, quando técnica e economicamente viável, para possibilitar maior competitividade, observada a quantidade mínima, o prazo e o local de entrega ou de prestação dos serviços.

§1º No caso de serviços, a divisão considerará a unidade de medida adotada para aferição dos produtos e resultados, e será observada a demanda específica de cada órgão ou entidade participante do

certame. (Redação dada pelo Decreto nº 8.250, de 2.014)

§2º Na situação prevista no §1º, deverá ser evitada a contratação, em um mesmo órgão ou entidade, de mais de uma empresa para a execução de um mesmo serviço, em uma mesma localidade, para assegurar a responsabilidade contratual e o princípio da padronização.

Art. 9º O edital de licitação para registro de preços observará o disposto nas Leis nº 8.666, de 1993, e nº 10.520, de 2002, e contemplará, no mínimo:

I – a especificação ou descrição do objeto, que explicitará o conjunto de elementos necessários e suficientes, com nível de precisão adequado para a caracterização do bem ou serviço, inclusive definindo as respectivas unidades de medida usualmente adotadas;

II – estimativa de quantidades a serem adquiridas pelo órgão gerenciador e órgãos participantes;

III – estimativa de quantidades a serem adquiridas por órgãos não participantes, observado o disposto no §4º do art. 22, no caso de o órgão gerenciador admitir adesões;

IV – quantidade mínima de unidades a ser cotada, por item, no caso de bens;

V – condições quanto ao local, prazo de entrega, forma de pagamento, e nos casos de serviços, quando cabível, frequência, periodicidade, características do pessoal, materiais e equipamentos a serem utilizados, procedimentos, cuidados, deveres, disciplina e controles a serem adotados;

VI – prazo de validade do registro de preço, observado o disposto no *caput* do art. 12;

VII – órgãos e entidades participantes do registro de preço;

VIII – modelos de planilhas de custo e minutas de contratos, quando cabível;

IX – penalidades por descumprimento das condições;

X – minuta da ata de registro de preços como anexo; e

XI – realização periódica de pesquisa de mercado para comprovação da vantajosidade.

§1º O edital poderá admitir, como critério de julgamento, o menor preço aferido pela oferta de desconto sobre tabela de preços praticados no mercado, desde que tecnicamente justificado.

§2º Quando o edital previr o fornecimento de bens ou prestação de serviços em locais diferentes, é facultada a exigência de apresentação de proposta diferenciada por região, de modo que aos preços sejam acrescidos custos variáveis por região.

§3º A estimativa a que se refere o inciso III do *caput* não será considerada para fins de qualificação técnica e qualificação econômico-financeira na habilitação do licitante.

§4º O exame e a aprovação das minutas do instrumento convocatório e do contrato serão efetuados exclusivamente pela assessoria jurídica do órgão gerenciador. (Incluído pelo Decreto nº 8.250, de 2.014)

Art. 10. Após o encerramento da etapa competitiva, os licitantes poderão reduzir seus preços ao valor da proposta do licitante mais bem classificado.

Parágrafo único. A apresentação de novas propostas na forma do *caput* não prejudicará o resultado do certame em relação ao licitante mais bem classificado.

CAPÍTULO VI
DO REGISTRO DE PREÇOS
E DA VALIDADE DA ATA

Art. 11. Após a homologação da licitação, o registro de preços observará, entre outras, as seguintes condições:

I – serão registrados na ata de registro de preços os preços e quantitativos do licitante mais bem classificado durante a fase competitiva; (Redação dada pelo Decreto nº 8.250, de 2.014)

II – será incluído, na respectiva ata na forma de anexo, o registro dos licitantes que aceitarem cotar os bens ou serviços com preços iguais aos do licitante vencedor na sequência da classificação do certame, excluído o percentual referente à margem de preferência, quando o objeto não atender aos requisitos previstos no art. 3º da Lei nº 8.666, de 1993; (Redação dada pelo Decreto nº 8.250, de 2.014)

III – o preço registrado com indicação dos fornecedores será divulgado no Portal de Compras do Governo Federal e ficará disponibilizado durante a vigência da ata

de registro de preços; e (Redação dada pelo Decreto nº 8.250, de 2.014)

IV – a ordem de classificação dos licitantes registrados na ata deverá ser respeitada nas contratações. (Redação dada pelo Decreto nº 8.250, de 2.014)

§1º O registro a que se refere o inciso II do *caput* tem por objetivo a formação de cadastro de reserva no caso de impossibilidade de atendimento pelo primeiro colocado da ata, nas hipóteses previstas nos arts. 20 e 21. (Redação dada pelo Decreto nº 8.250, de 2.014)

§2º Se houver mais de um licitante na situação de que trata o inciso II do *caput*, serão classificados segundo a ordem da última proposta apresentada durante a fase competitiva. (Redação dada pelo Decreto nº 8.250, de 2.014)

§3º A habilitação dos fornecedores que comporão o cadastro de reserva a que se refere o inciso II do *caput* será efetuada, na hipótese prevista no parágrafo único do art. 13 e quando houver necessidade de contratação de fornecedor remanescente, nas hipóteses previstas nos arts. 20 e 21. (Redação dada pelo Decreto nº 8.250, de 2.014)

§4º O anexo que trata o inciso II do *caput* consiste na ata de realização da sessão pública do pregão ou da concorrência, que conterá a informação dos licitantes que aceitarem cotar os bens ou serviços com preços iguais ao do licitante vencedor do certame. (Incluído pelo Decreto nº 8.250, de 2.014)

Art. 12. O prazo de validade da ata de registro de preços não será superior a doze meses, incluídas eventuais prorrogações, conforme o inciso III do §3º do art. 15 da Lei nº 8.666, de 1993.

§1º É vedado efetuar acréscimos nos quantitativos fixados pela ata de registro de preços, inclusive o acréscimo de que trata o §1º do art. 65 da Lei nº 8.666, de 1993.

§2º A vigência dos contratos decorrentes do Sistema de Registro de Preços será definida nos instrumentos convocatórios, observado o disposto no art. 57 da Lei nº 8.666, de 1993.

§3º Os contratos decorrentes do Sistema de Registro de Preços poderão ser alterados, observado o disposto no art. 65 da Lei nº 8.666, de 1993.

§4º O contrato decorrente do Sistema de Registro de Preços deverá ser assinado no prazo de validade da ata de registro de preços.

CAPÍTULO VII
DA ASSINATURA DA ATA E DA CONTRATAÇÃO COM FORNECEDORES REGISTRADOS

Art. 13. Homologado o resultado da licitação, o fornecedor mais bem classificado será convocado para assinar a ata de registro de preços, no prazo e nas condições estabelecidos no instrumento convocatório, podendo o prazo ser prorrogado uma vez, por igual período, quando solicitado pelo fornecedor e desde que ocorra motivo justificado aceito pela administração. (Redação dada pelo Decreto nº 8.250, de 2.014)

Parágrafo único. É facultado à administração, quando o convocado não assinar a ata de registro de preços no prazo e condições estabelecidos, convocar os licitantes remanescentes, na ordem de classificação, para fazê-lo em igual prazo e nas mesmas condições propostas pelo primeiro classificado.

Art. 14. A ata de registro de preços implicará compromisso de fornecimento nas condições estabelecidas, após cumpridos os requisitos de publicidade.

Parágrafo único. A recusa injustificada de fornecedor classificado em assinar a ata, dentro do prazo estabelecido neste artigo, ensejará a aplicação das penalidades legalmente estabelecidas.

Art. 15. A contratação com os fornecedores registrados será formalizada pelo órgão interessado por intermédio de instrumento contratual, emissão de nota de empenho de despesa, autorização de compra ou outro instrumento hábil, conforme o art. 62 da Lei nº 8.666, de 1993.

Art. 16. A existência de preços registrados não obriga a administração a contratar, facultando-se a realização de licitação específica para a aquisição pretendida,

assegurada preferência ao fornecedor registrado em igualdade de condições.

CAPÍTULO VIII
DA REVISÃO E DO CANCELAMENTO DOS PREÇOS REGISTRADOS

Art. 17. Os preços registrados poderão ser revistos em decorrência de eventual redução dos preços praticados no mercado ou de fato que eleve o custo dos serviços ou bens registrados, cabendo ao órgão gerenciador promover as negociações junto aos fornecedores, observadas as disposições contidas na alínea "d" do inciso II do *caput* do art. 65 da Lei nº 8.666, de 1993.

Art. 18. Quando o preço registrado tornar-se superior ao preço praticado no mercado por motivo superveniente, o órgão gerenciador convocará os fornecedores para negociarem a redução dos preços aos valores praticados pelo mercado.

§1º Os fornecedores que não aceitarem reduzir seus preços aos valores praticados pelo mercado serão liberados do compromisso assumido, sem aplicação de penalidade.

§2º A ordem de classificação dos fornecedores que aceitarem reduzir seus preços aos valores de mercado observará a classificação original.

Art. 19. Quando o preço de mercado tornar-se superior aos preços registrados e o fornecedor não puder cumprir o compromisso, o órgão gerenciador poderá:

I – liberar o fornecedor do compromisso assumido, caso a comunicação ocorra antes do pedido de fornecimento, e sem aplicação da penalidade se confirmada a veracidade dos motivos e comprovantes apresentados; e

II – convocar os demais fornecedores para assegurar igual oportunidade de negociação.

Parágrafo único. Não havendo êxito nas negociações, o órgão gerenciador deverá proceder à revogação da ata de registro de preços, adotando as medidas cabíveis para obtenção da contratação mais vantajosa.

Art. 20. O registro do fornecedor será cancelado quando:

I – descumprir as condições da ata de registro de preços;

II – não retirar a nota de empenho ou instrumento equivalente no prazo estabelecido pela Administração, sem justificativa aceitável;

III – não aceitar reduzir o seu preço registrado, na hipótese deste se tornar superior àqueles praticados no mercado; ou

IV – sofrer sanção prevista nos incisos III ou IV do caput do art. 87 da Lei nº 8.666, de 1993, ou no art. 7º da Lei nº 10.520, de 2002.

Parágrafo único. O cancelamento de registros nas hipóteses previstas nos incisos I, II e IV do *caput* será formalizado por despacho do órgão gerenciador, assegurado o contraditório e a ampla defesa.

Art. 21. O cancelamento do registro de preços poderá ocorrer por fato superveniente, decorrente de caso fortuito ou força maior, que prejudique o cumprimento da ata, devidamente comprovados e justificados:

I – por razão de interesse público; ou

II – a pedido do fornecedor.

CAPÍTULO IX
DA UTILIZAÇÃO DA ATA DE REGISTRO DE PREÇOS POR ÓRGÃO OU ENTIDADES NÃO PARTICIPANTES

Art. 22. Desde que devidamente justificada a vantagem, a ata de registro de preços, durante sua vigência, poderá ser utilizada por qualquer órgão ou entidade da administração pública federal que não tenha participado do certame licitatório, mediante anuência do órgão gerenciador.

§1º Os órgãos e entidades que não participaram do registro de preços, quando desejarem fazer uso da ata de registro de preços, deverão consultar o órgão gerenciador da ata para manifestação sobre a possibilidade de adesão.

§1º-A A manifestação do órgão gerenciador de que trata o §1º fica condicionada à realização de estudo, pelos órgãos e pelas entidades que não participaram do registro de preços, que demonstre o ganho de eficiência, a viabilidade e a economicidade para a administração pública federal da utilização da ata de registro de preços, conforme estabelecido em ato do Secretário de Gestão do Ministério do Planejamento, Desenvolvimento e Gestão. (Incluído pelo Decreto nº 9.488, de 2.018)

§1º-B O estudo de que trata o §1º-A, após aprovação pelo órgão gerenciador, será divulgado no Portal de Compras do Governo federal. (Incluído pelo Decreto nº 9.488, de 2.018)

§2º Caberá ao fornecedor beneficiário da ata de registro de preços, observadas as condições nela estabelecidas, optar pela aceitação ou não do fornecimento decorrente de adesão, desde que não prejudique as obrigações presentes e futuras decorrentes da ata, assumidas com o órgão gerenciador e órgãos participantes.

§3º As aquisições ou as contratações adicionais de que trata este artigo não poderão exceder, por órgão ou entidade, a cinquenta por cento dos quantitativos dos itens do instrumento convocatório e registrados na ata de registro de preços para o órgão gerenciador e para os órgãos participantes. (Redação dada pelo Decreto nº 9.488, de 2.018)

§4º O instrumento convocatório preverá que o quantitativo decorrente das adesões à ata de registro de preços não poderá exceder, na totalidade, ao dobro do quantitativo de cada item registrado na ata de registro de preços para o órgão gerenciador e para os órgãos participantes, independentemente do número de órgãos não participantes que aderirem. (Redação dada pelo Decreto nº 9.488, de 2.018)

§4º-A Na hipótese de compra nacional:

I – as aquisições ou as contratações adicionais não excederão, por órgão ou entidade, a cem por cento dos quantitativos dos itens do instrumento convocatório e registrados na ata de registro de preços para o órgão gerenciador e para os órgãos participantes; e

II – o instrumento convocatório da compra nacional preverá que o quantitativo decorrente das adesões à ata de registro de preços não excederá, na totalidade, ao quíntuplo do quantitativo de cada item registrado na ata de registro de preços para o órgão gerenciador e para os órgãos participantes, independentemente do número de órgãos não participantes que aderirem. (Incluído pelo Decreto nº 9.488, de 2.018)

§5º (Revogado pelo Decreto nº 8.250, de 2.014)

§6º Após a autorização do órgão gerenciador, o órgão não participante deverá efetivar a aquisição ou contratação solicitada em até noventa dias, observado o prazo de vigência da ata.

§7º Compete ao órgão não participante os atos relativos à cobrança do cumprimento pelo fornecedor das obrigações contratualmente assumidas e a aplicação, observada a ampla defesa e o contraditório, de eventuais penalidades decorrentes do descumprimento de cláusulas contratuais, em relação às suas próprias contratações, informando as ocorrências ao órgão gerenciador.

§8º É vedada aos órgãos e entidades da administração pública federal a adesão a ata de registro de preços gerenciada por órgão ou entidade municipal, distrital ou estadual.

§9º É facultada aos órgãos ou entidades municipais, distritais ou estaduais a adesão à ata de registro de preços da Administração Pública Federal.

§9º-A Sem prejuízo da observância ao disposto no §3º, à hipótese prevista no §9º não se aplica o disposto nos §1º-A e §1º-B no caso de órgãos e entidades de outros entes federativos. (Incluído pelo Decreto nº 9.488, de 2.018)

§10. É vedada a contratação de serviços de tecnologia da informação e comunicação por meio de adesão a ata de registro de preços que não seja:

I – gerenciada pelo Ministério do Planejamento, Desenvolvimento e Gestão; ou

II – gerenciada por outro órgão ou entidade e previamente aprovada pela Secretaria de Tecnologia da Informação e Comunicação do Ministério do Planejamento, Desenvolvimento e Gestão. (Incluído pelo Decreto nº 9.488, de 2.018)

§11. O disposto no §10 não se aplica às hipóteses em que a contratação de serviços esteja vinculada ao fornecimento de bens de tecnologia da informação e comunicação constante da mesma ata de registro de preços." (NR) (Incluído pelo Decreto nº 9.488, de 2.018)

CAPÍTULO X
DISPOSIÇÕES FINAIS E TRANSITÓRIAS

Art. 23. A Administração poderá utilizar recursos de tecnologia da informação na operacionalização do disposto neste Decreto e automatizar procedimentos de controle e atribuições dos órgãos gerenciadores e participantes.

Art. 24. As atas de registro de preços vigentes, decorrentes de certames realizados sob a vigência do Decreto nº 3.931, de 19 de setembro de 2001, poderão ser utilizadas pelos órgãos gerenciadores e participantes, até o término de sua vigência.

Art. 25. Até a completa adequação do Portal de Compras do Governo federal para atendimento ao disposto no §1º do art. 5º, o órgão gerenciador deverá:

I – providenciar a assinatura da ata de registro de preços e o encaminhamento de sua cópia aos órgãos ou entidades participantes; e

II – providenciar a indicação dos fornecedores para atendimento às demandas, observada a ordem de classificação e os quantitativos de contratação definidos pelos órgãos e entidades participantes.

Art. 26. Até a completa adequação do Portal de Compras do Governo federal para atendimento ao disposto nos incisos I e II do *caput* do art. 11 e no inciso II do §2º do art. 11, a ata registrará os licitantes vencedores, quantitativos e respectivos preços.

Art. 27. O Ministério do Planejamento, Orçamento e Gestão poderá editar normas complementares a este Decreto.

Art. 28. Este Decreto entra em vigor trinta dias após a data de sua publicação.

Art. 29. Ficam revogados:

I – o Decreto nº 3.931, de 19 de setembro de 2001; e

II – o Decreto nº 4.342, de 23 de agosto de 2002.

Brasília, 23 de janeiro de 2013; 192º da Independência e 125º da República.

DILMA ROUSSEFF
Miriam Belchior

LEI Nº 8.666, DE 21 DE JUNHO DE 1993

(DOU de 22.6.1993, republicado em 6.7.1994)

Regulamenta o art. 37, inciso XXI, da Constituição Federal, institui normas para licitações e contratos da Administração Pública e dá outras providências.

O PRESIDENTE DA REPÚBLICA Faço saber que o Congresso Nacional decreta e eu sanciono a seguinte Lei:

CAPÍTULO I
DAS DISPOSIÇÕES GERAIS

Seção I
Dos Princípios

Art. 1º Esta Lei estabelece normas gerais sobre licitações e contratos administrativos pertinentes a obras, serviços, inclusive de publicidade, compras, alienações e locações no âmbito dos Poderes da União, dos Estados, do Distrito Federal e dos Municípios.

Parágrafo único. Subordinam-se ao regime desta Lei, além dos órgãos da administração direta, os fundos especiais, as autarquias, as fundações públicas, as empresas públicas, as sociedades de economia mista e demais entidades controladas direta ou indiretamente pela União, Estados, Distrito Federal e Municípios.

Art. 2º As obras, serviços, inclusive de publicidade, compras, alienações, concessões, permissões e locações da Administração Pública, quando contratadas com terceiros, serão necessariamente precedidas de licitação, ressalvadas as hipóteses previstas nesta Lei.

Parágrafo único. Para os fins desta Lei, considera-se contrato todo e qualquer ajuste entre órgãos ou entidades da Administração Pública e particulares, em que haja um acordo de vontades para a formação de vínculo e a estipulação de obrigações recíprocas, seja qual for a denominação utilizada.

Art. 3º A licitação destina-se a garantir a observância do princípio constitucional da isonomia, a seleção da proposta mais vantajosa para a administração e a promoção do desenvolvimento nacional sustentável e será processada e julgada em estrita conformidade com os princípios básicos da legalidade, da impessoalidade, da moralidade, da igualdade, da publicidade, da probidade administrativa, da vinculação ao instrumento convocatório, do julgamento objetivo e dos que lhes são correlatos. (Redação dada pela Lei nº 12.349, de 2010)

§1º É vedado aos agentes públicos:

I – admitir, prever, incluir ou tolerar, nos atos de convocação, cláusulas ou condições que comprometam, restrinjam ou frustrem o seu caráter competitivo, inclusive nos casos de sociedades cooperativas, e estabeleçam preferências ou distinções em razão da naturalidade, da sede ou domicílio dos licitantes ou de qualquer outra circunstância impertinente ou irrelevante para o específico objeto do contrato, ressalvado o disposto nos §§5º a 12 deste artigo e no art. 3º da Lei nº 8.248, de 23 de outubro de 1991; (Redação dada pela Lei nº 12.349, de 2010)

II – estabelecer tratamento diferenciado de natureza comercial, legal, trabalhista, previdenciária ou qualquer outra, entre empresas brasileiras e estrangeiras, inclusive no que se refere a moeda, modalidade e local de pagamentos, mesmo quando envolvidos financiamentos de agências internacionais, ressalvado o disposto no parágrafo seguinte e no art. 3º da Lei no 8.248, de 23 de outubro de 1991.

§2º Em igualdade de condições, como critério de desempate, será assegurada preferência, sucessivamente, aos bens e serviços:

I – (Revogado pela Lei nº 12.349, de 2010)

II – produzidos no País;

III – produzidos ou prestados por empresas brasileiras.

IV – produzidos ou prestados por empresas que invistam em pesquisa e no desenvolvimento de tecnologia no País. (Incluído pela Lei nº 11.196, de 2005)

V – produzidos ou prestados por empresas que comprovem cumprimento de reserva de cargos prevista em lei para pessoa com deficiência ou para reabilitado da Previdência Social e que atendam às regras de acessibilidade previstas na legislação. (Incluído pela Lei nº 13.146, de 2015)

§3º A licitação não será sigilosa, sendo públicos e acessíveis ao público os atos de seu procedimento, salvo quanto ao conteúdo das propostas, até a respectiva abertura.

§4º (Vetado). (Incluído pela Lei nº 8.883, de 1994)

§5º Nos processos de licitação, poderá ser estabelecida margem de preferência para: (Redação dada pela Lei nº 13.146, de 2015) (Vigência)

I – produtos manufaturados e para serviços nacionais que atendam a normas técnicas brasileiras; e (Incluído pela Lei nº 13.146, de 2015)

II – bens e serviços produzidos ou prestados por empresas que comprovem cumprimento de reserva de cargos prevista em lei para pessoa com deficiência ou para reabilitado da Previdência Social e que atendam às regras de acessibilidade previstas na legislação. (Incluído pela Lei nº 13.146, de 2015)

§6º A margem de preferência de que trata o §5º será estabelecida com base em estudos revistos periodicamente, em prazo não superior a 5 (cinco) anos, que levem em consideração: (Incluído pela Lei nº 12.349, de 2010) (Vide Decreto nº 7.546, de 2011)

I – geração de emprego e renda; (Incluído pela Lei nº 12.349, de 2010)

II – efeito na arrecadação de tributos federais, estaduais e municipais; (Incluído pela Lei nº 12.349, de 2010)

III – desenvolvimento e inovação tecnológica realizados no País; (Incluído pela Lei nº 12.349, de 2010)

IV – custo adicional dos produtos e serviços; e (Incluído pela Lei nº 12.349, de 2010)

V – em suas revisões, análise retrospectiva de resultados. (Incluído pela Lei nº 12.349, de 2010)

§7º Para os produtos manufaturados e serviços nacionais resultantes de desenvolvimento e inovação tecnológica realizados no País, poderá ser estabelecido margem

de preferência adicional àquela prevista no §5º. (Incluído pela Lei nº 12.349, de 2010)

§8º As margens de preferência por produto, serviço, grupo de produtos ou grupo de serviços, a que se referem os §§5º e 7º, serão definidas pelo Poder Executivo federal, não podendo a soma delas ultrapassar o montante de 25% (vinte e cinco por cento) sobre o preço dos produtos manufaturados e serviços estrangeiros. (Incluído pela Lei nº 12.349, de 2010)

§9º As disposições contidas nos §§5º e 7º deste artigo não se aplicam aos bens e aos serviços cuja capacidade de produção ou prestação no País seja inferior: (Incluído pela Lei nº 12.349, de 2010)

I – à quantidade a ser adquirida ou contratada; ou (Incluído pela Lei nº 12.349, de 2010)

II – ao quantitativo fixado com fundamento no §7º do art. 23 desta Lei, quando for o caso. (Incluído pela Lei nº 12.349, de 2010)

§10. A margem de preferência a que se refere o §5º poderá ser estendida, total ou parcialmente, aos bens e serviços originários dos Estados Partes do Mercado Comum do Sul – Mercosul.

§11. Os editais de licitação para a contratação de bens, serviços e obras poderão, mediante prévia justificativa da autoridade competente, exigir que o contratado promova, em favor de órgão ou entidade integrante da administração pública ou daqueles por ela indicados a partir de processo isonômico, medidas de compensação comercial, industrial, tecnológica ou acesso a condições vantajosas de financiamento, cumulativamente ou não, na forma estabelecida pelo Poder Executivo federal. (Incluído pela Lei nº 12.349, de 2010)

§12. Nas contratações destinadas à implantação, manutenção e ao aperfeiçoamento dos sistemas de tecnologia de informação e comunicação, considerados estratégicos em ato do Poder Executivo federal, a licitação poderá ser restrita a bens e serviços com tecnologia desenvolvida no País e produzidos de acordo com o processo produtivo básico de que trata a Lei no 10.176, de 11 de janeiro de 2001. (Incluído pela Lei nº 12.349, de 2010)

§13. Será divulgada na internet, a cada exercício financeiro, a relação de empresas

LEI Nº 8.666, DE 21 DE JUNHO DE 1993 | 269

favorecidas em decorrência do disposto nos §§5º, 7º, 10, 11 e 12 deste artigo, com indicação do volume de recursos destinados a cada uma delas. (Incluído pela Lei nº 12.349, de 2010)

§14. As preferências definidas neste artigo e nas demais normas de licitação e contratos devem privilegiar o tratamento diferenciado e favorecido às microempresas e empresas de pequeno porte na forma da lei. (Incluído pela Lei Complementar nº 147, de 2014)

§15. As preferências dispostas neste artigo prevalecem sobre as demais preferências previstas na legislação quando estas forem aplicadas sobre produtos ou serviços estrangeiros. (Incluído pela Lei Complementar nº 147, de 2014)

Art. 4º Todos quantos participem de licitação promovida pelos órgãos ou entidades a que se refere o art. 1º têm direito público subjetivo à fiel observância do pertinente procedimento estabelecido nesta lei, podendo qualquer cidadão acompanhar o seu desenvolvimento, desde que não interfira de modo a perturbar ou impedir a realização dos trabalhos.

Parágrafo único. O procedimento licitatório previsto nesta lei caracteriza ato administrativo formal, seja ele praticado em qualquer esfera da Administração Pública.

Art. 5º Todos os valores, preços e custos utilizados nas licitações terão como expressão monetária a moeda corrente nacional, ressalvado o disposto no art. 42 desta Lei, devendo cada unidade da Administração, no pagamento das obrigações relativas ao fornecimento de bens, locações, realização de obras e prestação de serviços, obedecer, para cada fonte diferenciada de recursos, a estrita ordem cronológica das datas de suas exigibilidades, salvo quando presentes relevantes razões de interesse público e mediante prévia justificativa da autoridade competente, devidamente publicada.

§1º Os créditos a que se refere este artigo terão seus valores corrigidos por critérios previstos no ato convocatório e que lhes preservem o valor.

§2º A correção de que trata o parágrafo anterior cujo pagamento será feito junto com o principal, correrá à conta das mesmas dotações orçamentárias que atenderam aos créditos a que se referem. (Redação dada pela Lei nº 8.883, de 1994)

§3º Observados o disposto no *caput*, os pagamentos decorrentes de despesas cujos valores não ultrapassem o limite de que trata o inciso II do art. 24, sem prejuízo do que dispõe seu parágrafo único, deverão ser efetuados no prazo de até 5 (cinco) dias úteis, contados da apresentação da fatura. (Incluído pela Lei nº 9.648, de 1998)

Art. 5º-A. As normas de licitações e contratos devem privilegiar o tratamento diferenciado e favorecido às microempresas e empresas de pequeno porte na forma da lei. (Incluído pela Lei Complementar nº 147, de 2014)

Seção II
Das Definições

Art. 6º Para os fins desta Lei, considera-se:

I – Obra – toda construção, reforma, fabricação, recuperação ou ampliação, realizada por execução direta ou indireta;

II – Serviço – toda atividade destinada a obter determinada utilidade de interesse para a Administração, tais como: demolição, conserto, instalação, montagem, operação, conservação, reparação, adaptação, manutenção, transporte, locação de bens, publicidade, seguro ou trabalhos técnico-profissionais;

III – Compra – toda aquisição remunerada de bens para fornecimento de uma só vez ou parceladamente;

IV – Alienação – toda transferência de domínio de bens a terceiros;

V – Obras, serviços e compras de grande vulto – aquelas cujo valor estimado seja superior a 25 (vinte e cinco) vezes o limite estabelecido na alínea "c" do inciso I do art. 23 desta Lei;

VI – Seguro-Garantia – o seguro que garante o fiel cumprimento das obrigações assumidas por empresas em licitações e contratos;

VII – Execução direta – a que é feita pelos órgãos e entidades da Administração, pelos próprios meios;

VIII – Execução indireta – a que o órgão ou entidade contrata com terceiros sob qualquer dos seguintes regimes: (Redação dada pela Lei nº 8.883, de 1994)

a) empreitada por preço global – quando se contrata a execução da obra ou do serviço por preço certo e total;
b) empreitada por preço unitário – quando se contrata a execução da obra ou do serviço por preço certo de unidades determinadas;
c) (Vetado).
d) tarefa – quando se ajusta mão de obra para pequenos trabalhos por preço certo, com ou sem fornecimento de materiais;
e) empreitada integral – quando se contrata um empreendimento em sua integralidade, compreendendo todas as etapas das obras, serviços e instalações necessárias, sob inteira responsabilidade da contratada até a sua entrega ao contratante em condições de entrada em operação, atendidos os requisitos técnicos e legais para sua utilização em condições de segurança estrutural e operacional e com as características adequadas às finalidades para que foi contratada;
IX – Projeto Básico – conjunto de elementos necessários e suficientes, com nível de precisão adequado, para caracterizar a obra ou serviço, ou complexo de obras ou serviços objeto da licitação, elaborado com base nas indicações dos estudos técnicos preliminares, que assegurem a viabilidade técnica e o adequado tratamento do impacto ambiental do empreendimento, e que possibilite a avaliação do custo da obra e a definição dos métodos e do prazo de execução, devendo conter os seguintes elementos:
a) desenvolvimento da solução escolhida de forma a fornecer visão global da obra e identificar todos os seus elementos constitutivos com clareza;
b) soluções técnicas globais e localizadas, suficientemente detalhadas, de forma a minimizar a necessidade de reformulação ou de variantes durante as fases de elaboração do projeto executivo e de realização das obras e montagem;
c) identificação dos tipos de serviços a executar e de materiais e equipamentos a incorporar à obra, bem como suas especificações que assegurem os melhores resultados para o empreendimento, sem frustrar o caráter competitivo para a sua execução;
d) informações que possibilitem o estudo e a dedução de métodos construtivos,

instalações provisórias e condições organizacionais para a obra, sem frustrar o caráter competitivo para a sua execução;
e) subsídios para montagem do plano de licitação e gestão da obra, compreendendo a sua programação, a estratégia de suprimentos, as normas de fiscalização e outros dados necessários em cada caso;
f) orçamento detalhado do custo global da obra, fundamentado em quantitativos de serviços e fornecimentos propriamente avaliados;
X – Projeto Executivo – o conjunto dos elementos necessários e suficientes à execução completa da obra, de acordo com as normas pertinentes da Associação Brasileira de Normas Técnicas – ABNT;
XI – Administração Pública – a administração direta e indireta da União, dos Estados, do Distrito Federal e dos Municípios, abrangendo inclusive as entidades com personalidade jurídica de direito privado sob controle do poder público e das fundações por ele instituídas ou mantidas;
XII – Administração – órgão, entidade ou unidade administrativa pela qual a Administração Pública opera e atua concretamente;
XIII – Imprensa Oficial – veículo oficial de divulgação da Administração Pública, sendo para a União o Diário Oficial da União, e, para os Estados, o Distrito Federal e os Municípios, o que for definido nas respectivas leis; (Redação dada pela Lei nº 8.883, de 1994)
XIV – Contratante – é o órgão ou entidade signatária do instrumento contratual;
XV – Contratado – a pessoa física ou jurídica signatária de contrato com a Administração Pública;
XVI – Comissão – comissão, permanente ou especial, criada pela Administração com a função de receber, examinar e julgar todos os documentos e procedimentos relativos às licitações e ao cadastramento de licitantes.
XVII – produtos manufaturados nacionais – produtos manufaturados, produzidos no território nacional de acordo com o processo produtivo básico ou com as regras de origem estabelecidas pelo Poder Executivo federal; (Incluído pela Lei nº 12.349, de 2010)

LEI Nº 8.666, DE 21 DE JUNHO DE 1993 | 271

XVIII – serviços nacionais – serviços prestados no País, nas condições estabelecidas pelo Poder Executivo federal; (Incluído pela Lei nº 12.349, de 2010)
XIX – sistemas de tecnologia de informação e comunicação estratégicos – bens e serviços de tecnologia da informação e comunicação cuja descontinuidade provoque dano significativo à administração pública e que envolvam pelo menos um dos seguintes requisitos relacionados às informações críticas: disponibilidade, confiabilidade, segurança e confidencialidade. (Incluído pela Lei nº 12.349, de 2010)
XX – produtos para pesquisa e desenvolvimento – bens, insumos, serviços e obras necessários para atividade de pesquisa científica e tecnológica, desenvolvimento de tecnologia ou inovação tecnológica, discriminados em projeto de pesquisa aprovado pela instituição contratante. (Incluído pela Lei nº 13.243, de 2016)
[...]

Seção V
Das Compras

Art. 14. Nenhuma compra será feita sem a adequada caracterização de seu objeto e indicação dos recursos orçamentários para seu pagamento, sob pena de nulidade do ato e responsabilidade de quem lhe tiver dado causa.

Art. 15. As compras, sempre que possível, deverão:
I – atender ao princípio da padronização, que imponha compatibilidade de especificações técnicas e de desempenho, observadas, quando for o caso, as condições de manutenção, assistência técnica e garantia oferecidas;
II – ser processadas através de sistema de registro de preços;
III – submeter-se às condições de aquisição e pagamento semelhantes às do setor privado;
IV – ser subdivididas em tantas parcelas quantas necessárias para aproveitar as peculiaridades do mercado, visando economicidade;
V – balizar-se pelos preços praticados no âmbito dos órgãos e entidades da Administração Pública.

§1º O registro de preços será precedido de ampla pesquisa de mercado.
§2º Os preços registrados serão publicados trimestralmente para orientação da Administração, na imprensa oficial.
§3º O sistema de registro de preços será regulamentado por decreto, atendidas as peculiaridades regionais, observadas as seguintes condições:
I – seleção feita mediante concorrência;
II – estipulação prévia do sistema de controle e atualização dos preços registrados;
III – validade do registro não superior a um ano.
§4º A existência de preços registrados não obriga a Administração a firmar as contratações que deles poderão advir, ficando-lhe facultada a utilização de outros meios, respeitada a legislação relativa às licitações, sendo assegurado ao beneficiário do registro preferência em igualdade de condições.
§5º O sistema de controle originado no quadro geral de preços, quando possível, deverá ser informatizado.
§6º Qualquer cidadão é parte legítima para impugnar preço constante do quadro geral em razão de incompatibilidade desse com o preço vigente no mercado.
§7º Nas compras deverão ser observadas, ainda:
I – a especificação completa do bem a ser adquirido sem indicação de marca;
II – a definição das unidades e das quantidades a serem adquiridas em função do consumo e utilização prováveis, cuja estimativa será obtida, sempre que possível, mediante adequadas técnicas quantitativas de estimação;
III – as condições de guarda e armazenamento que não permitam a deterioração do material.
§8º O recebimento de material de valor superior ao limite estabelecido no art. 23 desta Lei, para a modalidade de convite, deverá ser confiado a uma comissão de, no mínimo, 3 (três) membros.
[...]
Brasília, 21 de junho de 1993, 172º da Independência e 105º da República.

ITAMAR FRANCO
Rubens Ricupero
Romildo Canhim

LEI Nº 10.520, DE 17 DE JULHO DE 2002

(DOU de 18.7.2002, ret. 30.7.2002)

Institui, no âmbito da União, Estados, Distrito Federal e Municípios, nos termos do art. 37, inciso XXI, da Constituição Federal, modalidade de licitação denominada pregão, para aquisição de bens e serviços comuns, e dá outras providências.

O PRESIDENTE DA REPÚBLICA Faço saber que o Congresso Nacional decreta e eu sanciono a seguinte Lei:

Art. 1º Para aquisição de bens e serviços comuns, poderá ser adotada a licitação na modalidade de pregão, que será regida por esta Lei.

Parágrafo único. Consideram-se bens e serviços comuns, para os fins e efeitos deste artigo, aqueles cujos padrões de desempenho e qualidade possam ser objetivamente definidos pelo edital, por meio de especificações usuais no mercado.

Art. 2º (VETADO)

§1º Poderá ser realizado o pregão por meio da utilização de recursos de tecnologia da informação, nos termos de regulamentação específica.

§2º Será facultado, nos termos de regulamentos próprios da União, Estados, Distrito Federal e Municípios, a participação de bolsas de mercadorias no apoio técnico e operacional aos órgãos e entidades promotores da modalidade de pregão, utilizando-se de recursos de tecnologia da informação.

§3º As bolsas a que se referem o §2º deverão estar organizadas sob a forma de sociedades civis sem fins lucrativos e com a participação plural de corretoras que operem sistemas eletrônicos unificados de pregões.

Art. 3º A fase preparatória do pregão observará o seguinte:

I – a autoridade competente justificará a necessidade de contratação e definirá o objeto do certame, as exigências de habilitação, os critérios de aceitação das propostas, as sanções por inadimplemento e as cláusulas do contrato, inclusive com fixação dos prazos para fornecimento;

II – a definição do objeto deverá ser precisa, suficiente e clara, vedadas especificações que, por excessivas, irrelevantes ou desnecessárias, limitem a competição;

III – dos autos do procedimento constarão a justificativa das definições referidas no inciso I deste artigo e os indispensáveis elementos técnicos sobre os quais estiverem apoiados, bem como o orçamento, elaborado pelo órgão ou entidade promotora da licitação, dos bens ou serviços a serem licitados; e

IV – a autoridade competente designará, dentre os servidores do órgão ou entidade promotora da licitação, o pregoeiro e respectiva equipe de apoio, cuja atribuição inclui, dentre outras, o recebimento das propostas e lances, a análise de sua aceitabilidade e sua classificação, bem como a habilitação e a adjudicação do objeto do certame ao licitante vencedor.

§1º A equipe de apoio deverá ser integrada em sua maioria por servidores ocupantes de cargo efetivo ou emprego da administração, preferencialmente pertencentes ao quadro permanente do órgão ou entidade promotora do evento.

§2º No âmbito do Ministério da Defesa, as funções de pregoeiro e de membro da equipe de apoio poderão ser desempenhadas por militares.

Art. 4º A fase externa do pregão será iniciada com a convocação dos interessados e observará as seguintes regras:

I – a convocação dos interessados será efetuada por meio de publicação de aviso em diário oficial do respectivo ente federado ou, não existindo, em jornal de circulação local, e facultativamente, por meios eletrônicos e conforme o vulto da licitação, em jornal de grande circulação, nos termos do regulamento de que trata o art. 2º;

II – do aviso constarão a definição do objeto da licitação, a indicação do local, dias e horários em que poderá ser lida ou obtida a íntegra do edital;

III – do edital constarão todos os elementos definidos na forma do inciso I do art. 3º, as normas que disciplinarem o procedimento e a minuta do contrato, quando for o caso;

IV – cópias do edital e do respectivo aviso serão colocadas à disposição de qualquer pessoa para consulta e divulgadas na forma da Lei nº 9.755, de 16 de dezembro de 1998;

V – o prazo fixado para a apresentação das propostas, contado a partir da publicação do aviso, não será inferior a 8 (oito) dias úteis;

VI – no dia, hora e local designados, será realizada sessão pública para recebimento das propostas, devendo o interessado, ou seu representante, identificar-se e, se for o caso, comprovar a existência dos necessários poderes para formulação de propostas e para a prática de todos os demais atos inerentes ao certame;

VII – aberta a sessão, os interessados ou seus representantes, apresentarão declaração dando ciência de que cumprem plenamente os requisitos de habilitação e entregarão os envelopes contendo a indicação do objeto e do preço oferecidos, procedendo-se à sua imediata abertura e à verificação da conformidade das propostas com os requisitos estabelecidos no instrumento convocatório;

VIII – no curso da sessão, o autor da oferta de valor mais baixo e os das ofertas com preços até 10% (dez por cento) superiores àquela poderão fazer novos lances verbais e sucessivos, até a proclamação do vencedor;

IX – não havendo pelo menos 3 (três) ofertas nas condições definidas no inciso anterior, poderão os autores das melhores propostas, até o máximo de 3 (três), oferecer novos lances verbais e sucessivos, quaisquer que sejam os preços oferecidos;

X – para julgamento e classificação das propostas, será adotado o critério de menor preço, observados os prazos máximos para fornecimento, as especificações técnicas e parâmetros mínimos de desempenho e qualidade definidos no edital;

XI – examinada a proposta classificada em primeiro lugar, quanto ao objeto e valor, caberá ao pregoeiro decidir motivadamente a respeito da sua aceitabilidade;

XII – encerrada a etapa competitiva e ordenadas as ofertas, o pregoeiro procederá à abertura do invólucro contendo os documentos de habilitação do licitante que apresentou a melhor proposta, para verificação do atendimento das condições fixadas no edital;

XIII – a habilitação far-se-á com a verificação de que o licitante está em situação regular perante a Fazenda Nacional, a Seguridade Social e o Fundo de Garantia do Tempo de Serviço – FGTS, e as Fazendas Estaduais e Municipais, quando for o caso, com a comprovação de que atende às exigências do edital quanto à habilitação jurídica e qualificações técnica e econômico-financeira;

XIV – os licitantes poderão deixar de apresentar os documentos de habilitação que já constem do Sistema de Cadastramento Unificado de Fornecedores – Sicaf e sistemas semelhantes mantidos por Estados, Distrito Federal ou Municípios, assegurado aos demais licitantes o direito de acesso aos dados nele constantes;

XV – verificado o atendimento das exigências fixadas no edital, o licitante será declarado vencedor;

XVI – se a oferta não for aceitável ou se o licitante desatender às exigências habilitatórias, o pregoeiro examinará as ofertas subsequentes e a qualificação dos licitantes, na ordem de classificação, e assim sucessivamente, até a apuração de uma que atenda ao edital, sendo o respectivo licitante declarado vencedor;

XVII – nas situações previstas nos incisos XI e XVI, o pregoeiro poderá negociar diretamente com o proponente para que seja obtido preço melhor;

XVIII – declarado o vencedor, qualquer licitante poderá manifestar imediata e motivadamente a intenção de recorrer, quando lhe será concedido o prazo de 3 (três) dias para apresentação das razões do recurso, ficando os demais licitantes desde logo intimados para apresentar contrarrazões em igual número de dias, que começarão a correr do término do prazo do recorrente, sendo-lhes assegurada vista imediata dos autos;

XIX – o acolhimento de recurso importará a invalidação apenas dos atos insuscetíveis de aproveitamento;
XX – a falta de manifestação imediata e motivada do licitante importará a decadência do direito de recurso e a adjudicação do objeto da licitação pelo pregoeiro ao vencedor;
XXI – decididos os recursos, a autoridade competente fará a adjudicação do objeto da licitação ao licitante vencedor;
XXII – homologada a licitação pela autoridade competente, o adjudicatário será convocado para assinar o contrato no prazo definido em edital; e
XXIII – se o licitante vencedor, convocado dentro do prazo de validade da sua proposta, não celebrar o contrato, aplicar-se-á o disposto no inciso XVI.
Art. 5º É vedada a exigência de:
I – garantia de proposta;
II – aquisição do edital pelos licitantes, como condição para participação no certame; e
III – pagamento de taxas e emolumentos, salvo os referentes a fornecimento do edital, que não serão superiores ao custo de sua reprodução gráfica, e aos custos de utilização de recursos de tecnologia da informação, quando for o caso.
Art. 6º O prazo de validade das propostas será de 60 (sessenta) dias, se outro não estiver fixado no edital.
Art. 7º Quem, convocado dentro do prazo de validade da sua proposta, não celebrar o contrato, deixar de entregar ou apresentar documentação falsa exigida para o certame, ensejar o retardamento da execução de seu objeto, não mantiver a proposta, falhar ou fraudar na execução do contrato, comportar-se de modo inidôneo ou cometer fraude fiscal, ficará impedido de licitar e contratar com a União, Estados, Distrito Federal ou Municípios e, será descredenciado no Sicaf, ou nos sistemas de cadastramento de fornecedores a que se refere o inciso XIV do art. 4º desta Lei, pelo prazo de até 5 (cinco) anos, sem prejuízo das multas previstas em edital e no contrato e das demais cominações legais.
Art. 8º Os atos essenciais do pregão, inclusive os decorrentes de meios eletrônicos, serão documentados no processo respectivo,

com vistas à aferição de sua regularidade pelos agentes de controle, nos termos do regulamento previsto no art. 2º.
Art. 9º Aplicam-se subsidiariamente, para a modalidade de pregão, as normas da Lei nº 8.666, de 21 de junho de 1993.
Art. 10. Ficam convalidados os atos praticados com base na Medida Provisória nº 2.182-18, de 23 de agosto de 2001.
Art. 11. As compras e contratações de bens e serviços comuns, no âmbito da União, dos Estados, do Distrito Federal e dos Municípios, quando efetuadas pelo sistema de registro de preços previsto no art. 15 da Lei nº 8.666, de 21 de junho de 1993, poderão adotar a modalidade de pregão, conforme regulamento específico.
Art. 12. A Lei nº 10.191, de 14 de fevereiro de 2001, passa a vigorar acrescida do seguinte artigo:
"Art. 2-A. A União, os Estados, o Distrito Federal e os Municípios poderão adotar, nas licitações de registro de preços destinadas à aquisição de bens e serviços comuns da área da saúde, a modalidade do pregão, inclusive por meio eletrônico, observando-se o seguinte:
I – são considerados bens e serviços comuns da área da saúde, aqueles necessários ao atendimento dos órgãos que integram o Sistema Único de Saúde, cujos padrões de desempenho e qualidade possam ser objetivamente definidos no edital, por meio de especificações usuais do mercado.
II – quando o quantitativo total estimado para a contratação ou fornecimento não puder ser atendido pelo licitante vencedor, admitir-se-á a convocação de tantos licitantes quantos forem necessários para o atingimento da totalidade do quantitativo, respeitada a ordem de classificação, desde que os referidos licitantes aceitem praticar o mesmo preço da proposta vencedora.
III – na impossibilidade do atendimento ao disposto no inciso II, excepcionalmente, poderão ser registrados outros preços diferentes da proposta vencedora, desde que se trate de objetos de qualidade ou desempenho superior, devidamente justificada e comprovada a vantagem, e que as ofertas sejam em valor inferior ao limite máximo admitido."

Art. 13. Esta Lei entra em vigor na data de sua publicação.

Brasília, 17 de julho de 2002; 181º da Independência e 114º da República.

FERNANDO HENRIQUE CARDOSO
Pedro Malan
Guilherme Gomes Dias

Esta obra foi composta em fonte Palatino Linotype, corpo 10
e impressa em papel Pólen Bold 70g (miolo) e Supremo 250g (capa)
pela Gráfica Paulinelli.